AF557386

SV

Jens Beckert

Verkaufte Zukunft

Warum der Kampf gegen den Klimawandel zu scheitern droht

Suhrkamp

3. Auflage 2024

Erste Auflage 2024
Originalausgabe

Umschlaggestaltung: Rothfos & Gabler, Hamburg
Umschlagfoto: Ikon Images/Thomas Kuhlenbeck/Science Photo Library
Satz: Satz-Offizin Hümmer GmbH, Waldbüttelbrunn
Druck: GGP Media GmbH, Pößneck
Printed in Germany
ISBN 978-3-518-58809-3

www.suhrkamp.de

INHALT

Für Beatrice und Jasper
In welcher Welt werdet ihr leben?

Die Natur verliert immer.
Wenn es um wirtschaftliche Angelegenheiten geht,
ist das die Regel.
– *Renato Valencia*[1]

1 WISSEN OHNE WANDEL

Im Herbst 2022 berichtet der amerikanische Autor Tom Kizzia von einer Kreuzfahrt zum Glacier-Bay-Nationalpark im Süden Alaskas, einer von gewaltigen Gletschern überzogenen Landschaft.[1] Von Bord aus beobachtet er den Sturz wuchtiger Eisbrocken in die Arktische See. Dieses eindrückliche Naturschauspiel des Kalbens der Gletscher war einmal, so schreibt Kizzia, ein erhabenes Erlebnis der Kraft und Schönheit einer fast unberührten Natur. Heute hingegen könne man gar nicht anders, als den Abbruch des Gletschereises als Menetekel eines sich beschleunigenden und unkontrollierten Prozesses der Naturzerstörung zu erleben. Jeder »weiße Donner« des abbrechenden Eises fühle sich an wie ein weiterer Verlust.

Verstörende Bilder veränderter Naturprozesse und der Zerstörung natürlicher Lebensgrundlagen sind allgegenwärtig. Häufig bekunden diese Bilder erhebliches Leid, etwa für Menschen in Pakistan, die in Booten durch überschwemmte Dörfer rudern, für verzweifelte Familien auf dem Dach ihres Hauses im Ahrtal oder für Kalifornier, die fassungslos vor den Ruinen ihres abgebrannten Hauses stehen. Keines dieser Naturereignisse lässt sich kausal dem Klimawandel zurechnen, doch die signifikante Zunahme von Extremwetterereignissen mit verheerenden Folgen ist das Resultat menschengemachter Erderwärmung, verursacht durch den Anstieg des Gehalts von Kohlendioxid und anderen Treibhausgasen in der Atmosphäre. Wir wissen dies seit fast vierzig Jahren, ohne dass dieser Prozess gestoppt worden wäre.

Ganz im Gegenteil. Während dieser Zeit ist der jährliche globale Ausstoß an Kohlendioxid nicht etwa zurückgegangen, sondern hat sich fast verdoppelt. Allein in den letzten 30 Jahren ist

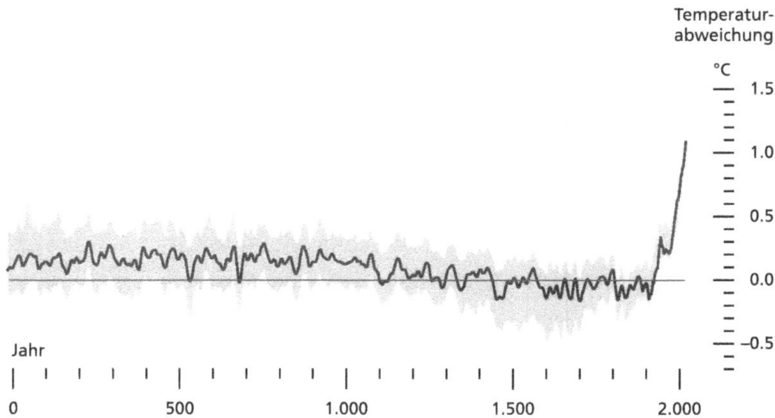

Abb. 1: Die weltweite Lufttemperatur der letzten 2000 Jahre.
Quelle: nach IPCC AR6, WG I (2021).

so viel CO_2 in die Atmosphäre emittiert worden wie in den vorangegangenen 200 Jahren zusammen.[2] Die Folge ist ein historisch einmaliger steiler Anstieg der globalen Durchschnittstemperatur, eine Entwicklung, die Klimaforscher als »die große Beschleunigung« bezeichnen. Bis heute hat sich die Temperatur um fast 1,2 Grad Celsius gegenüber dem frühen 19. Jahrhundert erhöht (siehe *Abb. 1*). Der gegenwärtige Pfad, bei dem der Ausstoß von Treibhausgasen weltweit weiter steigt, wird in den nächsten 80 Jahren die globale Durchschnittstemperatur um noch einmal ungefähr 1,3 Grad erhöhen – vorausgesetzt die gegenwärtigen Klimaschutzversprechen werden auch umgesetzt.[3]

Die menschengemachte Veränderung der Biosphäre führt zur Beschädigung oder Zerstörung von Teilen derjenigen ökologischen Nische, in der menschliche Kultur stabil bestehen kann. Ungewiss bleibt, ob Gesellschaften sich angesichts der zu erwartenden Klimaerwärmung an die veränderten Lebensgrundlagen anpassen können.[4] Die krisenhaften Folgen des Klimawandels – das vermehrte Auftreten von Überschwemmungen, Dürren, Hitzewellen, großflächigen Bränden, aber auch die Reduzierung der Artenvielfalt und das Ansteigen des Meeresspiegels – haben das Potenzial, Gesellschaften in erheblichem Maß zu destabilisieren. Fragen sozialer Ungleichheit werden sich in weit verschärfter Form als heute stellen, und zwar sowohl zwischen dem globalen Norden und dem besonders betroffenen globalen Süden als auch zwischen wohlhabenden und ärmeren sozialen Schichten. Klimaflüchtlinge, Wasserknappheit, Hungersnöte und immer höhere Aufwendungen für den Schutz vor Naturgewalten auch in den reichen Ländern führen zu neuen Verteilungskämpfen und der realen Möglichkeit des sozialen Kontrollverlustes.

Auch wenn längst nicht alle kausalen Wirkungsketten des hochkomplexen Klimasystems verstanden oder auch nur bekannt sind und die bestehenden Modelle ständig verfeinert und an neues Wissen angepasst werden müssen, steht zweifelsfrei fest, wohin die Reise geht und wie drastisch sich die Lebensbedingungen auf der Erde ändern werden. Mit anderen Worten: Der Klimawandel ist heute nicht mehr vornehmlich eine Herausforderung für die naturwissenschaftliche Forschung. Er ist aber auch nicht mehr primär eine technische Herausforderung. Viele Technologien zur Reduzierung des Ausstoßes von Treibhausgasen sind entwickelt und könnten klimaschädliche Technologien ersetzen. Es gibt hinreichendes Wissen zur Begründung und Durchführung weitreichender politischer Entscheidungen, veränderten Wirtschaftens und einschneidender Verhaltensänderungen. Doch diesem Wissen folgen keine Taten beziehungsweise: Sie folgen viel zu langsam und sind flagrant ungenügend. Dass die tatsächlich getroffenen Maßnahmen so weit hinter dem, was erforderlich wäre, zurückbleiben, macht den Klimawandel zu einem vor allem an die Sozialwissenschaften zu adressierenden Problem. Warum sind Gesellschaften nicht in der Lage, dem Klimawandel Einhalt zu gebieten? Das ist die Leitfrage dieses Buches.

Ihre Beantwortung muss die sozialen, politischen und wirtschaftlichen Prozesse in den Vordergrund rücken, in denen gesellschaftliche Entwicklung stattfindet. Hierbei stehen die Wachstums- und Gewinnlogik des kapitalistischen Wirtschaftssystems mit seiner Machtverteilung, die politischen Legitimationsprobleme demokratischer politischer Systeme sowie Fragen der kulturellen Identität und der Statuskonkurrenz von Bürgern und Konsumenten im Mittelpunkt. Die gesellschaftlichen Auswirkungen und die Bekämpfung des Klimawandels sind untrennbar verbunden mit Macht und Kultur – und damit Thema der Sozialwissenschaften, die bekanntlich komplexe soziotechnische Systeme und sozialen Wandel in Verbindung mit wirtschaftlichen, politischen und kulturellen Strukturen untersuchen.

Wie also prägen die Funktionsweise von kapitalistischer Marktwirtschaft, parlamentarischer Demokratie und eine individualistische Kultur den Umgang mit der natürlichen Umwelt?[5] Meine diesbezügliche These lautet schlicht: Die Macht- und Anreizstrukturen der kapitalistischen Moderne und ihre Steuerungsmechanismen blockieren eine Lösung des globalen Problems namens Klimawandel. Das ist für sich genommen zunächst nichts Besonderes. Auch andere grundlegende soziale Probleme stoßen auf Machtstrukturen, die ihre Lösung verhindern. Man denke nur an die nach wie vor bestehenden skandalösen Formen von Armut und sozialer Ungleichheit. Doch während man hinsichtlich Armut und sozialer Ungleichheit immer die Hoffnung hegen kann, dass sie sich irgendwann in der Zukunft verringern lassen und eine gerechtere Welt entsteht, liegen die Dinge beim Klimawandel anders. Dieser zeichnet sich nämlich durch eine zeitliche Struktur aus, bei der das Aufschieben von Entscheidungen zu Entwicklungen führt, die unumkehrbar sind. Der indische Historiker Dipesh Chakrabarty hat die Besonderheit der Temporalität des Klimawandels auf den Punkt gebracht: »Beim Klimaproblem und in der ganzen Diskussion über die ›Gefährlichkeit‹ des Klimawandels sind wir [...] mit einem begrenzten Zeitplan und Sofortmaßnahmen konfrontiert. Und doch haben mächtige Weltnationen versucht, das Problem mit einem Apparat zu bewältigen, der für Maßnahmen nach einem unbefristeten Zeitplan gedacht gewesen war.«[6]

Der für den Klimawandel geltende »begrenzte Zeitplan« führt allerdings nicht dazu, dass diese Aufgabe mit einer größeren Entschlossenheit angegangen würde als solche mit »unbefristetem Zeitplan«. Das liegt daran, dass die Struktur des Problems die vorherrschenden Macht- und Anreizstrukturen nicht oder nicht ausreichend ändert. Fakt ist: Der kurzfristige Gewinn aus der Vermeidung von Klimakosten übersteigt den gegenwärtigen Nutzen zukünftiger Klimasicherheit. Denn die positiven Wirkungen von aufwendigen Klimaschutzmaßnahmen würden ja erst eintreten, wenn die Zeit eigener Verantwortung bereits vorbei ist, würden also »nur« späteren Generationen zugutekommen. Manch einer mag auch denken, dass er persönlich den Folgen des Klimawandels auszuweichen vermag, betroffen seien nur »die anderen«. Allenfalls ein ideelles Interesse am Wohlergehen zukünftiger Generationen, das vermutlich am stärksten in Vorstellungen des zukünftigen Lebens der eigenen Kinder und Kindeskinder zum Ausdruck kommt, oder gar (wenn auch weniger wahrscheinlich) am Schicksal »der anderen« schafft Motive, das Handeln an weiter entfernt liegenden Zeithorizonten auszurichten.

Weil sich die Entscheidungshorizonte von Unternehmen, Politik und Bürgern also an kurzfristigen Opportunitäten orientieren, werden die zukünftig zu erwartenden negativen Auswirkungen der Missachtung von Umweltschäden übersehen oder heruntergespielt.[7] So bleibt das Gemeinschaftsgut der natürlichen Umwelt eine ausbeutbare Ressource, die am Markt mit Gewinn verkauft und dabei zugleich zerstört wird. In diesem Sinn spreche ich von »verkaufter Zukunft«.[8]

Wieder und wieder hört man in politischen Diskussionen zum Klimawandel Sätze wie: »Wir müssten doch nur x machen«, oder: »Warum beschließen wir nicht endlich y?« »x« könnte dann der Ausbau der Windkraft sein, »y« die Festlegung von Nutzungsgrenzen für den Verbrauch natürlicher Ressourcen oder die Erhöhung der Preise für Benzin und Fleisch. Die entscheidende Frage lautet allerdings: Wer ist eigentlich »wir«? Sie ist deshalb entscheidend, weil Veränderungen handlungsmächtiger und handlungswilliger Akteure bedürfen, die über die Ressourcen verfügen, Umgestaltungen durchzusetzen, und zwar in einem umkämpften Feld, bevölkert von einer Vielzahl anderer Akteure, die ganz unterschiedliche Interessen und Ziele haben, zu denen vielleicht, vielleicht aber auch nicht der Klimaschutz gehört. Jedes politische Handeln findet außerdem in einem Dickicht von Regeln, Praktiken und Institutionen, aber auch Werten und Gewohnheiten statt, das Akteure in Strukturen und Opportunitäten einbindet, die bestimmte Anreize setzen, Handlungsräume definieren und damit Entscheidungen formen. Damit sind wir bei der Funktionslogik der kapitalistischen Moderne angelangt, also desjenigen Gesellschaftssystems, das seit 500 Jahren unseren Umgang mit den natürlichen Lebensgrundlagen bestimmt und auch den gegenwärtigen Reaktionen auf den Klimawandel seinen Stempel aufdrückt, wie ich in den folgenden Kapiteln zeigen werde.

Dass diese Reaktionen bei Weitem nicht angemessen sind, belegt schon der ungebrochene Anstieg der Erderwärmung (siehe *Abb. 1*). Aber was wäre angemessen? Sofortige Klimaneutralität? Eine Erwärmung um drei Grad bis zum Ende des Jahrhunderts? Und: »angemessen« für wen? Eine ökonomische Kosten-Nutzen-Rechnung würde hier nicht weiterhelfen, weil die in sie eingehenden Annahmen viel zu beliebig sind.[9] Vielmehr braucht es etwas von der Art einer Norm, und das gibt es ja auch: Die meisten Staaten der Welt haben sich zu Klimazielen verpflichtet, insbesondere im Rahmen des Pariser Klimaabkommens von 2015, das von über 190 Ländern ratifiziert wurde. In diesem wurde das Ziel festgelegt, durch geeignete Maßnahmen dafür Sorge zu tragen, dass die Steigerung der globalen Durchschnittstemperatur gegenüber dem vorindustriellen Niveau möglichst auf 1,5 Grad Celsius, auf jeden Fall aber klar unter 2 Grad Celsius beschränkt wird. Angemessenes Handeln hätte also geheißen, im Sinne der Erreichung dieses Ziels zu handeln.

Wie es um das tatsächliche Handeln bestellt ist, lässt sich an der bekannten Grafik ablesen, in der der UNO-Klimarat (IPCC) die Verringerungen von Treibhausgasemissionen abbildet, die in den kommenden Jahrzehnten nötig sind, um die Pariser Klimaziele zu erreichen (siehe *Abb. 2*). Die bisherigen Maßnahmen zum Klimaschutz verflachen die Kurve der Steigerung der Emissionen zwar, reichen aber längst nicht aus.[10] Natürlich: Man kann immer hoffen, dass in der Zukunft alles anders wird, doch ein Blick auf die Kurve zeigt unmissverständlich, dass dies Wunschdenken ist. Es bedürfte einer Vollbremsung, die nicht und nirgends in Sicht ist. Und so wird es aller Voraussicht nach keinem der Unterzeichnerstaaten des Pariser Klimaabkommens gelingen, die vereinbarten Klimaziele einzuhalten.[11] Das wird entweder eingestanden oder die Illusion, dass es klappen könnte, wird aus politischen Motiven aufrechterhalten, weil man andernfalls befürchtet, dass auch noch das unzureichende Engagement in Sachen Klimaschutz nachlässt und sich Resignation breitmacht.

Die Frage, warum es nicht gelingt, die notwendigen Pläne zu verabschieden und politisch gesetzte Ziele zu erreichen, lässt sich beantworten, und genau das werde ich in diesem Buch tun. Meine Überlegungen führen mich zu einem pessimistischen Schluss: Die Maßnahmen, die erforderlich sind, werden nicht getroffen. Selbstverständlich können auch Sozialwissenschaftler nicht in die Zukunft sehen und sind oft genug von wichtigen gesellschaftlichen Entwicklungen überrascht worden. Doch der Klimawandel ist kein ausschließlich zukünftiges Geschehen. Er findet heute statt und hat bereits zu bedeutenden Zerstörungen geführt. Um es noch einmal zu sagen: Wir wissen seit Jahrzehnten um die Gefahren des Treibhausgasausstoßes. Wir wissen, dass sich in den letzten 30 Jah-

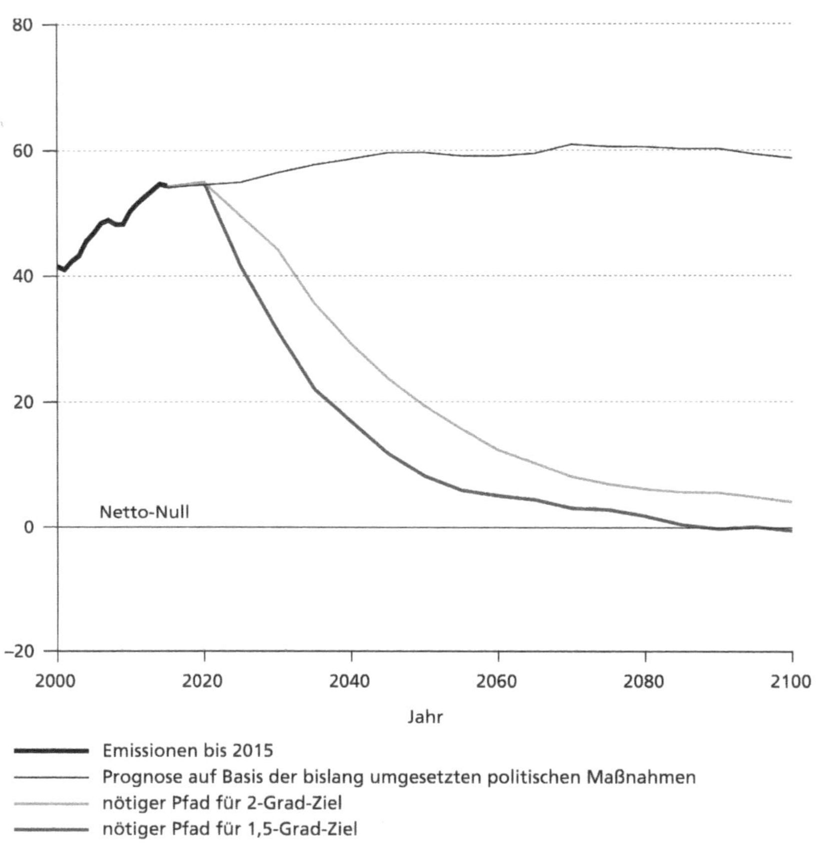

Abb. 2: Globale Netto-Treibhausgasemissionen in Gigatonnen CO_2-Äquivalente pro Jahr (Mittelwerte). Quelle: IPCC 2023. Climate Change. 2023 Synthesis Report Summary for Policymakers.

ren trotz regelmäßiger hochrangiger internationaler Klimakonferenzen der jährliche globale Kohlendioxidausstoß um mehr als die Hälfte erhöht hat und bis heute jedes Jahr neue Höchststände markiert. Und wir wissen eigentlich auch, dass die geplanten Maßnahmen nicht dazu führen werden, dass die vereinbarten Klimaziele eingehalten werden. Hierfür müssten die jährlichen globalen

Emissionen laut dem IPPC – dem »Weltklimarat« – bis 2030 um 50 Prozent niedriger liegen, als derzeit prognostiziert, und bis 2050 sogar um 85 Prozent.[12] In Deutschland müssten die CO_2-Emissionen bis 2030 entsprechend um jährlich 6 Prozent sinken. Seit 2010 waren es jährlich aber nur 2 Prozent im Durchschnitt. Theoretisch könnte sich dies natürlich ändern. Doch das ist keine plausible Erwartung, sondern: »Greenwishing«.[13]

Die nötigen Veränderungen bedürften nämlich grundlegend veränderter wirtschaftlicher, politischer und gesellschaftlicher Strukturen. Ein solcher tiefgreifender Wandel ist überhaupt nicht in Sicht und wäre ohnehin nur über einen längeren Zeitraum zu bewerkstelligen. In Sachen Klimawandel käme er jedenfalls zu spät. Daher geht die Internationale Energieagentur (IEA) in ihrer Prognose unter Einbeziehung aktuell geplanter Maßnahmen zur Energiewende davon aus, dass der globale Ausstoß von CO_2 durch fossile Energieträger 2025 mit 37 Milliarden Tonnen zwar seinen Höhepunkt erreichen, allerdings bis 2050 nur auf 32 Milliarden Tonnen zurückgehen wird.[14] Die Einsparungen finden vornehmlich in den hoch entwickelten Industrieländern statt. Deutschland etwa plant, bis 2030 den CO_2-Ausstoß um zwei Drittel gegenüber 1990 zu verringern.[15] Wie es aussieht, wird das nicht klappen. Doch selbst wenn das hier und vereinzelt in anderen Ländern klappen sollte, bleibt der Beitrag begrenzt. Denn global betrachtet werden auch 2050 voraussichtlich noch 60 Prozent des Energiebedarfs aus fossilen Energiequellen gedeckt werden.[16] Auf Basis ihrer Daten rechnet die IEA daher mit einem globalen Temperaturanstieg auf insgesamt 2,5 Grad Celsius bis zum Jahr 2100.

Ich hätte das Buch auch im Futurum exaktum schreiben können, was man mir als übermäßige Schwarzseherei auslegen mag. Doch nach meinem Verständnis geht es hier um etwas anderes, nämlich um einen nachdenklichen Realismus auf empirischer Grundlage. Mit Walter Benjamin gesprochen: Ich will dazu beitragen, den Pessimismus, der sich aus der nüchternen Beobachtung der Situation ergibt, »zu organisieren«[17] – ihm eine konzeptionelle Struktur zu geben, die es erlaubt, die Mechanismen besser zu verstehen, die hinter der unangemessenen Reaktion auf den Klimawandel stehen. Hierzu gehört die Einsicht, dass aus der steigenden Gefahr eben nicht das Rettende wächst, und das kollektive Betrauern dessen, was wir verlieren werden.[18] Die Hoffnung wäre, dass sich aus einer solchen realistischen Sichtweise auch Anstöße für ein verändertes politisches Handeln ergeben und die mentale Anpassung an die Folgen der veränderten Lebensbedingungen auf diesem Planeten gestärkt wird. Die Welt steuert auf eine weitere signifikante Klimaerwärmung zu. Die Folgen für Natur und Mensch werden erheblich sein, lassen sich aber im Vorhinein nicht genau spezifizieren.

Weil die gesellschaftlichen Folgen des Klimawandels eine multifaktorielle Angelegenheit sind, sind auch die Sozialwissenschaften nicht zu Vorhersagen in der Lage. Sie können bestenfalls verschiedene Szenarien entwickeln und diese ausloten. Mein Szenario malt nicht den zivilisatorischen Zusammenbruch an die Wand, geht jedoch davon aus, dass der fortschreitende Klimawandel den – allgemein gesprochen – »sozialen Stress« und damit die gesellschaftlichen Konflikte weiter erhöhen wird. Gerechnet werden muss mit bedeutsamen wirtschaftlichen, politischen und sozialen Verwerfungen. Diese werden zwar regional unterschiedlich ausgeprägt sein, aber insgesamt werden die Gesellschaften durch virulenter werdende Verteilungskämpfe in Unruhe geraten. In einer um 2 oder 2,5 Grad erwärmten Welt, in der große Teile des Wohlstands für die Reparatur von Klimaschäden und die Klimaanpassung aufgebracht werden müssen, wird es sehr viel schwieriger sein, demokratische soziale Ordnungen oder auch nur ein friedliches Zusammenleben zu organisieren. Anders als bei Finanzkrisen oder Pandemien sind die klimabedingten Schäden irreversibel und die Gefahren auf Dauer gestellt. Eine solche Welt wird verglichen mit der heutigen eine ärmere sein. Es wird mehr Leid geben und es wird höchst ungleich verteilt sein.

Und es wird keine Welt ohne Kapitalismus sein. »Das Ende des Kapitalismus«[19] wird auch angesichts der Klimakrise nicht kommen, denn diese ist keine Krise des Wirtschaftssystems. Unternehmen werden in den veränderten klimatischen Bedingungen sogar viele neue Geschäftsmöglichkeiten finden. Wenn es heißer wird, werden mehr Klimaanlagen verkauft und müssen neue Getreidesorten entwickelt werden. Solaranlagen müssen hergestellt und installiert werden, Dämme gebaut. Die grüne Transformation und der Klimawandel sind zynischerweise auch eine gewaltige Chance für Unternehmen. Gut möglich, dass wir eine erneute Häutung der kapitalistischen Moderne erleben, die sich in einem gewaltigen wirtschaftlichen Transformationsprozess auf ein neues sozioökonomisches Regime einstellt, ausgerichtet auf die verstärkte Dekarbonisierung der Energieversorgung und angepasst an die neuen klimatischen Bedingungen, zumindest in den hoch entwickelten Industrieländern. Diese Neuorientierung wird in genau der Weise und in dem Ausmaß stattfinden, die Gewinn- und Machtinteressen sowie politische und kulturelle Strukturen zulassen. Weder die Orientierung des wirtschaftlichen Handelns an Gewinnmaximierung noch der Wachstumszwang werden dabei grundlegend infrage gestellt, und auch nicht Überkonsumtion und globale Ungleichheit. Vielmehr verlagert die Gewinnerwirtschaftung lediglich ihre sachlichen Bezüge. Ob dies in einer um 2,5 Grad erwärmten Welt mit stabilen sozialen und politischen Ordnungsstrukturen kompatibel sein wird, ist völlig offen. Denn in einer solchen Welt wird der Widerspruch zwischen der auf ständiges Wachstum ausgerichteten kapitalistischen Moderne und den Folgen der Zerstörung der natürlichen Lebensgrundlagen für die Menschen immer dramatischer zutage treten.

Zukunftsvorhersagen sind jedoch nur am Rande ein Thema dieses Buches. Im Mittelpunkt stehen – wie gesagt – die ungenügenden Reaktionen von Gesellschaften auf den Klimawandel, zu deren Verständnis ich durch die Betrachtung wirtschaftlicher, politischer und kultureller Prozesse beitragen möchte. Dass ich mich dabei auf den Klimawandel konzentriere, andere Umweltkrisen wie etwa die Umweltverschmutzung und den Verlust von Artenvielfalt hingegen nur streife, soll keinesfalls heißen, dass diese weniger wichtig seien. Vielmehr glaube ich, dass der Umgang mit dem Klimawandel in vielen hier untersuchten Hinsichten exemplarischen Charakter hat für den Umgang mit ökologischen Krisen als solchen. Dazu gehört, dass der Klimawandel, so wie viele der anderen ökologischen Krisen, das ist, was man ein tückisches Problem nennt.[20] Tückische Probleme sind so beschaffen, dass es für sie keine einfach benennbare Lösung gibt, mit der sie sich abhaken ließen. Das unterscheidet sie von zahmen Problemen, etwa dem Ozonloch. Hier gab es eine eindeutige Ursache, der man, nachdem man sie identifiziert hatte, mit einer vergleichsweise überschaubaren Maßnahme an den Kragen gehen konnte: dem Ersatz von Fluorkohlenwasserstoffen (FCKW), zum Beispiel in Kühlschränken.[21] Der Klimawandel ist nicht zahm, sondern charakterisiert durch komplexe Interdependenzen und Dilemmata auf zahlreichen Ebenen, die keine Masterlösung zulassen. Wie bei allen tückischen Problemen kann auch hier nur schrittweise nach pragmatischen Wegen gesucht werden, die einen besseren Umgang mit ihm ermöglichen und zu Teilantworten führen. Daher kann dies auch kein Buch der einfachen Botschaften sein, nach dem Muster: »Die Lage ist ernst. Hier sind zehn Vorschläge, wie wir sie doch noch meistern.«

Stattdessen beleuchte ich Prozesse in Wirtschaft, Politik und Gesellschaft und zeige, wie die diesen Prozessen zugrunde liegenden Mechanismen angemessene Reaktionen auf den Klimawandel blockieren. Dafür nutze ich ein einfaches Modell, dem zufolge Wirtschaft, Politik, Bürger und Konsumenten zueinander in Konflikt stehen, zugleich aber aufeinander angewiesen sind und wechselseitig von ihren jeweiligen Leistungen profitieren. Ihre Leistungen erbringen sie und ihre Konflikte bearbeiten sie in erheblichem Maße unter Inkaufnahme der Zerstörung der natürlichen Voraussetzungen menschlichen Zusammenlebens. Die Natur kann sich dagegen nicht »wehren«, weil sie über keine eigene Stimme verfügt. In der Klimakrise, so wird sich zeigen, äußern sich die – aus meiner Sicht – nahezu unüberbrückbaren Widersprüche zwischen der Funktionsweise der kapitalistischen Moderne und dem Erhalt der natürlichen Lebensgrundlagen. Meine Analyse dieser Widersprüche in den genannten gesellschaftlichen Sphären soll auch den Blick dafür weiten, *wie* unter den verfahrenen Bedingungen dennoch klug und verantwortungsbewusst gehandelt werden kann.

In Kapitel 2 lege ich zunächst die Grundlagen für die Argumentation. Ich beschreibe die sich in der kapitalistischen Moderne ausbreitenden institutionellen und kulturellen Mechanismen, die das Handeln von Unternehmen, Staat, Bürgern und Konsumenten in der Klimakrise bestimmen. Danach – in den Kapiteln 3, 4, 5 und 6 – stelle ich für Wirtschaft, Staat und Konsumenten dar, wie sich die Mechanismen im Handeln jeweils umsetzen und zu der unangemessenen Reaktion auf den Klimawandel führen. In Kapitel 7 und 8 setze ich mich dann mit der verbreiteten Vorstellung auseinander, die ökologische Krise könne durch ein Regime des »grünen Wachstums« gelöst werden. Ich bestreite nicht, dass die Dekarbonisierung des Energieverbrauchs enorm wichtig ist, zeige aber, weshalb unter den Bedingungen eines Wirtschaftssystems, das auf ständiges Wachstum hin ausgelegt ist, auch dieser Weg nicht zu einer angemessenen Reaktion führt.

Schließlich wende ich mich in Kapitel 9 möglichen Handlungsoptionen zu. Keineswegs führt mein nachdenklicher Realismus zwingend in einen Zustand der Resignation. Ja, die klimapolitischen Maßnahmen der vergangenen 30 Jahre waren unzureichend, aber wenn sie konsequent umgesetzt werden, wird sich die erwartete Klimaerwärmung wahrscheinlich in dem Korridor zwischen 2,2 und 2,9 Grad Celsius bewegen. Das ist nicht nichts, angesichts dessen, dass wir sonst in einem Korridor zwischen 3,6 und 4,2 Grad

Celsius gelandet wären.[22] Am Ende des Buches überlege ich, wie Klimaschutz unter den in der kapitalistischen Moderne gegebenen Bedingungen möglichst gut befördert werden kann und wie sich Gesellschaften auf ein Leben unter veränderten klimatischen Bedingungen einstellen können. Wie gesagt: Ein geringerer Treibhausgasausstoß ist durchaus ein relevantes Ergebnis.[23] Der Eintritt der Folgen des Klimawandels könnte möglicherweise hinausgezögert werden, die Folgen könnten geringer ausfallen. Damit würde Zeit gewonnen, in der sich vielleicht die gesellschaftlichen und technischen Bedingungen für das Handeln ändern. Außerdem können Vorkehrungen getroffen werden, um für das, was kommt, besser gewappnet zu sein.[24]

Den Sozialwissenschaften kommt bei diesem Thema die Rolle zu, auch politisch relevante Ansatzpunkte zu identifizieren, ohne den Befund auszublenden, dass es uns wahrscheinlich nicht gelingen wird, den Klimawandel als solchen zu stoppen. Wie können Gesellschaften der kapitalistischen Moderne die kollektiven sozialen Prozesse beeinflussen, die den Umgang mit der Natur bestimmen? Letztlich geht es darum, die Bereitschaft in Wirtschaft, Politik und Gesellschaft zu stärken, der Antwort auf den Klimawandel einen größeren Stellenwert einzuräumen und Einsatz und Verteilung knapper wirtschaftlicher Ressourcen neu zu kalibrieren. Dies wird in einer durch den Klimawandel politisch und sozial erwartbar unbeständigeren Welt eine riesige Herausforderung sein, weil der Ressourcenbedarf für die Bekämpfung der Folgen des Klimawandels steigen wird. Dabei wird man abwägen müssen: zwischen der Finanzierung von Maßnahmen zur Reduzierung des Treibhausgasausstoßes und der von Anpassungsmaßnahmen an die klimatisch veränderten Lebensbedingungen; und auch zwischen den Ausgaben für die Klimapolitik insgesamt und der Finanzierung der unzähligen anderen gesellschaftlichen Aufgaben, die weiterhin auf dem Tisch liegen – von maroden Schulen über beschädigte Brücken und nicht einsatzbereitem Kriegsgerät bis hin zu unterfinanzierten öffentlichen Gesundheitssystemen. Wohlgemerkt: Das Problem ist nicht allein eines der Finanzen, sondern auch eines der Mobilisierung politischer und moralischer Ressourcen in der Gesellschaft, die man braucht, um nachhaltige Transformationen in Gang zu setzen, aber auch, um diejenige soziale Resilienz aufzubauen, die in einer um mehr als 2 Grad erwärmten Welt benötigt wird.

2 KAPITALISTISCHE MODERNE

Die gesellschaftlichen Strukturen, die heutiges Handeln in der Klimakrise bestimmen, entstanden während der letzten 500 Jahre. Wirtschaftshistoriker beschreiben, wie sich das Gefüge der kapitalistischen Moderne ab dem späten 15. Jahrhundert in einigen Zentren entwickelte, zunächst langsam, später dann mit atemberaubender Dynamik.[1] Knotenpunkte der Produktion, des Handels und der Finanzen bildeten sich etwa in Norditalien, Frankreich, England und den Niederlanden, und sie waren nicht selten bereits global vernetzt. Zugleich blieb agrarisch und lokal geprägtes Wirtschaften für die allermeisten Menschen prägend. Mit der neuartigen Ökonomie kamen sie anfangs allenfalls punktuell in Berührung.[2]

Ein zentraler Aspekt dieser Frühphase des Kapitalismus war die Ausweitung privater Eigentumsrechte über große Teile der von bäuerlichen Gemeinschaften zusammen genutzten Flächen durch sogenannte Einhegungen. Das zuvor gemeinsam als Allmende bewirtschaftete Land wurde Landbesitzern als Privateigentum zugeschlagen, wodurch große Teile der ländlichen Bevölkerung zu abhängigen Landarbeitern oder zu vagabundierenden Tagelöhnern wurden. Diese standen als Arbeitskräfte den entstehenden Manufakturen und später den Fabriken in den Industriestädten zur Verfügung.[3] Die Verfügbarkeit von Lohnarbeit ist eine zentrale Voraussetzung für die Entwicklung der kapitalistischen Wirtschaft. Eine zweite tiefgreifende Entwicklung bestand in der Aneignung der Reichtümer in den gewaltsam unterworfenen Gebieten in Amerika, Afrika und Asien. Die Einführung des Sklavenhandels über den Atlantik, die Ausbeutung der Bodenschätze und der Arbeitskräfte in den Kolonien und ihre Nutzung als Absatzmärkte beförderten jene Kapitalbildung in Europa, die Voraussetzung für die im späten 18. Jahrhundert einsetzende Industrialisierung war, die wiederum die enorme Steigerung beim Verbrauch fossiler Energieträger auslöste.[4]

Erst mit der Industrialisierung begann die umfassende Vertiefung und Expansion der kapitalistischen Moderne. Ab diesem Zeitpunkt verbreiterten sich Marktbeziehungen durchgreifend, die auf Lohnarbeit, kolonialer Herrschaft sowie technologischen und institutionellen Innovationen basierten und nur durch die massive Ausweitung der Nutzung fossiler Energieträger möglich wurden.[5] Damit setzte im globalen Norden eine zuvor unbekannte Steigerung des Wohlstands und des Energieverbrauchs ein. Etwas früher begann mit der Aufklärung eine grundlegende kulturelle Transformation, die bis heute dominierende politische und normative Prinzipien wie etwa die Ideen des Fortschritts, der Gleichheit und der Selbstbestimmtheit des Individuums hervorbrachte und auch unser Verständnis von Natur bis heute prägt.

Die Ausweitung von Marktstrukturen und diese kulturellen Transformationen bestimmen unseren Umgang mit der Natur. Wenn ich von kapitalistischer Moderne spreche, so bezeichne ich damit ein Gesellschaftsmodell, das sich durch beides auszeichnet: marktbasierte und gewinnorientierte Wirtschaftsstrukturen sowie politische und kulturelle Komponenten des Individualismus und des Fortschrittsglaubens, die mit den Wirtschaftsstrukturen eng verflochten sind. Beide Aspekte vereinen sich in den heutigen Gesellschaftsstrukturen, die auf Wachstum, Ressourcenextraktion und individuelle Autonomie hin ausgerichtet sind. Für die Beantwortung der Frage, weshalb moderne Gesellschaften ihre natürlichen Lebensgrundlagen zerstören, müssen daher sowohl die wirtschaftlichen als auch die politischen und kulturellen Aspekte der kapitalistischen Moderne Beachtung finden. Sie zeigen sich in der Organisation von Wirtschaft, Politik und Gesellschaft und begründen die Dilemmata, die zum drohenden Scheitern am Klimawandel führen.

Wesentlich für die Entwicklung kapitalistischer *Wirtschaft* ist die Ausbreitung von Märkten als Institutionen der Verteilung von Waren, Geld und Arbeit. Märkte und Konkurrenz selbst sind keine Erfindung der kapitalistischen Moderne. Allerdings waren Märkte in vormodernen Gesellschaften auf den Tausch bestimmter Waren beschränkt und in hohem Maß sozial reguliert, weil sie als gefährlich für den sozialen Zusammenhalt von Gemeinschaften galten.[6] Tausch war »ursprünglich eine Vergesellschaftung mit Ungenossen, also Feinden«, schrieb der Soziologe Max Weber.[7] Neu ist die Verallgemeinerung von Märkten, ihre sachliche, räumliche und zeitliche Ausdehnung und insbesondere die großflächige Einbeziehung von Geld und Arbeitskraft in den Marktmechanismus. Neu ist auch die umfassende globale Vernetzung von Märkten, die es in Teilen zwar bereits seit vielen Jahrhunderten gab, als umfassendes wirtschaftliches Phänomen aber erst im 19. Jahrhundert zum Durchbruch kam. Dass die globalisierte Wirtschaft fast jeden Winkel der Welt durchdringt, ist sogar erst ein Faktum des 20. Jahrhunderts – wenn man an die Entwicklung Chinas und die Transformation der vormals staatssozialistischen Länder Osteuropas denkt, ein Phänomen sogar erst der letzten 30, 40 Jahre.[8]

Mit dem Kapitalismus werden neue Mechanismen prägend, die wirtschaftliches Handeln bestimmen. Private Eigentumsrechte ermöglichen die individuelle Aneignung von Gewinnen und strukturieren Gesellschaften als Klassengesellschaften. Das Gesellschaftsrecht ermöglicht Haftungsbeschränkungen für Investoren und damit die Begrenzung individuell zu tragender Risiken, was ebenso wie Standardisierungen und neue Formen der Unternehmensorganisation eine wichtige Voraussetzung für die Ausweitung wirtschaftlicher Aktivitäten ist.[9] Nationalstaatsbildung, Handelsabkommen und koloniale Herrschaft sichern Marktzugänge und ermöglichen damit wirtschaftliche Expansion durch Spezialisierung, Rohstoffbeschaffung, die Entstehung großteiliger Produktionsstrukturen und Öffnung von Absatzmärkten. Zugleich zieht der Wettbewerb die Akteure in einen Prozess der ständigen Neuerung hinein. Durch Innovationen müssen sie sicherstellen, gegenüber ihren Konkurrenten nicht ins Hintertreffen zu geraten. Unternehmer, die dem Innovationsgebot nicht Folge leisten, können am Markt nicht bestehen. Der Ökonom Joseph Schumpeter belegte dies mit dem Begriff »kreative Zerstörung«.[10] Damit wird eine auf Neuerungen und Wachstum beruhende Dynamik in das Wirtschaftssystem eingeführt, die unaufhaltsam ist. Erzwungen wird dieser Prozess auch durch die Kreditfinanzierung unternehmerischer Aktivitäten, die deren Ausweitung durch einen Vorgriff auf die Zukunft ermöglicht, zugleich aber die Orientierung an ununterbrochenem Wachstum erfordert, weil das geliehene Kapital verzinst werden muss. Für die Kapitalbesitzer bedeutet die Investition ihres Geldes die Chance, es zu mehren, worin der Anreiz besteht, es überhaupt in den Wirtschaftsprozess einzubringen.

Bei diesen institutionellen Veränderungen der Wirtschaft waren staatliche Eliten keineswegs außen vor. Ganz im Gegenteil: Sie spielten eine zentrale Rolle. In Europa war es der moderne Staat, der durch die Schaffung eines zunächst nationalen Wirtschaftsraums, durch den Bau von Transportwegen, durch die Festlegung von Gewichts- und Mengenmaßen, die Aufhebung der Vorrechte der Zünfte und den Aufbau eines einheitlichen Geldwesens die Voraussetzungen für die Entwicklung der modernen kapitalistischen Wirtschaft schuf.[11] Global wurde die moderne Wirtschaft zudem mit staatlichen Repressionen und Kanonenbooten aus ihren Startlöchern geholt. Für die aufstrebenden kapitalistischen Ökonomien im 20. Jahrhundert, etwa in Asien, ist staatliche Steuerung ebenfalls von enormer Bedeutung.[12] *Last, but not least* haben auch die modernen Wissenschaften ihren Beitrag zur Entfaltung der kapitalistischen Moderne geleistet. Ihre Anfänge liegen im 16. Jahrhundert, in einer Zeit also, als der Industriekapitalismus noch nicht existierte.

Kapitalistische Ökonomien sind von ihren institutionellen Strukturen her auf unbegrenzte Ausweitung angelegt. Die Wirtschaftsform verwirklicht durch kontinuierliche Landnahme, also die Einbeziehung immer neuer Regionen, neuer Objekte, weiterer Akteure und der Zukunft, einen dynamischen Mechanismus der Gewinnerwirtschaftung.[13] Es entsteht ein historisch einmaliges System unbegrenzten Wachstums, das lediglich hin und wieder von Wirtschaftskrisen unterbrochen wird. Technologische Entwicklungen sind dabei von zentraler Bedeutung, weil durch sie der Verwertungsprozess von natürlichen Ressourcen und Arbeitskräften beschleunigt und ausgeweitet werden kann. Staatliche Unterstützung sichert das Wirtschaftshandeln außerdem ab. Doch der Motor des Systems besteht in der Ausrichtung wirtschaftlichen Handelns an der Logik der Kapitalvermehrung, die – wie gesagt – auf individuellen Eigentumsrechten an Kapital basiert. Wirtschaftliche Aktivitäten werden in einem kapitalistischen Wirtschaftssystem nicht begonnen, weil konkrete Bedürfnisse nach Kleidung, Urlaub oder Mobilität erfüllt werden sollen, sondern weil die Eigentümer von Kapital von den Aktivitäten die Vermehrung ihres Vermögens erwarten. Manager durchforsten ständig im Auftrag der Vermögensbesitzer die ganze Welt nach neuen gewinnversprechenden Investitionsmöglichkeiten. Aus der Struktur des Wirtschaftssystems erwächst somit ein Druck zu permanenter Veränderung und immer weiterem Wachstum.

Für die Produktion von wirtschaftlichem Wohlstand – zumindest im globalen Norden – ist diese Wirtschaftsform eine historisch einmalige Erfolgsgeschichte. Langfristige Entwicklungslinien des wirtschaftlichen Reichtums lassen erkennen, dass Gesellschaften über Jahrhunderte fast stagnierten, dann aber im 19. Jahrhundert ein steiler und bis heute anhaltender Anstieg der globalen Wirtschaftsleistung einsetzte. Zwar waren Gesellschaften nicht immer gleich reich, es gab immer wieder Phasen größerer Prosperität und Phasen des ökonomischen Niedergangs. Im Vergleich zur Reichtumsentwicklung seit der industriellen Revolution werden

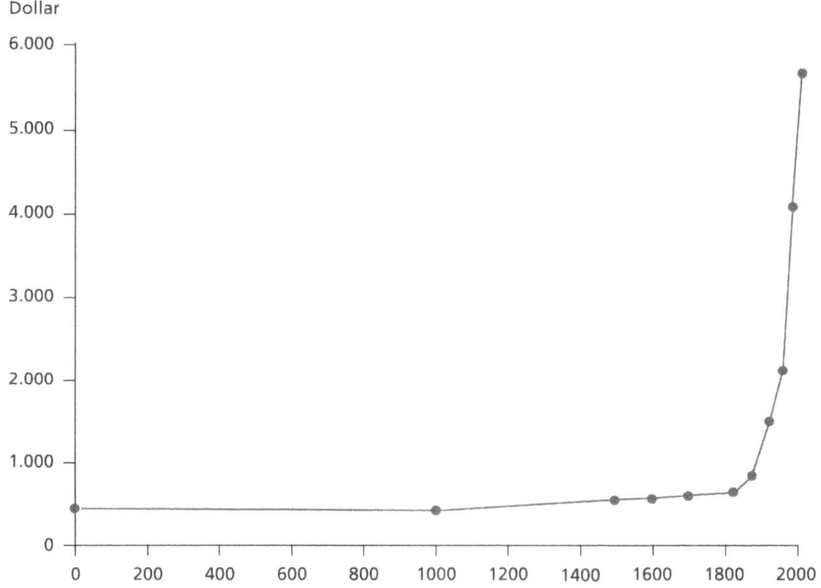

Abb. 3: Wachstum des globalen Pro-Kopf-BIP. Quelle: Angus Maddison, *The World Economy. A Millennial Perspective*, OECD, Paris 2001, S. 264 (Schaubild B-21).

diese Schwankungen aber beinahe bedeutungslos, was die historische Einmaligkeit der Wirtschaftsentwicklung der letzten 200 Jahre unterstreicht (siehe *Abb. 3*).

Schon früh wurde die im Kapitalismus herrschende Ausbeutung der Arbeiter (und ihrer Familien) sowie die Ungleichheit der Verteilung des produzierten Reichtums kritisiert. Die Schriften von Charles Dickens und Karl Marx sowie ungezählter anderer Literaten und Wissenschaftler legen bis heute Zeugnis davon ab.[14] Zumindest bis vor Kurzem viel weniger Aufmerksamkeit bekam hingegen eine zweite Form der Ausbeutung: die der Natur.[15] Natürliche Ressourcen sind unverzichtbare Grundlage für die Herstellung von Waren und die wachsende Wirtschaft verleibt sich diese Ressourcen in immer größerem Umfang ein. Zugleich haben kapitalistische Märkte keinen eingebauten Mechanismus, um die ökologischen Schäden zu berücksichtigen, die aus der Nutzung der Natur entstehen.[16]

Der für das Wachstum erforderliche immerwährende Prozess der »kreativen Zerstörung« geht einher mit einem in früheren Gesellschaften völlig unbekannten Ausmaß der Ressourcenverwendung zur Herstellung ebenjener Produkte und Dienstleistungen, die den Reichtum heutiger Gesellschaften ausmachen. Der Boden und die in diesem lagernden Rohstoffe, die Tiere und Pflanzen ebenso wie die Luft und das Wasser werden in immer größerem Umfang für die Herstellung von immer mehr Waren und Dienstleistungen genutzt. Allein in den letzten 30 Jahren hat sich der globale Materialverbrauch mehr als verdoppelt und liegt damit weit über dem, was Wissenschaftler als planetare Grenze der Ressourcennutzung ansehen.[17] Mithilfe der stetig weiterentwickelten technischen Möglichkeiten wurden Eingriffe in die Natur immer effizienter und umfassender. Die Ausdehnung der Nutzung natürlicher Ressourcen steht aber auch in engem Zusammenhang mit dem Kolonialismus, da gerade die Kolonien rücksichtslos als billige Lieferanten benötigter Rohstoffe und landwirtschaftlicher Erzeugnisse genutzt wurden – ein System, das sich bis heute unter Bedingungen des Postkolonialismus fortsetzt und, wie ich unten erläutern werde, große Bedeutung für die Erklärung der unangemessenen Reaktion auf den Klimawandel hat.

Unverzichtbar für die Reichtumsentwicklung der kapitalistischen Moderne war insbesondere die immense Ausweitung der Nutzung fossiler Energiequellen. Erst die Förderung von Kohlevorkommen im großen Maßstab und später die Extraktion von Öl und Gas ermöglichten den massiven Einsatz von Maschinen bei der Produktherstellung sowie den expansiven Transport der Güter und damit die ungeheure Vermehrung von Kapital. Ohne die Kohle hätten sich weder Dampfmaschinen noch Dampfschiffe noch die Eisenbahn im 19. Jahrhundert durchsetzen können. Oh-

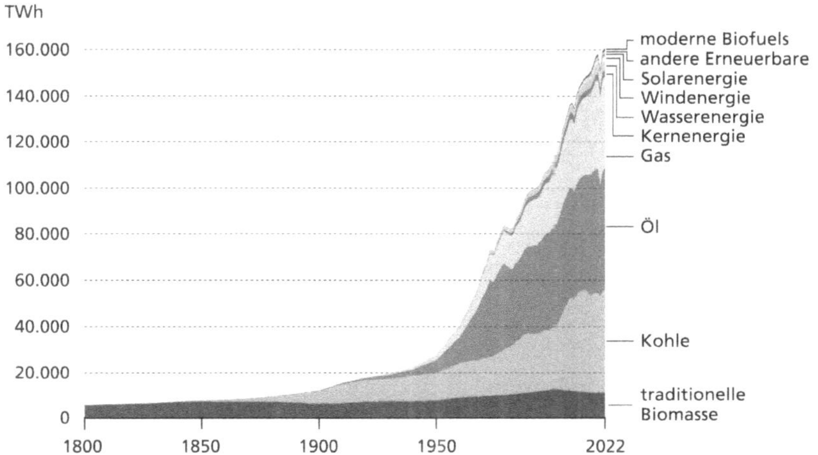

* Der direkte Primärenergieverbrauch berücksichtigt nicht die Ineffizienzen bei der Produktion fossiler Brennstoffe.

Abb. 4: Die Entwicklung des weltweiten Energieverbrauchs von 1800 bis 2022. Quelle: Energy Institute Statistical Review of World Energy (2023), online unter ⟨OurWorldInData.org/energy⟩, letzter Zugriff 14.10.2023.

ne das Öl hätte der Siegeszug von Auto und Flugzeug im 20. Jahrhundert nicht stattfinden können. Wird der weltweite Konsum fossiler Energien für 1900 auf ungefähr 1 Milliarde Tonnen Öläquivalente geschätzt, liegt er aktuell 14-mal so hoch (siehe *Abb. 4*).[18] Bis heute gilt, dass es ohne die gewaltige Erhöhung der Nutzung maschinell transformierter Energie keinen wirtschaftlichen Fortschritt gibt. Ohne Energie laufen die Maschinen nicht, mit denen der Wohlstand von Gesellschaften angeheizt wird. Gesellschaften bleiben so lange arm, wie sie arm an Energie sind.

Konkurrenzmechanismus und Marktliberalisierung, ein leistungsfähiges Finanzsystem, die Mechanisierung von Produktion und Transport, Arbeitsteilung, die Mobilisierung von Arbeitskräften für einen rigoros arbeitsteiligen industriellen Produktionsprozess – ohne diese Entwicklungen hätte das ungeheure Wachstum der vergangenen 200 Jahre nicht stattfinden können. So erwünscht und eindrucksvoll der Effekt der Wohlstandsmehrung auch war: Die stete Ausweitung der Verbrennung fossiler Energieträger führte zugleich zu ebenjener Steigerung des Gehalts von Kohlendioxid in der Atmosphäre, die den Planeten immer weiter aufheizt. Der Kohlendioxidgehalt, gemessen als Anteile pro Million Luftpartikel (*parts per million*), erhöhte sich von unter 300 ppm in der vorindustriellen Zeit auf über 417 ppm im Jahr 2022. Für die Sicherung des Fortbestands unserer Zivilisation und die Vermeidung schwerwiegender globaler Umweltveränderungen geben Wissenschaftler als Maximum 350 ppm an. Diese Grenze wurde bereits in den 1990er Jahren überschritten.[19]

Rein wirtschaftlich betrachtet, bleibt die Nutzung fossiler Energieträger jedoch trotz aller verursachter ökologischer Schäden gewinnbringend, solange die Kosten der Naturzerstörung aus den Investitionsrechnungen der Unternehmen herausgehalten werden können. Unternehmen orientieren ihre Entscheidungen an dem von einer Investition erwarteten Gewinn und den mit ihr verbundenen Risiken. Gewinne sind Umsätze abzüglich der Produktionskosten. Zu den Produktionskosten gehören Rohstoffe, Vorprodukte, Maschinen, Kapital und Arbeitskräfte, nicht aber die Kosten der Umweltzerstörung. Das im Produktionsprozess an die Atmosphäre abgegebene CO_2 verursacht zwar Schäden. Die Kosten für deren Behebung spielen jedoch keine Rolle für die betriebswirtschaftliche Berechnung der Rentabilität der Investition. Der Soziologe Niklas Luhmann hat dies einmal auf die Formel gebracht, Märkte informierten Gesellschaften nicht über den Zustand ihrer natürlichen Umwelt.[20] Solange sich die negativen Umweltfolgen wirtschaftlicher Aktivitäten nicht in Preisen widerspiegeln, verfügt die Wirtschaft über keinerlei Sensorium für die von ihr angerichteten Zerstörungen. Der Klimawandel ist – in den Worten des Finanzmanagers Steve Waygood – »das größte Marktversagen aller Zeiten«.[21] Das an Marktsignalen ausgerichtete individuell rationale Handeln der Wirtschaftsakteure führt ins kollektive Desaster des Klimawandels, zumindest solange die Wirtschaftsakteure nicht durch regulative Eingriffe wirksam zur Berücksichtigung der Umweltfolgen gezwungen werden.

Erste wissenschaftliche Beschreibungen des Zusammenhangs zwischen Kohlendioxidgehalt und möglichen Klimafolgen gab es schon im 19. Jahrhundert.[22] In der zweiten Hälfte des 20. Jahrhunderts wurde das Phänomen von Wissenschaftlern immer besser verstanden. Und mit dem 1972 erschienenen Bericht des Club of Rome wurde auch für eine breite Öffentlichkeit ausgesprochen, dass schier unendliches Wirtschaftswachstum auf eine endliche Natur stößt und mit dem Erhalt der natürlichen Lebensgrundlagen unvereinbar ist.[23] Damals wäre der richtige Zeitpunkt gewesen, die Nutzung fossiler Energieträger drastisch zu reduzieren, um den Klimawandel aufzuhalten. Das jedoch geschah nicht. Vielmehr stieg der jährliche Ausstoß von Treibhausgasen durch die Verbrennung von Kohle, Öl und Gas weiter an. Die Ursache hierfür ist nicht schwer zu finden: Kapitalistische Ökonomien werden von dem zuvor beschriebenen Wachstumsimperativ angetrieben, und Umweltzerstörung wird nur so weit berücksichtigt, als es wirtschaftliche Anreize hierfür gibt, etwa wenn Energieeinsparungen Kosten senken. Wenn darüber hinaus die Naturschädigung reduziert werden soll, was ja wünschenswert ist, müssen Mechanismen der Naturbewahrung von außen in das Wirtschaftssystem eingebracht werden. Regulatorische Umweltschutzauflagen, politisch geschaffene Quasimärkte etwa für Verschmutzungsrechte und veränderte Vorlieben der Konsumenten und Konsumentinnen sind solche Mechanismen.

Damit ist Klimaschutz aber ein Kostenfaktor. In einer an Gewinnmaximierung orientierten Wirtschaft versuchen Unternehmen, sich dieser Kosten so weit wie möglich zu entledigen. Ihre Einbeziehung würde den Gewinn schmälern oder sogar die Investition unrentabel machen. Wohlgemerkt: Sich der Internalisierung von

Umweltkosten zu entziehen, ist keine verwerfliche moralische Charakterschwäche des einzelnen Unternehmers oder Managers. Es ist systemisch bedingt. Ein Unternehmen, das »unnötige« Kosten auf sich nimmt, erleidet Wettbewerbsnachteile, bringt seine Eigentümer gegen sich auf und verzichtet auf mögliche Steigerung der Wirtschaftsleistung. Abgesehen von der Nutzung begrenzter Spielräume beim unternehmerischen Handeln[24] ist daher die freiwillige Einbeziehung von Kosten der Umweltschädigung nicht zu erwarten. Der marktliberale Vordenker Milton Friedman hat dies vor 50 Jahren prägnant auf den Punkt gebracht: »Die soziale Verantwortung von Unternehmen ist die Erwirtschaftung von Gewinn.«[25]

Die kapitalistische Moderne jedoch besteht nicht nur aus einem marktbasierten Wirtschaftssystem.[26] *Staat* und *Politik* einerseits, *Staatsbürger* und *Konsumenten* andererseits begründen eigene Handlungssphären, die mit dem Wirtschaftssystem interagieren, aber nicht mit ihm identisch sind und von denen auch eine Widerständigkeit gegen dieses ausgehen kann. Soziologen sprechen von funktional differenzierten Gesellschaften, in denen sich Teilsysteme ausbilden, die nach je eigenen Prinzipien operieren, die zugleich aber auch miteinander verzahnt sind und miteinander im Konflikt stehen können.[27] Die Teilsysteme sind wechselseitig auf Leistungen aus den je anderen Systemen angewiesen und können sich dadurch gegenseitig beeinflussen.

Wie kann man sich das vorstellen? Sowohl der Staat als auch die Konsumenten bedürfen der im Wirtschaftssystem erzeugten Güter und Dienstleistungen beziehungsweise des Geldes, das in Form von Steuereinnahmen und Arbeitseinkommen an sie fließt. Zugleich benötigen die Unternehmen arbeits- und konsumwillige Bürger und sind darauf angewiesen, dass Privateigentum und ökonomische Macht von diesen grundsätzlich akzeptiert werden. Die Unternehmen brauchen darüber hinaus die durch Staat und Politik vorgegebenen rechtlichen Rahmenbedingungen, die sowohl ihr Handeln zu koordinieren helfen als auch über die Verteilung des erzeugten Wohlstands mitentscheiden. Außerdem gestaltet das politische System die Struktur des Zusammenlebens in der Gesellschaft. Umgekehrt ist das politische System für die stabile Ausübung von Macht auf die Zustimmung durch die Bürger angewiesen. Diese Legitimation wird in demokratischen Gemeinwesen durch die Bindung von Macht an die Zustimmung in Wahlen und die breite Beteiligung der Bevölkerung am (steigenden) Volkseinkommen gesichert. Politikwissenschaftler sprechen von Input- und Outputlegitimation.[28] Wirtschaft und Staat bedürfen gesellschaftlicher Zustimmung, andernfalls käme es zur »Anomie« (Durkheim) oder zu »Gegenbewegungen« (Polanyi).

Um die unangemessene Reaktion auf den naturzerstörenden Ausstoß von Treibhausgasen zu verstehen, muss also nicht nur die Funktionslogik des kapitalistischen Wirtschaftssystems selbst, sondern es müssen auch die Beziehungen zwischen Wirtschaft, Staat und Bevölkerung betrachtet werden. Die verschiedenen Handlungssphären sind aber nicht gleichermaßen einflussreich. Wenn ich von kapitalistischer Moderne spreche, so kommt darin zum Ausdruck, dass dem Wirtschaftssystem gegenüber den anderen Sphären eine herausgehobene Stellung zukommt. Diese beruht sowohl auf seinen Leistungen bei der materiellen Reichtumsproduktion, die für alle Bereiche der Gesellschaft von einzigartiger Bedeutung ist, als auch auf seiner globalen Reichweite.[29] Der Staat kann nicht ohne Steuereinnahmen auskommen, die Bürger bestreiten ihr Dasein auf Grundlage ihres Arbeitseinkommens. Zugleich sind es die Kapitalbesitzer und die Finanzmärkte, die über die zur wirtschaftlichen Produktion führenden Investitionen entscheiden. Sie können dies auf dem ganzen Globus tun und haben damit eine Flexibilität und Reichweite, die kein anderes Sozialsystem hat. In einer Marktwirtschaft sammelt sich Macht im Wirtschafts- und Finanzsystem. Doch dies ist keine absolute und unantastbare Macht, sondern eine, gegen die sich Kritik aufbauen und die der Staat im Prinzip begrenzen kann.

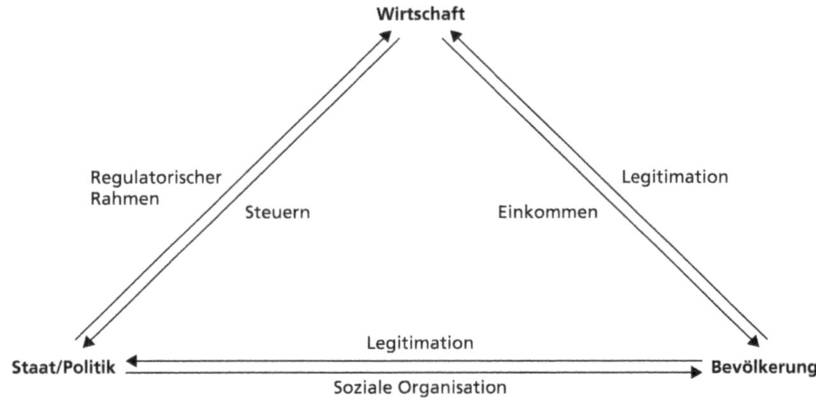

Abb. 5: Wirtschaft, Staat, Bevölkerung.

Die Unterscheidung zwischen Wirtschaft, Politik und Bevölkerung (im Sinne von Bürgern und Konsumenten) ermöglicht den Entwurf eines analytischen Gerüsts, mit dem sich das Geflecht von Macht- und Anreizstrukturen in der kapitalistischen Moderne darstellen lässt (siehe *Abb. 5*), die nach meiner These für die unangemessene Reaktion auf den Klimawandel ursächlich sind.

Naiv ließe sich zunächst vermuten, ein dem Gemeinwohl verpflichteter Staat würde, zumal wenn es um den Schutz natürlicher Lebensgrundlagen auch zukünftiger Generationen geht, qua rechtlicher Regulation die Unternehmen einfach zwingen, die von ihnen verursachten Umweltkosten zu vermeiden beziehungsweise für sie aufzukommen. Das Marktversagen rechtfertigt in der Tat solche staatlichen Interventionen, und auf den ersten Blick wirkt das wie ein kluges Arrangement. Die Erfahrung der letzten Jahrzehnte lehrt hingegen, dass die politischen Eingriffe in das Marktgeschehen zu keinem Zeitpunkt hinreichend waren oder überhaupt darauf zielten, den Klimawandel zu stoppen.

Deshalb sprechen wir bei der Klimakrise auch von dem größten Staatsversagen aller Zeiten, das sich trotz aller Vorgaben seitens des Umweltrechts in aller Ruhe vollzog. Auf die Gründe für dieses Staatsversagen werde ich in den folgenden Kapiteln noch genauer zu sprechen kommen. An dieser Stelle nur so viel: Es hat sowohl mit der Macht der Wirtschaft als auch mit der Funktionsweise (demokratischer) politischer Prozesse sowie mit dem Handeln von Bürgern und Konsumenten zu tun. Bezogen auf die Handlungsmacht von Unternehmen heißt das etwa: Unternehmen wehren sich mittels Lobbyismus gegen Regulierungen, die zu höheren Kosten führen. Um ihr Ziel der Erwirtschaftung von Gewinn zu erreichen, werden sie ihren Einfluss dafür einsetzen, dem Zwang zur Internalisierung von Kosten zu entgehen. Wo dies nicht möglich ist, werden sie versuchen, diese Kosten niedrig zu halten oder hinauszuzögern. Dafür verfügen sie über Macht, die sich sowohl aus ihren Möglichkeiten der aktiven Einflussnahme auf politische Entscheidungen als auch strukturell aus der Angewiesenheit von Staat und Bevölkerung auf wirtschaftliches Wachstum ergibt. Unternehmen, die sich zu sehr durch staatliche Regulierungen gegängelt fühlen, können glaubhaft damit drohen, Investitionen auf die lange Bank zu schieben oder sie in einem anderen Land zu tätigen.[30] Hier kommt ihnen die globale Reichweite des Wirtschaftssystems zugute. Unternehmen suchen sich ihre Standorte auch nach den ihnen vorteilhaft erscheinenden Gesetzeslagen aus. Gerade in der globalisierten und liberalisierten Wirtschaft der letzten Jahrzehnte war dies eine Strategie, die insbesondere große Unternehmen souverän beherrschten.

Zumeist bedarf es solch direkter Drohungen aber gar nicht, weil die staatlichen Akteure und auch die Bürgerinnen und Bürger sehr wohl um die Bedeutung von wettbewerbsfähigen Wirtschaftsstrukturen und die Macht der Unternehmen wissen. Bessere Wettbewerbsfähigkeit führt zu höheren Steuereinnahmen, was die staatliche Aufgabenerfüllung erleichtert, und zu stabilerer und höherer Beschäftigung, wovon die Haushaltseinkommen profitieren. Der Staat braucht außerdem die privaten Kapitalgeber, von denen er sich Geld leiht. Die auf politische Legitimation durch Wahlen angewiesenen Politiker haben demnach Anreize, von Regulierungen zur Internalisierung der Kosten von Umweltschädigung abzusehen, wenn diese die Unternehmen »verärgern« und Kosten verursachen, die die Bürger in ihrem Geldbeutel spüren. Zumal auch noch gilt, dass die zunehmenden Klimaschäden noch nicht einmal als Verringerung des Bruttosozialproduktes sichtbar werden.[31]

Solange die negativen Folgen der Externalisierung der Klimaschäden in einer entfernten Zukunft gesehen werden oder die Betroffenheit davon bei anderen verortet wird, gibt es weder in der Wirtschaft noch beim Staat noch bei den Bürgern *materielle* Anreize zu effektivem Klimaschutz. Dies unterscheidet den Klimaschutz etwa vom Kampf der Arbeiterbewegung, wo es einen zwischen Kapital und Arbeit ausgetragenen Konflikt gibt, der – unter staatlicher Beteiligung – zu Aushandlungen führt, bei denen Unternehmen Zugeständnisse beispielsweise in Form von Lohnzuwächsen oder Arbeitszeitbegrenzungen machen müssen. Beim Klimaschutz gibt es eine solche materielle Interessendivergenz zwischen Unternehmen, Staat und Bürgern nicht. Alle Beteiligten können leicht einen Konsens finden, bei dem die Kosten von Umweltschäden ignoriert werden oder deren Begleichung auf eine unbestimmte Zukunft verschoben wird. Die Natur selbst hat keine Stimme in der Gesetzgebung und sie kann sich auch nicht mit einem Streik bemerkbar machen.

Was aber ist mit *ideellen* Interessen? Immerhin gibt es seit den 1970er Jahren in vielen Ländern bedeutende Ökologiebewegungen, die als soziale Protestbewegungen Forderungen zur Beendigung von Umweltzerstörung eine lautstarke politische Stimme verleihen. In den letzten Jahren haben sich diese Bewegungen unter den Namen Fridays for Future, Letzte Generation und Extinction Rebellion auf Fragen des Klimaschutzes konzentriert. Im Namen zukünftiger Generationen fordern sie politische Regulierungen und prangern dabei mit moralischen und funktionalen Argumenten das Verhalten von Unternehmen und Konsumenten sowie das Nichtverhalten des Staates an.

Diese Bewegungen sind politisch nicht machtlos. Legitimation ist eine notwendige Ressource von Herrschaftsausübung, auf deren drohenden Entzug vor allem der Staat, aber auch Unternehmen reagieren müssen. Doch die sozialen Bewegungen stoßen auf den Widerstand der an Gewinnmaximierung interessierten Unternehmen, die Zögerlichkeit des auf wirtschaftliche Prosperität angewiesenen Staates und auch auf den Gegendruck von Bürgern, die um ihre Arbeitsplätze und gewohnten Konsum- und Lebenspraktiken bangen. Der Streit zwischen materiellen und ideellen Interessen wird in der Regel in politische Kompromisse überführt. In den letzten Jahrzehnten wurden auch als Resultat dieser politischen Auseinandersetzungen Klimaschutzauflagen erhöht und klimakompatible Wirtschaftspraktiken gefördert. Doch diese Maßnahmen sind viel zu zaghaft, um auf den »begrenzten Zeitplan« der Klimazerstörung angemessen zu reagieren.

Wie bereits angedeutet, lässt sich die kapitalistische Moderne nicht allein über die Funktionsweise des Wirtschaftssystems und seine Verflochtenheit mit den Handlungslogiken von Staat, Staatsbürgern und Konsumenten beschreiben. Für das Operieren der institutionellen Strukturen und meine Frage nach der Reaktion auf den Klimawandel sind auch kulturelle Faktoren bedeutsam. Die kulturelle Identität der kapitalistischen Moderne entstand vor allem in der Zeit der Aufklärung, einige ihrer Wurzeln reichen aber bis in die Renaissance zurück, sogar bis in die Antike. Ich möchte nun drei Aspekte dieser Identität beziehungsweise die ihr zugrunde liegenden Transformationen hervorheben, die für den Umgang mit der Natur in der kapitalistischen Moderne besonders folgenreich waren: eine neue Definition des Verhältnisses von Mensch und Natur, die Idee der Steigerung des Wohlstands durch immer weiteren Fortschritt in einer prinzipiell offenen Zukunft sowie die Durchsetzung einer Moral des Individualismus.

Die *erste* kulturelle Transformation hat jüngst der Wirtschaftsanthropologe Jason Hickel noch einmal sehr anschaulich dargelegt.[32] Er hält zunächst fest, dass es traditionale Gesellschaften gibt, die ein Verständnis von Natur haben, das beide als Einheit sieht. Die Natur selbst wird als beseelt wahrgenommen und im Rahmen einer Kosmologie, die Mensch und Natur als Ganzheit erfasst. Dieses Verständnis schließt die Nutzung der Natur nicht aus, doch diese geschieht im Bewusstsein einer generellen Sorge und mit Respekt für die natürlichen Wesen, die als verwandt mit den Menschen betrachtet werden. Diese als Animismus bezeichnete Kosmologie wurde seit der frühen Neuzeit von aufklärerischen Denkern scharf bekämpft und als Gegenentwurf wurde eine auf dem unüberbrückbaren Dualismus zwischen Mensch und Natur basierende Kosmologie verbreitet. Der Philosoph und Staatsmann Francis Bacon forderte im frühen 17. Jahrhundert: »Foltert die Natur!«, der Philosoph René Descartes trennte in seinem Denken nur wenig später den Geist vom Körper und nach Immanuel Kant sind Menschheitsgeschichte und Naturgeschichte zwei völlig verschiedene Dinge, die ebenso auseinanderzuhalten sind wie beim Menschen »Animalität« und Sittlichkeit. Auch infolge dieser Denkungsweise konnte die Natur mehr und mehr zu einem Objekt werden, das rücksichtslos ausgebeutet werden kann, weil sie außerhalb des Bereichs der Moral steht. Zweifelsohne gab es gegen diese Degradierung der Natur auch philosophische Widerstände, etwa in der Romantik, doch schlussendlich gewann das Verständnis eines Dualismus zwischen Natur und Mensch fast vollständig die Oberhand. In den späteren Auseinandersetzungen um die kapitalistische Wirtschaftsform wurden daher zwar deren soziale Ungerechtigkeiten zum Gegenstand des Streits, kaum jedoch das rein instrumentelle Verhältnis zur Natur.[33]

Die *zweite* kulturelle Transformation besteht in der Durchsetzung eines veränderten Verständnisses von Zukunft, ausgedrückt in der Idee des Fortschritts. Was aus heutiger Perspektive geradezu absonderlich erscheinen mag, war während der längsten Zeit der Menschheitsgeschichte völlig normal: dass Gesellschaften sich nicht in einem Prozess der ständigen Veränderung und des Wachstums wähnten, sondern in einem Gefüge der Beständigkeit und der Wiederholung – bestimmt von einem jahreszeitlich und religiös definierten Rhythmus der Wiederkehr, in dem das Zukünftige eine Wiederholung des aus der Vergangenheit bereits Bekannten ist.[34] Insbesondere der Historiker Reinhart Koselleck hat den in der frühen Neuzeit in Europa beginnenden Prozess der Veränderung dieser traditionalen Zeitordnung aufgezeigt. Allmählich wurde Zeit nicht mehr als zyklische Wiederholung, sondern als linear fortschreitend wahrgenommen.[35] Die Zukunft als prinzipiell offenen und nicht bereits vorherbestimmten Handlungsraum zu sehen, war eine für die Wachstumsdynamik der kapitalistischen Moderne wegweisende kulturelle Veränderung.[36] Sie erlaubt nämlich die Projektion einer durch Menschen veränderten und zukünftig verbesserten Welt und motiviert Handlungen, die nach diesem zukünftigen Zustand streben. Diese Idee des Fortschritts ist nicht auf die Verbesserung materieller Lebensbedingungen begrenzt. Sie umfasst ebenso sehr die Entwicklung der Kunst sowie die rechtliche und normative Entwicklung von Gesellschaften.[37]

Für die Lösung von Problemen, die innerhalb dieses Prozesses permanenter Veränderung und Steigerung auftreten, wurde auf Wissenschaft und Technologie vertraut. Ohne den technologischen Fortschritt der letzten 200 Jahre hätte niemals der Wohlstand erreicht werden können, über den wir heute verfügen. Es erübrigt sich beinahe die Bemerkung, dass gerade durch technologischen Fortschritt Produktionsprozesse in ihrer Effizienz gesteigert werden konnten und dass die Herstellung fast aller uns heute umgebenden Produkte auf Technologien beruhen, die es vor 200 Jahren schlicht noch nicht gab. Kohle und Öl müssen mit hohem technologischen Aufwand aus der Erde gezogen werden, Gas muss in Pipelines transportiert werden, die energieintensive Herstellung von Produkten aus Kunststoff, die nach ihrer Nutzung als Plastikmüll nicht nur die Flüsse und Meere belasten, wurde erst durch die Fortschritte der Polymerchemie in den 1930er Jahren möglich.

Gewiss: Technologischer Fortschritt hat der Menschheit viel Segensreiches gebracht. Aber es gilt eben auch, dass es ohne ihn das Ausmaß an Umweltzerstörung nie hätte geben können, mit dem wir uns heute konfrontiert sehen und das uns von einem geologischen Zeitalter des Anthropozäns sprechen lässt.[38] Technologischer Fortschritt ist notwendiger Bestandteil eines Systems, das strukturell auf unendliches Wachstum angewiesen ist, das wiederum auf einer mit endlichen Ressourcen ausgestatteten Natur basiert. Die Folge dieses Widerspruchs ist die sich beschleunigende ökologische Krise.

Das Versprechen der unbegrenzten Steigerung von Wohlstand und Lebensqualität durch technologischen Fortschritt war zudem das kulturelle Movens für die Herstellung von immer mehr Dingen. Die »ungeheure Warensammlung« der kapitalistischen Moderne hat unzählige Annehmlichkeiten gebracht und ohne Frage reichlich Leid und Mangel beseitigt. Wirtschaftliches Wachstum ermöglichte vor allem im globalen Norden die Bekämpfung von Armut und Krankheiten sowie die Eindämmung von Konflikten um knappe Ressourcen. Auf dieses Wachstum zu verzichten hieße, dieses erfolgreiche Modell der sozialen Befriedung komplexer Gesellschaften aufzugeben. Doch das Modell hat eben einen Preis, nämlich den der Verbrennung all der fossilen Energieträger, so dass wir heute in einer Welt leben, in der die Durchschnittstemperatur um fast 1,2 Grad Celsius über dem vorindustriellen Niveau liegt. Indem sich Gesellschaften entschieden haben, ihre soziale Ordnung ganz wesentlich auf das Streben nach Gewinn und die Verfügbarmachung von immer mehr Waren und Dienstleistungen zu gründen, und indem sie sich gleichzeitig ihrer Verantwortung für die schädigenden Folgen dieser Entscheidung entzogen, haben sie auch den Klimawandel billigend in Kauf genommen. Auch dies gehört zur kulturellen Identität der kapitalistischen Moderne.

Die *dritte* kulturelle Transformation bestand schließlich in der Verbreitung individualistischer Handlungsnormen. Auch hier gilt die gleiche Widersprüchlichkeit. Die Stärkung subjektiver Rechte, die Befreiung von einengenden Normen kollektivistisch geprägter sozialer Gemeinschaften, die Individualisierung von Lebensstilen – all das übte eine ungeheure Attraktion aus und wird wohl auch heute noch von den meisten Menschen als Zugewinn an Freiheit verteidigt – zu Recht. Doch dieser Wertewandel ist eben auch der kulturelle Bruder von Wachstumszwang und Externalisierung der Umweltschäden.[39] Individualität und sozialer Status werden in der kapitalistischen Moderne ganz wesentlich durch den Warenkonsum bestimmt. Dieser lässt sich unbegrenzt steigern, da er auf einer kulturell verankerten Logik sozialer Vergleiche gründet: Soziale Anerkennung erfährt, wer viel besitzt und beim Wettbewerb des Konsumierens mithalten kann. Konsumauswahl wird zudem zum Reich der Freiheit in einer für die meisten Menschen ansonsten durch erhebliche Zwänge bestimmten Lebensführung. Wer hier regulatorisch eingreifen will, muss mit Gegenwehr rechnen.[40]

Hinzu kommt die motivierende Macht des sozialen Aufstiegsversprechens. In der kapitalistischen Moderne, in der soziale Ungleichheit nicht mehr qua Geburt festgeschrieben ist, werden Statusunterschiede den einzelnen Subjekten und ihren Handlungen zugeschrieben, die dafür nun auch Verantwortung übernehmen müssen. Wer viel hat, hat eben auch viel geleistet. Durch eigene Anstrengung, so das Versprechen, kann sozialer Aufstieg gelingen. Die soziale Wirkmächtigkeit dieses Versprechens unterstützt die Wachstumsdynamiken der Wirtschaft. Denn die soziale Ordnung sieht nun vor, dass alle dazu aufgerufen sind, am Wohlstandsrennen teilzunehmen und dort ihr Bestes zu geben. Versuche, diesen Wettbewerb einzuschränken, werden als Betrug am vielleicht zentralen Versprechen der kapitalistischen Moderne abgewiesen, und selbst die Kritik am Leistungsprinzip richtet sich nicht gegen dieses Prinzip selbst, sondern allenfalls dagegen, dass es nicht für alle gleichermaßen gilt.[41]

Am nachdrücklichsten wurde die Verbindung von Individualismus und sozialer Ordnung der kapitalistischen Moderne in der Metapher der unsichtbaren Hand zum Ausdruck gebracht. Ursprünglich von dem Philosophen Bernard Mandeville entworfen, wurde die dahinterstehende Idee vom schottischen Aufklärer Adam Smith zur Grundlage der liberalen ökonomischen Theorie ausgearbeitet.[42] Die Maximierung wirtschaftlichen Wohlstands, so der Gedanke, ist keineswegs an tugendhaftes, gemeinwohlorientiertes Handeln gebunden, vielmehr ergibt sich gerade aus dem eigennützigen Handeln der Marktteilnehmer ein für die Gesellschaft insgesamt vorteilhaftes Resultat. Die Individuen werden so von jeglicher Pflicht zur normativen Reflexion der Folgen ihrer Handlungen für das Gemeinwesen befreit. Eventuell bestehende Skrupel werden durch die Behauptung beiseitegewischt, dass das Gute absichtslos, also ganz von selbst entsteht. Wer hier eingreift, so die Warnung, richtet trotz womöglich guter Absichten nur Schaden an. Es reicht, dem Marktmechanismus zu vertrauen. Dies ist die geläufige marktliberale Legitimation der Gleichgültigkeit auch gegenüber den Folgen wirtschaftlichen Handelns in der natürlichen Umwelt.

Hier geht es nicht darum, ob die Verbindung von Eigennutz und dem moralisch gutzuheißenden Resultat das Denken Adam Smiths vollständig und damit korrekt wiedergibt. Dem ist nicht so. Doch in der nachfolgenden Interpretation entstand eine machtvolle Ideologie der Marktgläubigkeit und der moralischen Rechtfertigung des ausschließlich eigennützigen Handelns. Zudem wird das rationalistische Handlungsmodell universalisiert. Gegen jeden anthropologischen Sachverstand wird der ökonomische Egoismus nicht als das gesehen, was er in Wahrheit ist, nämlich ein – historisch betrachtet – äußerst begrenztes Phänomen, sondern er gilt als unverrückbar, ja, als eine Art anthropologische Konstante.[43] Die praktische Wirkung dieser Ideologie ist im Zusammenspiel mit den geschaffenen Institutionen des Marktes erheblich. Das oben zitierte Diktum von Milton Friedman, wonach die soziale Verantwortung von Unternehmen in der Erzielung von Gewinnen bestehe, wiederholt bloß ungeschminkt die Kernüberzeugung der kapitalistischen Moderne. Es fehlt im wirtschaftlichen Handeln jegliche Anleitung durch eine kollektive Rationalität, die dem individuellen Vorteilsstreben Grenzen setzen würde. Damit sind wir bei einer zentralen Erklärung für die Hilflosigkeit der kapitalistischen Moderne gegenüber dem Klimawandel angelangt: Das individuell rationale Handeln ist nicht in der Lage, das Gemeinschaftsgut der natürlichen Lebensgrundlagen vor jenen Zerstörungen zu schützen, die den Klimawandel erzeugen.

Ich fasse zusammen: Mit der Ausweitung von Märkten, der Institutionalisierung von Wettbewerb und kreditfinanzierten Investitionen wurden machtvolle wirtschaftliche Strukturen geschaffen, die einerseits die ungeheure Wohlstandsmehrung der letzten 200 Jahre ermöglichten, die aber andererseits auch jene Machtverteilungen und Anreize schufen, die dafür sorgten, dass die massive Schädigung der Umwelt ignoriert werden konnte. Das kulturelle Pendant zu den genannten wirtschaftlichen Strukturen der kapitalistischen Moderne sind die Vorstellung einer Dualität von Mensch und Natur, der Fortschrittsglaube, der Individualismus und die soziale Integration von Gesellschaften durch individuelle Aufstiegsversprechen. Ökonomische Institutionen und kulturelle Identität greifen ineinander und stützen sich gegenseitig. Das Menetekel der Zerstörung der natürlichen Lebensgrundlagen ist zwar seit einem halben Jahrhundert an der Wand. Aber die in ökonomischer, sozialer und kultureller Hinsicht so erfolgreichen Strukturen (zumindest für den globalen Norden) blockieren eine angemessene Reaktion. An keiner Industrie lässt sich dies so klar erkennen wie an der fossilen Energiewirtschaft.

3 BIG OIL

Seit Jahrzehnten ist die Macht der fossilen Energiewirtschaft darauf gerichtet, effektiven Klimaschutz zu verhindern, zu verzögern, zu verwässern oder ihm auszuweichen. Doch nicht nur dieser Industriezweig tritt auf die Bremse. Auch nachgelagerte Industrien und Unternehmen, deren Geschäftsmodelle nicht auf der Extraktion, sondern auf der Verbrennung fossiler Brennstoffe beruhen, haben eine Geschichte der Gleichgültigkeit gegenüber dem Klimawandel und der Verzögerung von Veränderungen. Allerdings sind ihre Interessen vielschichtiger, weil sie in den meisten Fällen ihre Produkte zukünftig auch ohne die Verbrennung von Öl oder Gas herstellen, sich also im Prinzip zu »grünen« Unternehmen wandeln könnten. Dazu am Ende des Kapitels mehr.

Ich will zunächst erkunden, wie sich die Strukturen der kapitalistischen Moderne im wirtschaftlichen Handeln von Unternehmen der fossilen Energiewirtschaft umsetzen. Dieses Handeln lässt sich ziemlich gut verstehen, wenn man es durch die Linse der Fokussierung auf Gewinnerwirtschaftung betrachtet, die alle anderen Handlungsfolgen ausblendet, einschließlich der Zerstörung der natürlichen Umwelt. Das parasitäre Verhalten gegenüber Kollektivgütern, die *zugleich* unabdingbar sind und zerstört werden, ist in der Funktionsweise des kapitalistischen Wirtschaftssystems angelegt. In für das Klima besonders bedeutsamer Weise zeigt sich dies bei den Unternehmen, die ihr Geld mit der Förderung fossiler Energieträger verdienen. Deshalb stehen sie hier im Vordergrund. Natürlich genügt es nicht, nur die Unternehmen und damit die Angebotsseite zu betrachten. Die erzeugten Produkte werden ja nachgefragt und ihr ersatzloses Ausbleiben würde zweifelsohne zu sozialen und politischen Verwerfungen führen. Diese Abhängigkeit moderner Lebensformen von fossiler Energie betrachte ich in späteren Kapiteln.

Um die Rolle der fossilen Energiewirtschaft in der Klimakrise auszuleuchten, ist es hilfreich, sich zunächst einmal die Dimensionen dieser Industrie vor Augen zu führen. Die Öl- und Gasindustrie hat insgesamt ein globales Umsatzvolumen von etwa fünf Billionen Euro, was fast vier Prozent der weltweiten Wertschöpfung entspricht. Damit gehört sie zu den bedeutendsten Industrien weltweit. Von den zehn umsatzstärksten Unternehmen der Welt stammen vier aus der Energiewirtschaft.[1] Diese Industrie ist außerdem hochgradig konzentriert und von einer herausragenden politischen Bedeutung. In etlichen Ländern sind die Gewinne aus Öl oder Gas die wichtigste staatliche Einnahmequelle. Häufig werden Energieunternehmen direkt vom Staat kontrolliert. In allen Ländern gilt, dass die Energiewirtschaft aufgrund der strategischen Relevanz von Energiesicherheit starker politischer Einflussnahme unterliegt und ihrerseits großen politischen Einfluss hat.

Die fossile Energiewirtschaft stößt nicht selbst die 34 Milliarden Tonnen CO_2 jährlich aus, die durch die Verbrennung fossiler Energieträger verursacht werden.[2] Sie fördert diese Energieträger, wandelt sie um, transportiert sie und verkauft sie an Unternehmen und private Konsumenten. Doch das Geschäftsmodell der Unternehmen besteht eben darin, so viel Kohle, Öl oder Gas zu fördern, wie es betriebswirtschaftlich sinnvoll ist. Viele der zerstörerischen Umweltfolgen des Produktes bleiben dabei in den betriebswirtschaftlichen Kalkulationen unberücksichtigt. Die Internationale Energieagentur (IEA) hat 2021 in einer Studie dargelegt, dass keine neuen Öl- und Gasvorkommen mehr erschlossen werden dürfen, wenn das Pariser Klimaziel erreicht werden soll.[3] Von den bereits erschlossenen Vorkommen (*committed emissions*) müssten 40 Prozent im Boden bleiben, sollte das Tor zum Erreichen des 1,5-Grad-Ziels nicht endgültig verriegelt werden.[4] Die Industrie will hingegen so viele dieser Vorkommen wie möglich fördern und verkaufen. Denn in diesen Vorkommen schlummern sagenhafte Profite.

Im Durchschnitt der letzten 50 Jahre hat die fossile Energiewirtschaft Gewinne in Höhe von einer Billion US-Dollar eingestrichen – pro Jahr.[5] In Zeiten von Energiekrisen, wie etwa 1973 oder nach dem russischen Angriff auf die Ukraine im Jahr 2022, sind diese Gewinne noch wesentlich höher. Nach Angaben der IEA sollen sie 2022 bei unglaublichen vier Billionen US-Dollar gelegen haben.[6] Allein der Gewinn des saudi-arabischen Ölkonzerns Saudi Aramco betrug 2022 beispiellose 161 Milliarden US-Dollar.[7] Das Unternehmen gehört fast vollständig dem Staat Saudi-Arabien. Die Gewinne von Equinor, BP, ExxonMobil, Shell, Petrobras, Pampa Energia, Chevron und TotalEnergies lagen 2022 jeweils zwischen 25 Milliarden US-Dollar und über 70 Milliarden US-Dollar. Sie gehören damit zu den profitabelsten Konzernen der Welt. Hieraus ergibt sich das systematische Problem: Wie legt man eine funktionierende und hochprofitable Industrie still?[8]

Natürlich wissen auch die Menschen an der Spitze dieser Industrie, dass die Verbrennung ihres Produktes den Klimawandel wesentlich verursacht. Doch die Funktionsweise der kapitalistischen Moderne verhindert, dass dieses Wissen sich in Handlungen zum Klimaschutz umsetzt, was konkret heißen würde: Verzicht auf die Förderung der fossilen Energieträger. Institutionelle Festlegungen stellen sicher, dass die verantwortlichen Manager der Energiemultis ihr Handeln auf die Maximierung der Gewinne konzentrieren und nicht auf die Reduzierung des CO_2-Ausstoßes.

So erhielt der Vorstandsvorsitzende von ExxonMobil, Darren Woods, 2022 ein Grundgehalt von 1,9 Millionen US-Dollar; sein gesamtes Gehaltspaket, vornehmlich aus Boni und Aktienprämien bestehend, betrug knapp 36 Millionen US-Dollar.[9] Boni und Prämien der Topmanager der Ölmultis hängen von der Entwicklung des Aktienkurses der Konzerne ab und schaffen so das Motiv der

Konzernlenker, ihre Geschäftspolitik auf die Maximierung der Gewinne zu richten. Das Anreizsystem des Shareholder-Value ist seit den 1980er Jahren in den Unternehmen eingeführt, um sicherzustellen, dass die Manager sich auf das Ziel möglichst hoher Renditen fokussieren. Die Entlohnung der Vorstände, schreibt ExxonMobil in seinen Unterlagen für die Aktionärsversammlung im Jahr 2022, »verbindet die Bezahlung der Manager mit den Ergebnissen ihrer Entscheidungen und den langfristigen Gewinnen für unsere Aktionäre«.[10] Nicht nur die Vorstände profitieren von den Gewinnen der Ölkonzerne, sondern auch Pensionsfonds und private Investoren als ihre Anteilseigner sowie auch Staaten: entweder durch Steuereinnahmen auf den Unternehmensgewinn, durch Einnahmen aus Förderlizenzen oder als Eigentümer der Unternehmen. Fossile Energieträger sind also sprudelnde Geldquellen für Unternehmen, Topmanager, Investoren und Staaten, ganz zu schweigen von den Einkommenseffekten für die Beschäftigten.

Bei den Profiten der fossilen Energiewirtschaft handelt es sich um so viel Geld, dass diese von geostrategischer Bedeutung, wesentlicher Teil der mit Finanzanlagen global erzielten Renditen und Grundlage für den Aufstieg einiger Topmanager in die Liga der Superreichen sind. Man muss kein Hellseher sein, um zu vermuten, dass diese Profite nicht einfach aufgegeben werden, nur weil sich die globale Durchschnittstemperatur ein bisschen erhöht. Unternehmen, Regierungen und auch Bürger in ihrer Rolle als Arbeitnehmer und Kapitalanleger haben alle dasselbe Interesse: Die Gewinne der Industrie sollen sprudeln. Diese Gewinne und der Wert der Unternehmen hängen aber von der weiteren Extraktion der fossilen Rohstoffe ab. Es ist insofern völlig schlüssig, dass die Förderung fossiler Energieträger trotz ihrer zerstörerischen Wirkung auf die natürliche Umwelt mit hohem Einsatz vorangetrieben wird. Könnten diese Profite nicht einfach auf neue Geschäftsfelder im Bereich der erneuerbaren Energien verlagert werden? Die Antwort lautet nein, denn die getätigten Investitionen in

Förderfelder und Pipelines sind in der Regel noch nicht abgeschrieben. Außerdem sind die Gewinne aus der Förderung von Öl und Gas bedeutend höher als die aus Investitionen in erneuerbare Energien. Das hängt mit dem stärkeren Wettbewerb in den Märkten für Letztere zusammen.[11]

Obwohl die Unternehmen sich heute auch politischem Druck von Regierungen und vor allem Zivilgesellschaften ausgesetzt sehen und sich zumindest einige von ihnen deshalb auf eine in der Zukunft wenigstens zum Teil dekarbonisierte Energiewirtschaft einstellen,[12] versuchen sie doch, die noch möglichen Gewinne aus Kohle-, Öl- und Gasförderung mitzunehmen. Denn man könne nicht rechtfertigen, so die dahinterstehende »Logik«, Kapital in Projekte mit niedrigerer Renditeerwartung zu investieren, wenn höhere Renditen möglich sind.

Für die Unternehmen der fossilen Energiewirtschaft stellt sich daher als strategische Frage, wie das etablierte Geschäft *trotz* des Wissens um den Klimawandel fortgesetzt und womöglich sogar ausgebaut werden kann. Die Ausgangsbedingungen dafür sind gut. Für ihre Wirtschaft und ihre energieintensiven Lebensstile braucht die Welt ständigen Nachschub an den von den Konzernen geförderten Produkten. 87 Prozent der weltweit verbrauchten Primärenergie wird gegenwärtig aus fossilen Brennstoffen gewonnen.[13] Wirtschaftswachstum, das ja systemisch bedingt ist, geht mit erhöhtem Energieverbrauch einher. Die Weltwirtschaft wächst mit einer Rate von ungefähr 3 Prozent pro Jahr und erhöht allein dadurch den Energieverbrauch stetig weiter. Selbst der starke Ausbau erneuerbarer Energie ersetzt angesichts des steigenden Energiehungers der Welt die Nutzung fossiler Energieträger bestenfalls in Teilen. Allein seit dem Jahr 2000 stieg der weltweite Konsum fossiler Energie um 45 Prozent.[14]

Natürlich wissen auch die Unternehmen, dass sie mit ihrem Geschäftsmodell letztendlich auf eine auch zukünftig stabile natürliche und soziale Umwelt angewiesen sind, diese Voraussetzung aber durch den von ihrem Produkt verursachten Klimawandel bedrohen. Da die befürchteten Folgen jedoch erst in der Zukunft eintreten werden und der je eigene Beitrag zum Schutz des Kollektivgutes Klima nur gering ist, bestehen für das einzelne Unternehmen keine Anreize, die Förderung fossiler Energieträger aufzugeben. Die zukünftigen Schäden werden heruntergerechnet. In der Logik der Unternehmen kann es völlig rational sein, zukünftige Klimaschäden zu ignorieren.[15]

Wenn Gefahr für das Geschäftsmodell droht, dann eher von außen. Es könnte sein, dass der Klimawandel aufgrund öffentlichen Drucks politisch so ernst genommen wird, dass entweder durch staatliche Regulierung die Förderung der fossilen Energieträger reduziert werden müsste oder aber global Investitionen so schnell in erneuerbare Energien gelenkt werden, dass die Förderung von Öl, Gas und Kohle nachlässt und bekannte Energievorkommen aus wirtschaftlichen Gründen im Boden bleiben müssten. Es geht also um einen Machtkampf zwischen der Industrie und jenen politischen Kräften, die dem Klimaschutz Vorrang vor den Gewinnen einräumen wollen. Dabei steht für die Industrie, aber auch für die Staaten enorm viel auf dem Spiel. Die potenziell verloren gehenden Vermögenswerte aus dem Anlagevermögen der fossilen Energiewirtschaft werden bis 2050 auf 13 bis 17 Billionen US-Dollar geschätzt, ein bedeutender Teil davon ist staatliches Eigentum.[16] Wie lässt sich verhindern, so die Frage aus der Perspektive der Unternehmen, dass aus der gigantischen Menge investierten Kapitals verlorene Vermögensgüter werden?

Eine Antwort ist Lobbyismus. Allein die fünf größten westlichen Ölkonzerne geben Jahr für Jahr gemeinsam um die 200 Millionen US-Dollar für gezielte politische Einflussnahme aus,[17] das heißt, um die politischen Rahmenbedingungen für die weitere Extraktion der fossilen Brennstoffe in ihrem Sinn zu lenken. Ein Teil dieses Lobbyismus richtet sich auf politische Regulierungen, betreffend etwa die Frage des Zeitpunkts des Kohleausstiegs in Deutschland, die Genehmigung der Förderung von Öl in Naturschutzgebieten in den USA und in Kanada oder die Aufrechterhaltung von Subventionen für die Industrie, beispielsweise durch den Verzicht auf die Besteuerung von Flugbenzin. Ein anderer Teil der Lobbyaktivitäten richtet sich auf die Beeinflussung der öffentlichen Meinung, um den öffentlichen Druck auf die Geschäftspraktiken möglichst gering zu halten. Auch Unternehmen sind, wie ich im vorangegangenen Kapitel dargelegt habe, auf gesellschaftliche Legitimation angewiesen. Die Strategien der Ölkonzerne zur Beeinflussung der öffentlichen Meinung sind vielfach untersucht worden.[18] Sie lassen sich in zwei Phasen unterteilen: Zunächst wurde der menschengemachte Klimawandel schlichtweg geleugnet, um dann – und das bis heute – mit Strategien der Verzögerung und der Abweisung von Verantwortung zu reagieren.

Schon seit einigen Jahren ist beispielsweise bekannt, dass ExxonMobil seit den späten 1970er Jahren über eigene Studien verfügte, die den menschengemachten Klimawandel sehr genau vorausgesagt hatten. Anfang 2023 hat eine Gruppe von Wissenschaftlern des Potsdam-Instituts für Klimafolgenforschung und der Harvard University diese Erkenntnis anhand einer Auswertung von Unternehmensdokumenten von Exxon weiter präzisiert.[19] Dass seine eigenen Wissenschaftler über die Klimaauswirkungen der Verbrennung fossiler Energieträger Bescheid wussten, hat den Konzern allerdings nicht davon abgehalten, in der Öffentlichkeit abzuwiegeln, ganz im Gegenteil. Noch bei der Aktionärsversammlung 1999 berichtete der damalige Vorstandsvorsitzende, Lee Raymond, die Projektionen des Klimawandels basierten »auf völlig unbewiesenen Klimamodellen, oder, sogar noch häufiger, auf schierer Spekulation«.[20] Das war wohlgemerkt vier Jahre nachdem der UNO-Klimarat 1995 bekannt gegeben hatte, dass sich der menschliche Einfluss auf das Klima mittlerweile nachweisen lasse, weil er sich von natürlichen Schwankungen abhebe. Indem der Ölmulti den Klimawandel leugnete, entzog er sich seiner Mitverantwortung dafür und versuchte so, die Legitimation der Industrie in der Öffentlichkeit zu stärken und wirksamer Regulation zu entgehen.

Laut Greenpeace hat Exxon bis 2014 Thinktanks, die den Klimawandel leugnen, mit über 30 Millionen Dollar unterstützt.[21] Auch wurden verschiedentlich PR-Kampagnen mit Anzeigen durchgeführt, deren Ziel es war, in der Öffentlichkeit Unsicherheit hinsichtlich der Ursachen des Klimawandels zu streuen. Exxon steht dabei nicht allein. Die Gebrüder Koch, Eigentümer der Firma Koch Industries, eines der größten amerikanischen Unternehmen der Ölindustrie, finanzierten unter anderem die Lobbyorganisation Americans for Prosperity, die auch Öffentlichkeitskampagnen zur Desinformation über den Klimawandel organisierte und geplante Klimaschutzgesetze mit sogenannten Astroturfing-Kampagnen zu Fall bringen half.[22] Schon vor einigen Jahren berechnete der Autor einer Studie, dass politischen Organisationen in den USA, die den Klimawandel leugneten oder hinsichtlich der Konsequenzen abwiegelten, jährlich eine Summe von 900 Millionen Dollar zur Verfügung stand.[23] Immer wieder wird die Ölindustrie mit der Tabakindustrie verglichen, die ihr Wissen um die Gefährlichkeit ihres Produktes jahrzehntelang vor der Öffentlichkeit verheimlicht hatte. ExxonMobil selbst wehrt sich übrigens gegen den Vorwurf wissentlicher Fehlinformation. Das ist auch nachvollziehbar, denn für den Konzern steht mittlerweile viel auf dem Spiel. Die Stadt New York beispielsweise hat ExxonMobil, Shell und BP 2021 verklagt, weil sie, so der Vorwurf, die Öffentlichkeit und Investoren hinsichtlich der Klimafolgen ihrer Produkte systematisch und absichtlich hinters Licht geführt hätten.[24] Jüngst hat auch der Bundesstaat Kalifornien die Ölkonzerne verklagt. Den Konzernen drohen möglicherweise hohe Schadensersatzforderungen für entstandene Klimaschäden.

Leugnung des Klimawandels ist heute keine gangbare Unternehmensstrategie mehr. Bei den Energiemultis lässt sich vielmehr eine neue Vorgehensweise beobachten. Es wird weiter in die Förderung fossiler Energieträger investiert, zugleich werden vermehrt Investitionen in erneuerbare Energien getätigt und außerdem wird die Selbstdarstellung der Unternehmen so verändert, dass diese als Vorkämpfer der Energiewende erscheinen und nicht als die für den Klimawandel Verantwortlichen. Das seien vielmehr die Verbraucher der Energie – die Konsumenten. Das Ziel der Unternehmen bleibt hingegen unverändert: Gewinne stabilisieren und die strategische Kontrolle über ihre Geschäftsfelder behalten.[25] Lediglich die Mittel ändern sich.

Die neue Strategie lässt sich an dem Investitionsverhalten der Konzerne ablesen. Die Märkte für erneuerbare Energien wachsen. Während der letzten zehn Jahre hat sich die global verfügbare erneuerbare Energie vor allem durch neue Solar- und Windkraftanlagen erhöht.[26] Auch wenn bis heute nur circa 2 Prozent des globalen Primärenergieverbrauchs von circa 168 000 TWh durch Wind- oder Solarenergie gedeckt werden,[27] steigen die Investitionen in die Erneuerbaren. Erhellend ist allerdings, diesen Zuwachs im Verhältnis zur Entwicklung der fossilen Energieträger zu betrachten. Seit dem Jahr 2000 wuchsen nämlich auch Öl-, Gas- und Kohleproduktion weiter und es wird noch immer insgesamt viel mehr Geld für die Infrastruktur dieser fossilen Energieträger ausgegeben als für erneuerbare Energien.[28] Mit anderen Worten: In einer Welt mit steigendem Energiebedarf wird trotz des massiven Ausbaus erneuerbarer Energien nicht weniger, sondern mehr Öl, Gas und Kohle verfeuert – allen Klimawarnungen zum Trotz.

Blickt man auf die Investitionen und Investitionspläne der Energieunternehmen zur weiteren Förderung fossiler Energieträger, ergibt sich ein erschreckendes Bild. Die britische Zeitung *The Guardian* fand in einem 2022 veröffentlichten investigativen Rechercheprojekt heraus, dass die Öl- und Gaskonzerne bis zum Ende der Dekade *neue* Förderpläne umsetzen wollen, die weitere Emissionen im Umfang von 97 Milliarden Tonnen CO_2 freisetzen würden.[29] Dies entspricht den *weltweiten* CO_2-Emissionen durch das Verbrennen fossiler Energieträger von drei Jahren. Für einen Großteil dieser neuen Projekte wurden bereits finanzielle Zusagen gemacht. Eine Studie, in deren Fokus sogenannte CO_2-Bomben standen, das heißt Förderprojekte, die über ihre Lebensdauer mehr als eine Milliarde Tonnen CO_2 ausstoßen, ermittelte 425 solcher Projekte weltweit, mit einem potenziellen Gesamtausstoß von 646 Milliarden Tonnen CO_2.[30] 40 Prozent dieser Vorhaben haben noch nicht mit der Förderung begonnen, sind aber projektiert. Werden alle Projekte realisiert, übersteigen die Emissionen das verbleibende CO_2-Budget zur Erreichung des 1,5-Grad-Ziels um das Doppelte.

Bei der Bewilligung dieser Projekte werden immer wieder Naturschutzbedenken übergangen. Im März 2023 etwa genehmigte der amerikanische Präsident dem Unternehmen ConocoPhillips die Fortführung eines als »Willow Projekt« bezeichneten Ölförderprojektes in Alaska, aus dem in den nächsten 30 Jahren 600 Millionen Barrel Rohöl gepumpt werden sollen. Die Förderung wird auf dem größten zusammenhängenden Gebiet naturbelassenen Lands in den USA stattfinden, das sich noch in öffentlicher Hand befindet und von großer ökologischer Bedeutung ist. Und sie wird zu 280 Millionen Tonnen CO_2-Ausstoß führen. Bei einem durchschnittlichen Ölpreis von 70 US-Dollar pro Barrel bringt das Projekt dem Konzern einen jährlichen Umsatz von 1,4 Milliarden US-Dollar. Der Staat erwartet insgesamt 17 Milliarden US-Dollar an Steuereinnahmen, dazu sollen 2500 Arbeitsplätze entstehen.[31] In Alaska werden die Einwohner außerdem direkt über einen Staatsfonds anteilig an den Steuereinnahmen aus der Ölförderung beteiligt. Es gibt jährliche Schecks. Für Anleger, Staat, Bewohner und Arbeitnehmer eine echte Gewinnsituation – auf Kosten der stimmlosen Natur.

Es zeigt sich an solchen Investitionsentscheidungen, wie zukünftige Lebensbedingungen für den heutigen Gewinn verkauft werden. Unternehmen, Staat und Bürger gehen dabei Hand in

Hand. Auch zukünftig wollen sich die Energiemultis keinesfalls aus dem Geschäft mit fossilen Brennstoffen zurückziehen.[32] Sogar versprochene Reduzierungen der Förderung von fossilen Energieträgern werden zurückgenommen. Shell hatte unter seinem Vorstandschef Ben van Beurden angekündigt, die Öl- und Gasförderung seines Konzerns bis 2030 jedes Jahr um 1 bis 2 Prozent zu senken.[33] Das ist angesichts der Dringlichkeit der Klimaerwärmung lächerlich wenig. Seinem Nachfolger Wael Sawan, der den Konzern Anfang 2023 übernahm, ist aber selbst das zu viel. Er kündigte an, sich auf das Kerngeschäft mit den höchsten Renditen zu konzentrieren, also auf die fossilen Energieträger. Die Welt benötige »weiter dringend Öl und Gas«.[34] Shell steht mit einem solchen Rückzieher durchaus nicht alleine da. BP etwa hatte den Plan gefasst, bis 2030 seine Öl- und Gasproduktion so herunterzufahren, dass der CO_2-Ausstoß um 35 bis 40 Prozent reduziert würde. Nach Bekanntgabe der Geschäftszahlen für das Jahr 2022, den besten der Unternehmensgeschichte, ließ der Vorstandsvorsitzende Bernard Looney verlautbaren, beim Geschäft mit Öl und Gas bis 2030 doch nur 20 bis 30 Prozent des CO_2-Ausstoßes reduzieren zu wollen.[35] Die Welt würde die fossilen Energieträger nachfragen. Der Aktienkurs von BP schoss nach der Ankündigung in die Höhe. Die Entscheidungen von Shell und von BP zeigen die Scheinheiligkeit von Zielmarken der Verringerung von Emissionen. Die Investitionen der Öl- und Gasindustrie in neue Förderprojekte – entgegen allen Warnungen von Experten – lassen nicht auf einen Ausstieg aus den fossilen Energieträgern schließen.[36] Ruft man sich in Erinnerung, dass in einer kapitalistischen Ökonomie Renditeerwartungen über Investitionen entscheiden, kann dies kaum überraschen. Erklärungsbedürftig wäre vielmehr, wenn die Unternehmen auf die möglichen Milliardengewinne verzichten würden.

Ermöglicht werden die fossilen Projekte der Energiemultis auch durch die Kreditvergabe der Banken. Für die Finanzindustrie handelt es sich bei der Finanzierung der Förderung fossiler Energie ebenfalls um ein einträgliches Geschäftsfeld. Gleiches gilt für private Anleger, die mit den Aktien der einschlägigen Unternehmen hohe Renditen erzielen. Zwischen 2016 und 2022 finanzierten die 60 global größten Banken mit insgesamt 5,5 Billionen US-Dollar die fossilen Geschäfte der führenden Energieunternehmen, allein 2022 waren es 669 Milliarden US-Dollar.[37] Die Investitionsstrategie der Banken basiert auf ihren Erwartungen einer auch langfristig bestehenden Nachfrage nach fossiler Energie. Doch je mehr Investitionen in neue Förderprojekte getätigt werden, je länger diese Energieinfrastruktur gefördert wird, desto schwieriger und langwieriger wird der Ausstieg aus den fossilen Energien. Die Investitionen müssten als verlorene Vermögensgüter abgeschrieben werden, verbunden mit großen Verlusten für die Unternehmen und deren Anteilseigner. Die heutigen Investitionen verfestigen wiederum das Geschäftsmodell für Jahrzehnte, was politisch und juristisch kaum aufzubrechen sein wird.

Gleichzeitig bleiben Investitionen in erneuerbare Energien weit hinter dem zurück, was für eine angemessene Reaktion auf den Klimawandel nötig wäre, wie die Internationale Energieagentur 2023 trocken feststellte:

> Investitionen in mehr saubere und bezahlbare Energien nehmen zu, aber nicht schnell genug, um einen Weg aus der gegenwärtigen Krise zu weisen oder bis Mitte des Jahrhunderts CO_2-neutral zu werden – eine entscheidende, aber auch gewaltige Herausforderung, die die Welt meistern muss, soll es eine Chance geben, die Erderwärmung auf 1,5 Grad Celsius zu begrenzen. Ohne eine massive Ausweitung der Ausgaben für Energieeffizienz, Elektrifizierung und kohlenstoffarme Energien wird die steigende Energienachfrage schlicht nicht in einer nachhaltigen Form befriedigt werden.[38]

Kehren wir noch einmal zu dem Punkt zurück, dass weitere Investitionen in die Förderung fossiler Energie für die Energiemultis die Gefahr zunehmender öffentlicher Angriffe und des politischen Ansehensverlustes bergen. Zudem sehen sich die Unternehmen verstärkt juristischen Auseinandersetzungen gegenüber. Reputationsverlust und mögliche Schadensersatzpflichten sind keine Kleinigkeiten. Also muss die angestrebte Fortsetzung des Geschäftsmodells gegenüber Staat und Gesellschaft verteidigt werden. Das diesbezügliche Mittel der Wahl ist eine ausgefeilte Öffentlichkeitsarbeit.

Zu den Kalkülen des Marketings gehört die Propagierung von Plänen veränderten Verhaltens in der Zukunft. Solche Versprechen werden laut kommuniziert, um öffentliche Kritik und regulatorischen Druck abzubauen. Ob sie eingehalten werden, steht in den Sternen. Wenn sie nicht eingehalten werden, was keine Überraschung wäre, handelt es sich schlicht um Heuchelei. Eine Studie zu den rhetorischen Strategien der Energieunternehmen BP, Chevron, ExxonMobil und Shell beobachtete jedenfalls, dass zwischen 2009 und 2020 die Verwendung von Begriffen wie »Klima«, »Transformation« oder »niedriges CO_2« stark zugenommen hat. An den tatsächlichen Geschäftspraktiken hat sich aber kaum etwas geändert.[39] ExxonMobil etwa versprach, so wie viele Energiekonzerne, bis 2050 klimaneutral zu sein, meint damit jedoch nicht die Beendigung der Ölförderung, sondern lediglich die eigenen Geschäftsprozesse.[40] Im Mai 2022 votierten die Aktionäre des Ölmultis gegen Anträge, Emissionen via neue Zielmarken verringerten Ölverkaufs zu reduzieren sowie mittel- und langfristige Ziele der Reduzierung von Treibhausgasen aus der Förderung fossiler Energien zu veröffentlichen.[41] Der britische Energiemulti BP wollte eine Zeit lang die beiden Buchstaben des Markennamens als Abkürzung für *beyond petroleum* verstanden wissen.[42] Auf seiner Website beschreibt der Konzern seine eigene Transformation verklausuliert mit dem Ziel, »Fortschritte zu machen« bei verschiedenen erneuerbaren Energien, während »wir auch weiterhin das Öl und das Gas liefern werden, von dem die Welt heute abhängt, während wir anstreben, Emissionen zu reduzieren«.[43] Auch BP ist ein selbsterklärtes *»net zero 2050«*-Unternehmen.[44] 2022 erzielte es 91 Prozent seiner Erlöse mit fossilen Energien. Dass die Klimaversprechen der Ölmultis mehr oder weniger Fassade für die Öffentlichkeit sind, geht auch aus Äußerungen ehemaliger Mitarbeiter der Industrie hervor, die berichten, dass die nach außen dargestellte Klimafreundlichkeit sich weder in der internen Firmenkultur noch in den tatsächlichen Geschäftsplänen widerspiegelt. Für einige der Mithelfer war dies Grund genug, ihre Beschäftigung zu beenden.[45]

Das Eingehen von Versprechen mittels weit entfernter Zielmarken ist eine verbreitete Strategie von Unternehmen in der Auseinandersetzung mit dem Klimawandel.[46] Auch Staaten operieren mit dieser »Politik der Erwartungen«.[47] Sie ermöglicht die kurzfristige Entlastung von Handlungsdruck, weil die Überprüfung der Erfüllung des Ziels ja erst 20 oder 30 Jahre später stattfinden kann. Aus sowohl betriebswirtschaftlicher als auch politischer Sicht sind das Ewigkeiten. Rückt die Zielmarke näher und wird klar, dass sie nicht mehr eingehalten werden kann oder soll, wird sie kurzerhand verschoben oder umdefiniert. Ernst zu nehmen sind solche Versprechungen daher nur, wenn sie *sofortige* Maßnahmen beinhalten, feingliedrig Jahr für Jahr in überprüfbarer Form diejenigen Schritte auflisten, mit denen das Ziel erreicht werden soll, und dann auch tatsächlich eine Überprüfung stattfindet. Solange dies nicht der Fall ist, ist die Verkündung von Klimazielen wenig mehr als Ablenkung und PR – mit der Funktion, den Machtkampf der Konzerne zur Verteidigung ihrer zukünftigen Gewinne zu unterstützen.

Ich will an einem Beispiel zeigen, wie die Werbeindustrie im Auftrag der Konzerne eine grüne Fassade für deren Produkte aufbaut, um deren negativen Einfluss auf die Umwelt zu verschleiern. Bei TotalEnergies lag, laut Angaben der *Impact-Investing*-Plattform Inyova, der Anteil der Investitionen in erneuerbare Energie im Jahr 2022 bei 30 Prozent. Der Schwerpunkt des Unternehmens liegt in der Öl- und Gasförderung. Schaut man hingegen auf das Marketing des Konzerns, so werden in der Werbung »nahezu ausschließlich grüne Technologien gezeigt und vage Pläne zur CO_2-Reduzierung des Geschäftes vermittelt«.[48] Diesen – falschen – Eindruck vermitteln auch die Websites der anderen Unternehmen aus der Gas- und Ölindustrie, wovon sich jeder, der über einen Internetzugang verfügt, leicht überzeugen kann. Auf diese Weise wird in der Öffentlichkeit ein völlig verzerrtes Bild der tatsächlichen Geschäftstätigkeit erzeugt.

Wie bereits erwähnt, besteht eine weitere rhetorische Strategie der Unternehmen darin, die Verantwortung für den Klimawandel auf die Konsumenten abzuwälzen. Die Ölunternehmen, so das Narrativ, würden lediglich das von den Konsumenten gewünschte Produkt zur Verfügung stellen und reagierten damit auf bestehende Bedürfnisse. Dieses Argument verfängt leicht, weil die von den Verbrauchern gewollten Lebensformen ja tatsächlich auf immer weiter steigendem Energieverbrauch beruhen. Geradezu gönnerhaft machen die Ölmultis dann Vorschläge, wie die Konsumenten ihren individuellen CO_2-Ausstoß reduzieren können. Vermutlich wissen nur wenige, dass die Idee der Berechnung des individuellen CO_2-Fußabdrucks Anfang der 2000er Jahre im Auftrag von BP von der internationalen Werbeagentur Ogilvy & Mather popularisiert wurde[49] – mit dem Ziel, die Verantwortung für den Anstieg der Emissionen zu einem individuellen und vor allem individuell zu lösenden Problem zu machen.[50] 2004 bot BP den ersten CO_2-Fußabdruck-Rechner an, mit dem wir alle die mit unserem eigenen Konsum verbundenen Emissionen ausrechnen konnten. Mittlerweile gibt es zur Berechnung des eigenen CO_2-Fußabdrucks eine Vielzahl von Apps und über Spenden zum Emissionsausgleich können die Sünden sogleich gebüßt werden. Solche Individualisierungsstrategien finden Anklang im Kontext der individualistischen Kultur der kapitalistischen Moderne und zeigen die enge Verknüpfung von ökonomischem System und kultureller Identität der Gesellschaft. Mit der Entwicklung solcher PR-Strategien verfolgen Unternehmen das Ziel, die Öffentlichkeit verdeckt zu beeinflussen. Darin zeigt sich die rücksichtslose Verteidigung von Gewinninteressen. Zugleich müssen diese Interessen immer wieder verschleiert werden, weil Unternehmen gesellschaftlicher Legitimation bedürfen, die angesichts des Klimawandels prekärer zu werden droht.

Nun ist es natürlich keinesfalls so, dass nur die Energieunternehmen darauf erpicht sind, ihre gut funktionierenden, auf fossilen Energieträgern beruhenden Geschäftsmodelle zu verteidigen. Sie sind nur ein besonders herausragendes Beispiel, weil sie am Anfang der Wertschöpfungskette der Energienutzung stehen und ihr Geschäft in der Extraktion der klimaschädlichen Ressourcen besteht. Man muss nur auf die chemische Industrie, die Luftfahrtindustrie oder die Automobilindustrie blicken, um ähnlich ausgerichtete Strategien zu entdecken. Doch zugleich wird das Bild hier komplizierter. Denn es lässt sich ja durchaus vorstellen, dass Industrien, die heute fossile Energieträger *nutzen*, ihre Produktion und die von ihnen hergestellten Güter auf erneuerbare Energien umstellen. Soweit dies technisch möglich ist, können etwa die Stahlindustrie oder die Chemieindustrie in der Zukunft anstelle von Gas und Öl auch grünen Wasserstoff und aus erneuerbaren Energien gewonnenen Strom nutzen. Das Gleiche gilt für den Kreuzfahrttourismus, den Flugverkehr und natürlich den Automobilsektor. Wenn es dazu kommt, hätte dies auch Auswirkungen auf die Öl- und Gasindustrie, weil die Nachfrage nach diesen Energieträgern geringer ausfallen würde. Damit sind wir bei den Chancen einer grünen Transformation der Wirtschaft angelangt, auf die ich in Kapitel 7 noch ausführlich eingehen werde. Trotzdem will ich schon hier einige Bemerkungen dazu anfügen, die die starken Beharrungskräfte industrieller Strukturen aufzeigen, und zwar weit über die Öl- und Gasindustrie hinaus.

Zunächst: Die Abkehr von fossilen Geschäftsmodellen wird auch in jenen Industrien, die Öl und Gas »nur« verwenden, nicht umstandslos stattfinden. Das liegt zum einen an der zuvor beschriebenen Dominanz der ökonomischen Handlungslogik in der kapitalistischen Moderne, die ökologische Belange systematisch auf die hinteren Plätze verweist. Zum anderen spielen hier aber auch Pfadabhängigkeiten von Unternehmen eine Rolle, die von den bestehenden Strukturen der Organisation, aber auch den Qualifikationen und Denkweisen der Mitarbeiter herrühren. Sich aus diesen Pfadabhängigkeiten zu lösen, ist zwar möglich, aber keinesfalls auf die Schnelle.

Insbesondere erfordert die Umstellung auf »grüne« Geschäftsmodelle ja erhebliche technologische Neuerungen, die teuer, nur auf längere Frist umsetzbar und ökonomisch zumindest auf kurze Frist unrentabel sind und damit Wettbewerbsnachteile mit sich bringen. Die Firmen haben hohe Summen in technologische Pfade, Anlagegüter und Infrastrukturen der Energieversorgung investiert, die über Zeiträume von manchmal 50 Jahren kalkuliert sind. Müssten diese Anlagen und Produkte kurzfristig abgeschrieben werden, entstünden riesige Verluste. Hiergegen stemmen sich die Unternehmen. Unternehmen, die auf Technologien eingeschworen sind, die fossile Energien nutzen, haben gute ökonomische und organisationsspezifische Gründe, die bestehenden Strukturen zumindest vorerst beizubehalten und ihre politische Macht zur Verteidigung ihrer Pfade zu nutzen. Eine schnellere Umstellung auf erneuerbare Energien ließe sich nur auf politischem Wege erzwingen und nur mittels gewaltiger Staatshilfen bewerkstelligen. Hinzu kommen außerdem materielle Knappheiten, die sich auch mit sehr viel Geld nicht alle kurzfristig überwinden lassen. Weder gibt es heute genügend grünen Strom noch ein Netz aus wasserstofftauglichen Pipelines noch Flugzeuge, deren Motoren mit Wasserstoff angetrieben würden. Bis diese Infrastrukturen und Technologien einsatzbereit sind, dauert es teilweise noch Jahrzehnte – viel zu lang also, um dem Klimawandel wirksam entgegenzutreten.

Allerdings beobachten wir mittlerweile in etlichen Industrien einen Marktkampf zwischen den Platzhirschen, die auf den alten Pfaden wandeln, und neuen Firmen, die diese durch die Entwicklung klimafreundlicherer Technologien und Organisationsstrukturen herausfordern. Die erwähnten Pfadabhängigkeiten bestehen bei ihnen nicht. Das Paradebeispiel dafür ist die Automobilindustrie, die vor über zehn Jahren mit Tesla einen Konkurrenten bekam, der gewaltigen Druck auf die etablierten Unternehmen in der Branche ausübt.

Wie dieser Marktkampf ausgeht, ist offen, aber es erscheint durchaus möglich, dass die bisher den Markt dominierenden Unternehmen einen erheblichen Bedeutungsverlust erleiden werden. So sieht es ja auch das Prinzip der »schöpferischen Zerstörung« vor, die der kapitalistischen Wirtschaft ihre Dynamik verleiht. Sie ist aber in Sachen Klima viel zu schwach. Denn wie gesagt: Die Unternehmen richten sich in ihren Strategien nicht am ökologisch Notwendigen aus, sondern am ökonomischen Vorteil, der von den etablierten Unternehmen meist im möglichst langen Festhalten an den hergebrachten Technologien erkannt wird. Dafür nutzen sie ihre Marktmacht und ihren politischen Einfluss. Die Platzhirsche der Automobilindustrie haben das mustergültig vorexerziert, indem sie die Umstellung auf neue Geschäftsmodelle bewusst verschleppt haben: mit ihrem Widerstand gegen das Aus des Verbrennungsmotors oder die Verschärfung von Abgasnormen. Mit Zähnen und Klauen verteidigen sie, was sie besonders gut – ja, besser als alle anderen – können. Man darf sich fragen, warum die deutsche Autoindustrie ihre Kräfte so lange auf die Bewahrung des Bestehenden konzentriert hat, statt sie in die Entwicklung der Elektromobilität zu lenken. Neben den genannten Pfadabhängigkeiten könnte auch Big Oil hier eine Rolle spielen. Der Staatsfonds von Kuwait etwa ist der drittgrößte Einzelaktionär von Mercedes-Benz und im Aufsichtsrat vertreten; Saudi Aramco stieg 2023 in ein Gemeinschaftsunternehmen von Renault und dem chinesischen Autohersteller Geely ein, das neue Verbrennungsmotoren entwickelt.[51] Verlassen können sich die Unternehmen aber auch auf die Autofahrer, die ebenfalls oft skeptisch gegenüber der neuen Antriebstechnologie sind. Und die Beschäftigten in den Fabriken der Automobilhersteller und bei den Zulieferbetrieben fürchten um ihre Arbeitsplätze.

Hinzu kommen die Erwartungen hinsichtlich der zukünftigen Marktentwicklung, für die sich die Unternehmen möglichst gut positionieren wollen. Zwar verbietet die EU die Neuzulassung von Verbrennern ab 2035 – mit Ausnahmen! –, doch weder die USA noch China, die beiden größten Automärkte der Welt, schließen sich diesem Verbot an. Der Chef von Renault, Luca de Meo, geht davon aus, dass auch 2040 weltweit noch mehr als die Hälfte der Autos durch Verbrennungsmotoren angetrieben werden.[52] Für Lateinamerika etwa wird geschätzt, dass der Anteil der Elektrofahrzeuge auch in den 2030er Jahren bei unter 10 Prozent liegen wird.[53] Es ist durchaus möglich, dass im Jahr 2040 aufgrund insgesamt zunehmender Zulassungszahlen im Automarkt die Zahl der Verbrenner in der Welt noch fast so hoch sein wird wie heute. Aus der Perspektive der global agierenden Autokonzerne heißt das: Mit den Verbrennern lässt sich auch zukünftig Geld verdienen, also machen wir das.[54] Aus der Perspektive des Klimas heißt das: Ohne zusätzliche Anstrengungen werden die Emissionen des Verkehrssektors im Jahr 2050 global höher liegen als heute.[55] Das Resümee einer großangelegten Studie zum Handeln von Unternehmen in der Klimakrise lautet entsprechend: »Die Praktiken der Mehrheit der Unternehmen zeigen noch immer keine bedeutende Bewegung in Richtung auf eine tiefgreifende Dekarbonisierung.«[56]

Soll sich die Elektromobilität schnell durchsetzen, kann dies nicht dem Markt überlassen werden, sondern es bedarf regulativer Eingriffe und hoher staatlicher Subventionen. In den reichen Industrieländern versucht der Staat, den Konsumenten ihre Skepsis gegenüber Elektrofahrzeugen mittels hoher Zuschüsse beim Autoerwerb abzukaufen. Außerdem ist man – endlich – gewillt, durch Standardsetzungen und Zuschüsse die notwendige Ladeinfrastruktur aufzubauen. Je reicher das Land, desto größer die Chance, dass es sich die zum Umstieg auf Elektromobilität notwendigen Infrastrukturinvestitionen und Staatshilfen leistet. All das geht zu langsam voran und im Übrigen sind nicht alle Länder reich. Im Ergebnis geht die grüne Transformation nicht schnell genug vonstatten und wird nur unvollständig umgesetzt.

Ich fasse zusammen: In einer kapitalistischen Wirtschaft orientiert sich das Handeln von Unternehmen an Gewinninteressen. Um es mit Niklas Luhmann zu sagen: Das Wirtschaftssystem versteht nur die »Sprache der Preise«, alles andere bleibt Rauschen.[57] Solange mit der Förderung fossiler Energien oder mit Verbrennungsmotoren enorme Gewinne erwirtschaftet werden, setzen die einschlägigen Unternehmen alles daran, diese Gewinne zu verbuchen. Sie haben die strukturelle und instrumentelle Macht, Regulierungen zum Klimaschutz zu verhindern, zu verzögern und zu verwässern. Um nicht an Legitimation zu verlieren, entwickeln sie Strategien, um die Folgen ihrer Geschäftspraktiken zu vertuschen und die Verantwortlichkeit umzuleiten. Eine zentrale Rolle spielt hierbei die Öffentlichkeitsarbeit. Für moralische Appelle zur Vermeidung ökologischer Schäden ist eine kapitalistische Wirtschaft taub, solange diese Appelle keinen Preis haben. Das Preisschild kann aber nur von außen kommen – vom Staat und von der Zivilgesellschaft.

4 DER ZÖGERNDE STAAT

Gewinnorientierte Unternehmen haben gegenüber den Anforderungen eines umweltverträglichen Wirtschaftens einen strukturellen Hörschaden; wie wir gesehen haben, nehmen sie diese allenfalls als »Rauschen« wahr. Was aber ist mit der Politik? Nicht an Profiten orientiert, sondern dem Gemeinwohl verpflichtet, wäre eigentlich von ihr zu erwarten, dass sie entschlossen und zügig die erforderlichen Maßnahmen ergreift, zumal ja einiges für die Bürgerinnen und Bürger, in deren Namen sie handelt, auf dem Spiel steht, wenn sich infolge des Klimawandels die Lebensbedingungen verschlechtern. Theoretisch hat sie die nötigen Instrumente dazu in der Hand, denn die Politik setzt die Rahmenbedingungen für wirtschaftliches Handeln und legt in einer Vielzahl von Bereichen den Umgang mit der natürlichen Umwelt fest: in der Energiepolitik, der Umweltpolitik, der Wohnungs- und Städtebaupolitik, der Agrarpolitik, der Verkehrspolitik und nicht zuletzt in der Wirtschaftspolitik. Praktisch jedoch bleiben die politischen Regulierungen weit hinter dem, was erforderlich wäre, zurück. Warum ist das so?

Eine wichtige Antwort habe ich bereits gegeben, indem ich auf das Machtverhältnis zwischen Wirtschaft und Staat hingewiesen habe. Beide stehen in einem Austauschverhältnis, bei dem der Staat Rahmenbedingungen für die Wirtschaft setzt, zugleich aber mit Blick auf Steuereinnahmen und Wählerunterstützung von einer prosperierenden Wirtschaft abhängt. Steuereinnahmen kommen größtenteils entweder direkt von den Unternehmen als Körperschaftssteuern oder von den Arbeitnehmern als Einkommens- und Konsumsteuern. Wahlen lassen sich für Regierungen nicht oder nur sehr schwer gewinnen, wenn die Wirtschaft daniederliegt. Entscheidungen über Investitionen liegen zugleich im Belieben der privaten Unternehmen, die auf Rahmenbedingungen pochen, welche ihnen hohe und sichere Gewinne versprechen. Hierin besteht die strukturelle Macht der Wirtschaft gegenüber Politik und Gesellschaft.[1]

Zur Abwehr von für sie unvorteilhaften politischen Regulierungen kann »die Wirtschaft« glaubhaft mit der Reduktion ihres Investitionsvolumens drohen oder mit Abwanderung in andere Länder, wo ihr günstigere Rahmenbedingungen geboten werden. Angesichts dieser strukturellen Macht der Unternehmen kann »die Politik«, vorausgesetzt, sie wollte dies, selbst bei existenziellen Fragen wie dem Klimaschutz nicht einfach »durchgreifen«. Politiker wissen dies. Und sollten sie es mal vergessen haben, werden sie daran erinnert. Die Rede ist dann von Standortfaktoren oder Wettbewerbsfähigkeit. Die frühere Bundeskanzlerin Angela Merkel hat ihre Einsicht in die Abhängigkeit der Politik von der Wirtschaft besonders pointiert zum Ausdruck gebracht, als sie bei einer Pressekonferenz im Jahr 2011 sagte, die Bundesregierung werde »Wege finden, die parlamentarische Mitbestimmung so zu gestalten, dass sie trotzdem auch marktkonform ist«.[2] Damals ging es um die europäische Staatsschuldenkrise. Doch auch für die Klimapolitik gilt: Politische Entscheidungen zum Klimaschutz finden grundsätzlich in einem umkämpften Feld zwischen wirtschaftlichen Interessen und davon möglicherweise abweichenden gesellschaftlichen Zielen statt. Die Wachstumslogik der kapitalistischen Wirtschaft und die strukturelle Abhängigkeit des Staates von privatwirtschaftlichen Investitionen bilden eine Symbiose, die zu mangelhafter staatlicher Umweltregulierung führt. Durchbrochen werden könnte dies allenfalls, wenn in einem Regime des »grünen Wachstums« die Unternehmen ihre Gewinnerwartungen auf grüne Investitionen verlagern. Das wird mein Thema in Kapitel 7 sein.

Wirtschaftlicher Einfluss wird im Übrigen auch ganz direkt ausgeübt. Politikwissenschaftler sprechen bei der Beeinflussung von politischen Entscheidungen durch Lobbyismus von instrumenteller Macht. Nicht nur die fossile Energiewirtschaft und die Automobilindustrie, die chemische Industrie und die Tourismusindustrie sind mit ihren Verbänden als Interessenvertretung gegenüber der Politik aktiv.[3] Gleiches gilt natürlich für den Bundesverband WindEnergie oder für Greenpeace und den WWF. Es herrscht jedoch kein Kräftegleichgewicht. Während etwa die Lobbygruppen der Gasindustrie in Deutschland insgesamt Budgets von circa 40 Millionen Euro zur Verfügung haben, müssen die Umweltverbände, die sich mit dem Thema Gas beschäftigen, mit nur 1,5 Millionen Euro pro Jahr auskommen.[4] Im Verbändestaat haben Interessengruppen unterschiedlich weitreichende Einflussmöglichkeiten.

Häufig sind die Einflussnahmen der Lobbyisten für die Öffentlichkeit gar nicht erkennbar. Die Kontakte mit Politikern oder Ministerialbeamten werden nur zum Teil offengelegt. Viele Kontakte sind informell, und was in den Gesprächen vereinbart wird, bleibt oft vertraulich. Ein Gespräch im Rahmen eines Empfangs unterliegt keiner öffentlichen Beobachtung. Noch unvermittelter wird die instrumentelle Macht der Unternehmen, wenn politische Entscheidungsträger ihre privaten wirtschaftlichen Interessen mit denen klimaschädlicher Industrien verknüpfen. Ein solcher Kumpanenkapitalismus ist durchaus kein auf autoritäre Regime begrenztes Phänomen, sondern lässt sich auch in parlamentarischen Demokratien beobachten. Der US-amerikanische Senator Joe Manchin aus West Virginia etwa übte 2022 faktisch ein Veto gegen das von Präsident Biden vorgelegte Klimaschutzgesetz aus. Manchins politisches Aktionskomitee (PAC) hat zur Unterstützung seiner Wahlkämpfe erhebliche Zuwendungen der fossilen Energiewirtschaft erhalten.[5] Vor seinem Einstieg in die Politik war der Senator Gründer von Enersystems, einem Unternehmen im Kohlehandel, das seiner Familie gehört und von seinem Sohn geleitet wird.[6] Auch im 2023 beschlossenen Gesetz zur Erhöhung der Schuldengrenze in den USA setzte Manchin zusammen mit anderen Senatoren die Berücksichtigung von Interessen der fossilen Industrie durch. In dem Gesetz wurde verankert, dass eine neue Gaspipeline durch West Virginia gebaut wird, mit der Fracking-Gas aus dem Heimatstaat von Senator Manchin transportiert wird.[7]

Der Wechsel von Managern und Politikern zwischen Wirtschaft und Politik ist ein weiterer Mechanismus, der besonders effektive Einflussmöglichkeiten erlaubt, weil tief in die politischen Entscheidungsnetzwerke eingedrungen werden kann. So wurde der Vorstandsvorsitzende von ExxonMobil, Rex Tillerson, 2017 Außenminister der USA. Der frühere deutsche Außenminister Sigmar Gabriel ist im Aufsichtsrat von Siemens Energy und Vorsitzender des Aufsichtsrats von Thyssenkrupp Steel Europe. Die frühere sozialdemokratische Umweltministerin von Niedersachsen und Mitbegründerin von Greenpeace Deutschland, Monika Griefahn, führt heute den Lobbyverband eFuel Alliance. Auch die Lobbytätigkeit des früheren Bundeskanzlers Gerhard Schröder für ein russisches Gasunternehmen ist ein Beispiel der Nutzung aus politischer Tätigkeit entstandener Netzwerke für die Förderung der Interessen der Öl- und Gasindustrie.

Selbst die internationalen Konferenzen der Vereinten Nationen, die sich dem Klimaschutz widmen, sind geprägt von den Interessen der globalen Öl- und Gaslobby. Präsident der Ende 2023 in Dubai abgehaltenen UN-Klimakonferenz COP28 war der Industrieminister der Vereinigten Arabischen Emirate, Sultan Ahmed al-Dschaber, der zugleich Chef der Abu Dhabi National Oil Company ist. Ein Journalist kommentierte dies mit dem Satz: »Es ist, als setze man Pablo Escobar ein, um den Kokainhandel zu bekämpfen.«[8] Bei der Klimakonferenz im ägyptischen Sharm el-Sheikh ein Jahr zuvor waren über 600 Lobbyisten der Gas- und Ölindustrie registriert.[9] Solche Auflistungen von personellen Verbandelungen zwischen Politik und wirtschaftlichen Interessen ließen sich schier endlos fortsetzen. Die Verbindungen sind legal und zeigen, wie machtvolle wirtschaftliche Interessen und staatliches Handeln ineinanderfließen und auf diese Weise Unternehmensinteressen mittels Instrumentalisierung der Politik verfolgt werden. In einer Antwort auf die Frage, warum die politische Reaktion auf den Klimawandel unzureichend ist, darf die strukturelle und instrumentelle Macht, die wirtschaftliche Interessen auf die Politik auszuüben imstande sind, keinesfalls fehlen. Allerdings reicht das als Erklärung noch nicht aus.

Der Soziologe Wolfgang Streeck hat in seinen Gesellschaftsanalysen die janusköpfige Loyalität staatlichen Handelns beleuchtet.[10] Auf der einen Seite muss der Staat wirtschaftliche Interessen befriedigen. Eine effizient funktionierende Wirtschaft ist auch deshalb ein wichtiger Teil stabiler gesellschaftlicher Ordnung, weil der Lebensstandard der Bevölkerung vom produzierten wirtschaftlichen Reichtum abhängt. Doch der Staat kann sich nicht auf die Befriedigung wirtschaftlicher Interessen allein beschränken. Denn wirtschaftliche Leistungsfähigkeit ist nur *eine* Stütze gesellschaftlicher Ordnung. Wie Streeck betont, werden Gesellschaften nicht ausschließlich von ökonomischen Motiven angetrieben. In sozialen Auseinandersetzungen spielen etwa Gerechtigkeitsnormen eine zentrale Rolle, womit Fragen der Verteilung von Wohlstand und Absicherungen gegen die Unwägbarkeiten von Marktprozessen und gegen Lebensrisiken wie Krankheit und Alter politische Bedeutung erlangen. Zu diesen Interessen kommen viele weitere, die sich häufig gar nicht direkt auf ökonomische Fragen beziehen, wohl aber in die Sphäre der Wirtschaft hineinreichen. Hierzu zählt heute auch ganz maßgeblich das Interesse am Klimaschutz. Politische Entscheidungen müssen auf die von den Bürgerinnen und Bürgern geäußerten Präferenzen Rücksicht nehmen, weil politische Herrschaft auf Legitimation angewiesen ist. In parlamentarischen Demokratien müssen Wahlen gewonnen werden, aber selbst Diktatoren können die Bevölkerung nicht einfach ignorieren, wollen sie ihre Macht sichern.

Meinungsumfragen zeigen immer wieder, dass in vielen Ländern breite Mehrheiten der Bevölkerung den Klimaschutz als eine wichtige und viele Menschen ihn sogar als die wichtigste politische Aufgabe ansehen.[11] Angesichts dessen, und auch wenn man die Sinnhaftigkeit solcher Umfragen bezweifeln mag (wer ist schon gegen Umweltschutz?), ist es doch auf den ersten Blick überraschend, wie schwer die Politik sich mit dem Klimaschutz tut. Riskiert man einen zweiten Blick und schaut auf die erheblichen Abweichungen zwischen dem in Meinungsumfragen geäußerten generellen Problembewusstsein und der tatsächlichen Bereitschaft zur Unterstützung konkreter Maßnahmen des Klimaschutzes, sieht die Sache schon anders aus.[12] Natürlich gibt es viele Menschen, die effektive Klimaschutzmaßnahmen fordern und diese auch politisch unterstützen, ja sogar vorleben. Am deutlichsten kommt dies vielleicht in der Beteiligung an sozialen Bewegungen zum Klimaschutz zum Ausdruck. Darüber hinaus gibt es viele Bürger, die solche Maßnahmen bei der Stimmabgabe in Wahlen unterstützen. Dennoch erfahren konkrete politische Schritte für den Klimaschutz in der Bevölkerung weit weniger Unterstützung, als man angesichts der Ergebnisse der Meinungsumfragen erwarten würde. Damit entstehen aber auch für die Politik letztendlich Anreizstrukturen, die einer angemessenen Reaktion auf den Klimawandel im Weg stehen.

Ich will in diesem Kapitel erklären, wie die Zögerlichkeit politischen Handelns in Sachen Klimaschutz zustande kommt, und zwar jenseits der Einflussnahme der Unternehmen. Dafür führe ich zunächst die schiere Dimension der für den Klimaschutz notwendigen Transformation vor Augen und widme mich dann ausführlich den sozialen und kulturellen Implikationen der klimagerechten Transformation für das Leben der Bevölkerung. Schließlich gehe ich zum Schluss noch auf die Entscheidungsstrukturen des politischen Systems ein, das die entsprechenden Kompetenzen für den Klimaschutz auf ganz unterschiedlichen Ebenen ansiedelt. Diese müssen kooperieren, verfolgen aber häufig verschiedene Ziele. Das Ergebnis sind verlangsamtes politisches Handeln und verwässerte oder blockierte Entscheidungen. Die meisten Beispiele in dem Kapitel stammen aus Deutschland, doch sie könnten ebenso gut aus anderen Ländern des globalen Nordens kommen, soweit in ihnen eine plurale politische Ordnung und ein prinzipielles Bewusstsein für die politische Dringlichkeit des Klimaschutzes besteht. Das gilt für sehr viele Länder. Im globalen Süden und den rohstoffexportierenden Ländern ist die Situation eine andere. Davon wird dann in Kapitel 5 die Rede sein.

Zunächst also zur Dimension der notwendigen Transformation. Klar ist: Zur Umsetzung von Klimaschutz müssen große Teile der vorhandenen, *funktionierenden* Infrastrukturen in den Bereichen von Energieerzeugung, industrieller Produktion, Landwirtschaft, Gebäudewirtschaft und Verkehr neu errichtet oder zumindest stark umgestaltet werden. Dieser Umbau ist mit gewaltigen Kosten verbunden, stellt eine riesige logistische Herausforderung dar und bedarf bedeutender Veränderungen etablierter Lebensweisen. Dies heißt natürlich nicht, dass der ungebremste Klimawandel seinerseits keine Kosten verursachen würde. Ganz im Gegenteil. Studien veranschlagen die Kosten der Klimaveränderungen allein für Deutschland auf mehrere hundert Milliarden Euro in den nächsten Jahrzehnten. Bezahlt werden müssen die Kosten der Klimaanpassung, der Behebung von Umweltschäden und ausgefallener wirtschaftlicher Tätigkeiten, etwa aufgrund von Extremwetterereignissen oder zunehmender Trockenheit.[13] Doch diese Kosten können verdrängt werden, wenn man sie als in ferner Zukunft liegend betrachtet oder glaubt, sie würden nur ausgewählte Regionen und Gruppen betreffen, nicht aber einen selbst. Sie sind dann sehr viel abstrakter als die konkreten Kosten und planerischen Herausforderungen des jetzt zu bewerkstelligenden Einbaus neuer Heizungen oder der Errichtung zehntausender Windräder in Europa. Wirtschaft, Politik und Bevölkerung diskontieren in ihrer mentalen Buchführung den zukünftigen Schaden, so dass dieser in der Gegenwart nicht hinreichend ins Gewicht fällt, um wirksame Handlungen zu provozieren. Das nennt man Kurzsichtigkeit.

Wie hoch die notwendigen Investitionskosten für die Einhaltung der Klimaziele sind, weiß niemand genau Es gibt aber Berechnungen, die zumindest die Dimensionen verdeutlichen.[14] Die Unternehmensberatung McKinsey hat 2022 eine Simulationsstudie vorgelegt, der zufolge global bis zum Jahr 2050 jährlich 9,2 Billionen US-Dollar an Investitionen in Sachanlagen getätigt werden müssten, um das *Net-zero*-Ziel 2050 zu erreichen.[15] Dies sind zwischen 7 und 8 Prozent der weltweiten Wertschöpfung. In »Entwicklungsländern« wäre der Anteil an der Wirtschaftsleistung sogar noch höher. Global betrachtet müssten sich die Investitionen in den Klimaschutz vom jetzigen Stand noch einmal mehr als verdoppeln. In der Europäischen Union müssten allein in die Energie- und Verkehrsinfrastruktur jährlich über 300 Milliarden Euro investiert werden, ab den 2030er Jahren sogar fast 400 Milliarden Euro, um die *Net-zero*-Ziele im Jahr 2050 zu erreichen.[16]

Diese Kosten müssten in der Gesellschaft aufgebracht werden, ohne dass die Maßnahmen zu einer erfahrbaren Verbesserung von Lebensqualität führen. Ganz im Gegenteil: Als öffentliche Ausgaben führten sie zu Umschichtungen im Haushalt, womit die Mittel für andere wichtige gesellschaftliche Belange nicht mehr zur Verfügung stünden. Öffentliche Gelder werden schließlich auch für Sozialleistungen, Kultur, Bildung und das Militär benötigt. Steuererhöhungen wären ein Ausweg, sind aber parteipolitisch blockiert. Eine weitere Möglichkeit wäre Staatsverschuldung – doch dieser Weg ist mit großen ideologischen Vorbehalten befrachtet und daher ebenfalls weitgehend blockiert. Die infrastrukturelle Gestaltungskraft des Staates kommt somit angesichts der Dimension des Klimaschutzes selbst in den reichen Ländern des globalen Nordens an ihre Grenzen. Nicht weil das Geld im Prinzip nicht da wäre, sondern weil es politisch nicht hinreichend mobilisiert werden kann. Als private Aufwendungen der Bürger würden Klimaschutzmaßnahmen zu Konsumeinschränkungen oder geringeren Sparmöglichkeiten – etwa für die Altersvorsorge oder den Erwerb eines Eigenheims – zwingen. Es gäbe also beträchtliche Opportunitätskosten. Im Klartext: Der Lebensstandard würde sinken.

Ein paar Beispiele verdeutlichen die Dimension des Unterfangens. Für die Klimaneutralität des Gebäudesektors müssen allein in Deutschland 40 Millionen Gebäude energieeffizient saniert und 20 Millionen Öl- und Gasheizungen ausgetauscht werden – aber wie sollen die Eigentümer oder Mieter das finanzieren? Der Einbau einer Wärmepumpe in einem Einfamilienhaus kostet zwischen 20 000 und 40 000 Euro; die gesamte energetische Sanierung eines 40 Jahre alten Einfamilienhauses übersteigt schnell die Summe von 200 000 Euro. In einer Umfrage gaben über 40 Prozent der befragten Immobilieneigentümer an, sich die Investitionen für die Energiewende nicht leisten zu können.[17] Im Verkehrssektor erhöht die nötige Verteuerung von Benzin und Diesel mittels CO_2-Besteuerung die Lebenshaltungskosten. Elektrofahrzeuge sind deutlich teurer als Verbrennerautos, weshalb ihre Anschaffung zu Konsumeinschränkungen der privaten Haushalte an anderer Stelle führen muss. Außerdem fallen bei der Transformation zur Elektromobilität noch hohe Infrastrukturkosten an. Das Stromnetz muss für den erhöhten Strombedarf ausgebaut werden und es bedarf einer flächendeckenden Ladeinfrastruktur. Allein für den Ausbau der Stromnetze in Deutschland wird in den nächsten 25 Jahren mit Kosten in Höhe von 500 Milliarden Euro gerechnet.[18] Diese Kosten müssen entweder von der öffentlichen Hand aufgebracht werden, die sich dafür weiter verschulden, die Steuern erhöhen oder an anderer Stelle sparen muss. Oder sie werden von den Unternehmen aufgebracht und schlagen sich dann in höheren Preisen für die Konsumenten nieder.

Die gleiche Problematik erscheint im Bereich der Industrie. Die

Umstellung der deutschen Stahlindustrie auf Wasserstoff soll 30 Milliarden Euro kosten, außerdem wird mit dauerhaft 30 bis 40 Prozent höheren Produktionskosten gegenüber der Stahlherstellung mit Koks gerechnet.[19] Ökologisch ist diese Umstrukturierung dringend geboten. Allein die Hochöfen von Thyssenkrupp in Deutschland emittieren 20 Millionen Tonnen CO_2 jährlich, was 2,5 Prozent des deutschen Kohlendioxidausstoßes insgesamt entspricht.[20] Doch umsetzen lässt sich dies nur mit milliardenschweren Subventionen, weil sich die Transformation betriebswirtschaftlich sonst nicht rechnet. Mit sogenannten Klimaschutzverträgen erstattet der deutsche Staat die Umrüstung industrieller Produktionsverfahren und damit verbundene laufende Betriebskosten für bis zu 15 Jahre. Dafür sind bis 2040 insgesamt 68 Milliarden Euro an Staatshilfen vorgesehen.[21] Das ist nicht nur ordnungspolitisch umstritten, sondern auch im Hinblick auf die Höhe der Kosten. Denn wie erklärt man den Wählern, dass man öffentliches Geld als Dauersubventionen an die Industrie weitergibt? Wo wird dann weniger ausgegeben? Ist dies überhaupt eine sinnvolle Strategie? Wenn Stahl international ohnehin um ein Drittel billiger angeboten wird, worin besteht das zukünftige Geschäftsmodell der deutschen Stahlindustrie? Auf der anderen Seite: Wie verhindert man ohne solche Subventionen, dass Klimaschutz zur Deindustrialisierung des Landes führt und zugleich die Treibhausgasemissionen einfach nur in Länder verlagert werden, die weiterhin bereit sind, fossile Energieträger einzusetzen? Was würde mit einer Stadt wie Duisburg geschehen, deren Stadtstruktur durch den Wegfall der Stahlindustrie völlig zerstört würde?

Die Umstellung industrieller Infrastrukturen ist aber nicht nur eine Kostenfrage, sondern auch eine enorme logistische Herausforderung, bei der immer wieder Materialknappheit das Hindernis ist. Für die Umstellung der industriellen Produktion auf grüne Energie fehlen derzeit die notwendigen Mengen an Strom ebenso wie die Stromleitungen oder Wasserstoffpipelines, um die Energie an die Produktionsstandorte zu bringen. Wollte die energieintensive Großindustrie in Süddeutschland auf Strom als Energiequelle umsteigen – es gäbe derzeit den dafür benötigten Strom gar nicht. Da der grüne Strom vornehmlich in Norddeutschland erzeugt wird, müssen Stromtrassen gebaut werden, mit denen die Energie bis nach Ludwigshafen kommt. Der Bau dieser Leitungen dauert lange, wegen aufwendiger Planungsverfahren und nicht zuletzt aufgrund von Anwohnerprotesten. Mit der Fertigstellung der wichtigen »Stromautobahn« Südlink wird erst Ende 2028 gerechnet. Von den ersten Planungen zum ersten Strom werden dann 16 Jahre vergangen sein. Schon allein der Umfang der notwendigen Transformation von über Jahrzehnten gewachsenen, funktionierenden Infrastrukturen macht also Dekarbonisierung zu einem höchst aufwendigen und auch kontroversen Vorhaben. Kein Wunder also, dass politische Entscheidungen nur mehr schleppend vorankommen. Die Transformation ist eine planerische und technologische Herkulesaufgabe.

Die notwendigen Veränderungen sind aber nicht nur teuer und umfassend, sondern halten auch derart viele Implikationen und Zumutungen für jeden Einzelnen bereit, dass selbst bei den Unterstützern des generellen Ziels des Klimaschutzes alle Maßnahmen umstritten sind. Für Klimaanpassung und Klimaschutz müssen trockengelegte Moore renaturiert und Flussauen in einen naturnahen Zustand zurückversetzt werden; auch die Tierhaltung muss eingeschränkt werden. Doch wie lassen sich die Konflikte mit Landwirten und Anwohnern politisch lösen? In den Niederlanden protestieren seit einigen Jahren Bauern gegen Regierungspläne, den Tierbestand im Land um ein Drittel zu verringern, um den Treibhausgasausstoß aus dem landwirtschaftlichen Sektor mit EU-Bestimmungen und den Vorgaben des obersten Verwaltungsgerichts der Niederlande in Einklang zu bringen. Im Frühjahr 2023 eskalierte der Streit, die Bauern zündeten Heuballen an und blockierten Straßen und Regierungsgebäude in Den Haag. Die erst 2019 gegründete Bauernpartei der BoerBurgerBeweging, die sich gegen die Regierungspläne stellt, gewann 2023 die Regionalwahlen und wurde zur stärksten Fraktion in der Ersten Parlamentskammer.[22] In Belgien gab es ähnliche Proteste gegen Pläne der Reduzierung landwirtschaftlicher Emissionen. Eine politisch einflussreiche Agrarlobby, aber eben auch Menschen, die schlicht an ihren bestehenden Lebensformen hängen, verteidigen existierende Strukturen, auch wenn sie Klimaschutzzielen entgegenstehen.

Dabei geht es um mehr als um die Tierhaltung und die Bauern. Klimaanpassung verlangt beispielsweise die Ausweisung von Überflutungsflächen. Bisher bebaute Flächen könnten dann nicht mehr bewohnt werden, Hanglagen würden aufgrund wachsender Gefahr von Erdrutschen unbewohnbar, womit Klimaanpassung und Bewahrung von Heimat in Konflikt miteinander geraten. Was geschieht mit meinem Haus? Für die Dekarbonisierung der Energiewirtschaft müssten tausende weitere Windräder und Solaranlagen aufgestellt, Pipelines müssten für den Wasserstofftransport verlegt werden. Doch warum gerade in meiner Gemeinde, meinem Wahlkreis und durch unsere Weinberge? Städte müssten ihr Wachstum begrenzen, um Bodenversiegelung zu reduzieren; sie müssten begrünt werden, um Hitzeentwicklung im Sommer zu verringern; sie müssten ein anderes Wassermanagement einführen, um angesichts zunehmenden Wassermangels die Wasserversorgung sicherzustellen. Doch wie lässt sich das mit den Wachstumszielen von Städten vereinbaren? Um den Autoverkehr in den Städten zu reduzieren, müssten Fahrradwege angelegt oder Straßen verkehrsberuhigt werden. Doch wie die Autofahrer an Bord holen, die zusätzliche Staus befürchten? Auch hier geht es um Lebensformen, die miteinander in Konflikt geraten.

Bei jeder Maßnahme handelt es sich um eine Zumutung, adressiert an den eigenen Geldbeutel, an die eigene Lebensführung oder die Bequemlichkeit, die politischen Widerstand der jeweils konkret betroffenen gesellschaftlichen Gruppen provoziert. Die süddeutschen Bundesländer verschleppen die Ausweisung von Flächen für Windkraftanlagen, weil diese bei der Bevölkerung unpopulär sind. Die Porschefraktion verhindert Tempolimits. Die Bevölkerung auf dem Land protestiert gegen steigende Benzinpreise. Noch dazu ist effektiver Klimaschutz ein globales Problem. All die Veränderungen, die man sich für ein Land vorstellen kann, müssen letztendlich in sämtlichen Ländern durchgeführt werden. Dies liegt aber außerhalb der Kompetenzen nationalstaatlicher Politik. Und wer glaubt im Ernst daran, dass die hiesigen Opfer auch andere Länder zur Einsicht bringen?

Die Zumutungen an die Bevölkerung und daraus entstehende Verlustängste führen zu politischer Unzufriedenheit, die von der jeweiligen Opposition für Wahlkampfzwecke mobilisiert wird. Kognitionspsychologen zeigen, dass Menschen mit erwarteten Verlusten besonders schwer zurechtkommen und ihr Handeln auf deren Vermeidung ausrichten.[23] In der Folge scheitern die eigentlich notwendigen politischen Vorhaben zum Klimaschutz. In der Politikwissenschaft besagt die Medianwählertheorie, dass politische Positionierungen den Interessen der Wählergruppe in der Mitte des politischen Spektrums folgen.[24] Da die Belastungen effektiver Klimaschutzpolitik große Bevölkerungsgruppen in genau dieser Mitte treffen, lassen sich keine politischen Mehrheiten dafür organisieren. Der Politik fehlt die Durchsetzungsfähigkeit, die erforderlichen Reformen anzugehen. Pläne werden auf die lange Bank geschoben, abgeschwächt oder abgeblasen. Diesel und Dienstwagen werden weiterhin subventioniert, statt E-Mobilität kommen *e-fuels*.

Das dahinterstehende Problem habe ich oben schon angedeutet: Die Internalisierung zuvor externalisierter Umweltkosten führt zu Einschränkungen und zu finanziellen Belastungen, aber zu keinem erlebbaren Wohlstandsgewinn im Sinne von weiterem Urlaub, besseren Schulen oder schickeren Autos. Der unbestreitbare langfristige Nutzen der Klimainvestitionen bleibt unerfahrbar, weil er lediglich die Kontinuität von Daseinsbedingungen sicherstellt und in der Zukunft liegt. Sich im Allgemeinen für Klimaschutz auszusprechen, ist eine Sache. Eine andere ist es, diesen in seinen konkreten, individuellen Konsequenzen politisch zu unterstützen.[25]

Ein wichtiger Aspekt dabei sind die verteilungspolitischen Auswirkungen von Klimaschutz. Denn politisch lässt sich Klimapolitik nicht von Fragen sozialer Gerechtigkeit trennen. Ein prominentes Beispiel hierfür ist die umweltpolitisch motivierte Erhöhung von Benzinpreisen in Frankreich, die dort 2019 die Proteste der sogenannten Gelbwesten auslöste.[26] Bei vielen Klimaschutzmaßnahmen werden einkommensschwächere Haushalte überproportional belastet. Die Erneuerbare-Energien-Abgabe, die in Deutschland bis 2022 als prozentualer Zuschlag zu den Stromkosten erhoben wurde, bedeutete für die privaten Haushalte jährliche Belastungen von bis zu 30 Milliarden Euro. Die stromintensiven Unternehmen waren aus Wettbewerbsgründen von der Abgabe befreit. Als Konsumsteuer belastete die Abgabe besonders untere Einkommen. Gleichzeitig kommen Subventionen wie etwa Einspeisevergütungen bei der Stromerzeugung mit Photovoltaikanlagen oder Zulagen für Elektroautos den Besserverdienenden zugute.[27] Nicht zufällig befürworten in Meinungsumfragen wohlhabende Menschen die Energiewende in höherem Maß als Menschen aus unteren sozialen Schichten.[28] Sie haben gute Gründe dafür.

Die Umverteilungseffekte einer verteilungspolitisch nicht korrigierten Klimapolitik erhöhen politische Widerstände und machen die Selbstbindungen der Politik an die lautstark verkündeten Klimaziele porös. Bereits getroffene politische Entscheidungen lassen sich nicht konsequent durchhalten. So wollen in den Niederlanden die etablierten politischen Parteien, allen voran die Christdemokraten, nach den Bauernprotesten die beschlossenen Pläne zur Reduktion des Tierbestandes nun aufgeben oder zumindest abschwächen. Die britische Regierung beschloss im Sommer 2023, das Verbot der Neuzulassung von Verbrennerautos von 2030 auf 2035 zu verschieben und andere bereits beschlossene Klimaschutzmaßnahmen aufzuweichen. Grund hierfür waren wahltaktische Überlegungen: die Angst vor den Wählern der Konservativen, bei denen die Maßnahmen oft unbeliebt sind.[29] In Deutschland war geplant, den Preis für den CO_2-Ausstoß im Gebäude- und Verkehrssektor 2023 weiter anzuheben. Angesichts explodierender Energiepreise wurde dieses Vorhaben aber verschoben und außerdem wurde der Benzin- und Stromverbrauch staatlich noch höher subventioniert. Der zusätzlichen Belastung der Haushalte durch höhere Energiepreise musste politisch gegengesteuert werden. Um den Anstieg der Energiepreise zumindest einzudämmen und Energie zur Verfügung zu haben, wurden zudem bereits stillgelegte Kohlekraftwerke wieder ans Netz genommen. 2022 war dann auch das Jahr, in dem die Kohleproduktion weltweit einen neuen Höchststand erreichte.[30] In politischen Stresssituationen, so lässt sich zusammenfassen, hat die Natur das Nachsehen.

Klimaschutzpolitik erhöht den Bedarf an Einkommens- und Vermögensumverteilung. Politisch stößt dies jedoch auf enge Grenzen. Eine marktgläubige Politik tut sich schwer, Umverteilungsprogramme aufzulegen, selbst wenn damit nicht das Ziel der Verringerung sozialer Ungleichheit verfolgt wird, sondern es um die Stabilisierung des Weltklimas geht. Das in Deutschland anvisierte Klimageld, mit dem zusätzliche Belastungen aus der Energiewende für die Bürgerinnen und Bürger verringert werden sollten, ist bis heute nicht umgesetzt und bis mindestens 2025 von der politischen Agenda gestrichen.[31] Die Einnahmen aus der CO_2-Bepreisung sind anderweitig bereits verplant, zum Beispiel für die Staatshilfen zur Transformation der Großindustrie oder für Reparaturarbeiten an seit Jahrzehnten vernachlässigten Bahngleisen. Nur an einen Teil der privaten Haushalte fließt Geld zurück, etwa an die, die eine neue Heizung einbauen. Damit aber werden Versprechen gebrochen und die politischen Widerstände gegen den Klimaschutz befeuert, die diesen wiederum verwässern und verlangsamen.

Fragen der Umverteilung werden aber nicht nur auf der Ebene von Haushalten thematisch.[32] Weitere damit zusammenhängende Konfliktlinien haben mit der Verschiebung politischer Machtbalancen zu tun. In Deutschland etwa verlagert die Energiewende die Energieproduktion in die windreichen Nordländer, gleichzeitig verlieren Bayern und Baden-Württemberg die Atomenergie.[33] Der Norden gewinnt gegenüber dem Süden dadurch auch an Attraktivität als Produktionsstandort. Kohlestandorte im rheinischen Revier und in der Lausitz oder aber in Polen verlieren durch die Energiewende ihre etablierte Wirtschaftsstruktur mit den dazugehörigen Arbeitsplätzen und Lebenskulturen. All das führt zu politischer Abwehr.

Eine weitere Konfliktlinie durchzieht Gesellschaften entlang der Generationen. Wer alt ist, wird vom Klimawandel weniger betroffen sein; wer jung ist, hat ein höheres Interesse am Klimaschutz. Mit zunehmender Alterung der Bevölkerung sinkt daher die Zustimmung zu klimapolitischen Maßnahmen.[34] Der Klimaschutz ist eine generationenübergreifende Aufgabe. Doch welche Generation bezahlt dafür? Mit Klimaschutzpolitik sind außerdem Fragen der Verschiebung politischer Kräfteverhältnisse berührt. Die Transformation von Gesellschaften unter Gesichtspunkten des Klimaschutzes stärkt politische Gruppen, die mit bestimmten soziokulturellen Milieus verbunden sind. In Deutschland kann man dies sehr gut am Erstarken der Partei Die Grünen sehen, deren Wählerschaft städtisch geprägt und kulturell liberal ist, über höhere Einkommen verfügt und Antreiber des Klimaschutzes ist.[35] Klimawandel wird damit Teil eines allgemeinen Kulturkampfes, was das politische Handeln weiter erschwert.

Ideologisch verschiebt Klimapolitik außerdem die Gewichte von einer marktgläubigen Laisser-faire-Politik zu einer stärker staatszentrierten Wirtschaftspolitik. Zwar bedarf es privater Investitionen in großem Umfang, die nötigen Transformationen der Infrastruktur lassen sich aber nicht von den Unternehmen allein finanzieren und koordinieren.[36] Die Vertreter der Marktideologie wehren sich zugleich gegen den Bedeutungszuwachs des Staates durch die Klimapolitik. In Deutschland etwa mithilfe der »schwarzen Null«, die viele Wirtschaftswissenschaftler wie eine Monstranz vor sich hertragen,[37] in den USA vor allem mittels der politischen Ideologie der Republikanischen Partei, der zufolge es Aufgabe des Marktes ist, herauszufinden, wie die Klimakrise zu lösen sei. Das funktioniert jedoch nicht und läuft faktisch auf die Leugnung des Klimawandels hinaus. Zum einen, weil es sich bei den natürlichen Lebensgrundlagen um ein Gemeinschaftsgut handelt, für dessen Erhalt die individuellen Anreize fehlen. Zum anderen, weil die Koordination des Aufbaus klimagerechter Infrastrukturen eben nicht über den Markt, sondern allenfalls mithilfe staatlicher Regulierung und Finanzierung und der dadurch gesetzten Anreize stattfindet.[38] Wenn eine auf Klimaschutz ausgerichtete Politik aber nicht nur materielle, sondern außerdem auch ideologische Gewinner und Verlierer produziert, kann es nicht verwundern, dass diese Politik nicht oder nur sehr langsam vorankommt. Klimawandel wird zu einer neuen kulturellen und sozialen Spaltlinie der Politik.

Ein weiterer politischer Hemmschuh für eine zupackende Klimapolitik hat mit ihrer Eigenschaft zu tun, in etablierte Lebensstile und Konsumfantasien einzugreifen. Die entstehenden kulturellen Widerstände lassen sich etwa in Diskussionen zur Reduzierung des Flugverkehrs oder zur Einführung von Geschwindigkeitsbegrenzungen beobachten – Maßnahmen, die als Dreinrede in für selbstverständlich gehaltene Freiheitsrechte abgelehnt werden. Fleischkonsum zu verteuern oder Flächenverbrauch durch Wohnungen oder Häuser zu reduzieren, die – von wem eigentlich? – als »überdimensioniert« klassifiziert werden, stößt auf Widerstände, denen die Politik aus dem Weg zu gehen versucht.

Seit der Aufklärung und massiv verstärkt in den letzten 50 Jahren wurden traditionelle Lebensweisen mit ihren Normen der Beschränkung immer weiter infrage gestellt und durch entgrenzte individuelle Lebensformen ersetzt. In einer Kultur der Problematisierung von Regeln im Namen individueller Freiheit lassen sich Gebote der Mäßigung und stärker gemeinwohlorientierte Lebensformen nicht durchsetzen.[39] Die Befreiung von Verpflichtungen und die Bequemlichkeit, die damit einhergeht, wird als Anrecht erlebt und trägt dazu bei, dass Menschen die ökologischen Folgen ihrer Lebensweise ausblenden.[40] Zumal in der kapitalistischen Moderne das Maßlose ja Grundprinzip des wirtschaftlichen Handelns ist. »Verzicht macht die Welt nicht besser«, ließ sich die Chefin eines deutschen Kreuzfahrtunternehmens in einem Interview zitieren und brachte damit die Essenz der kapitalistischen Moderne sehr gut auf den Punkt.[41] Der entgrenzte Individualismus verkauft die Zukunft für die nächsten Quartalszahlen, das kommende Wahlergebnis und das heutige Vergnügen.

Sprichwörtlich für die Widerstände gegen die Veränderungen, die klimaneutrales Wirtschaften für etablierte Lebensweisen bedeutet, ist die Äußerung des früheren amerikanischen Präsidenten George Bush beim Klimagipfel in Rio de Janeiro 1992, der *American Way of Life* könne kein Verhandlungsthema sein. Bis heute liegt der durchschnittliche CO_2-Ausstoß der US-Bürger mehr als doppelt so hoch wie der der Europäer. Donald Trump überzeugte seine Wähler 2016 auch damit, aus dem als überflüssig und als Einmischung in amerikanische Lebensformen angesehenen Pariser Klimaabkommen aussteigen zu wollen. Trump erzeugte die politische Illusion, man könne den Klimawandel einfach ignorieren, zumindest sei Klimaschutz unnütz, weil die Handlungen der Menschen dafür nicht verantwortlich seien. Als Grund für die zögerliche politische Reaktion in der Klimakrise ist ein ungehinderter Konsumismus ebenso zu nennen wie flagrante Desinformation, die (wie wir in Kapitel 3 gesehen haben) von Unternehmen kommen kann, aber eben auch (wie man hier sieht) aus der Politik.

Offensichtlich sind die ungeheuren Schwierigkeiten, einen gesellschaftlichen Konsens in der Klimafrage zu erreichen. Populistische Bewegungen, die gesunkene Bindekraft politischer Parteien und die Desorientierung durch in den sozialen Medien massenhaft verbreitete Falschnachrichten lassen die politische Steuerungsfähigkeit von Gesellschaften immer prekärer werden. Noch dazu wird Klimapolitik zunehmend Teil eines Kulturkampfes, bei dem es um die Positionierung gegenüber »der Wissenschaft« und »den Experten« geht. Spätestens dann lässt sich Klimapolitik nicht mehr sachlich verhandeln, denn von einem Teil der Politiker und Bürger wird diese als Bedrohung durch ein »System« wahrgenommen, gegen das es sich durch pauschale Ablehnung zu behaupten gilt.

In einer politischen Ordnung, die auf die Massenloyalität der Bevölkerung in Wahlen angewiesen ist, bleibt die politische Durchsetzung von effektivem Klimaschutz zumindest so schwierig, dass sie nicht in der für die Erreichung von gesetzten Klimazielen verfügbaren Zeit stattfindet. Selbst bereits beschlossene Maßnahmen werden aufgegeben oder verwässert, um die Treue der Wählerschaft nicht zu verlieren oder neue Wählergruppen zu gewinnen. Auch hier kommt das zeitliche Missverhältnis zwischen den kurzfristigen Anreizen der Politik und den langfristigen Prozessen der Klimaveränderung zum Tragen.

Um es noch einmal zu sagen: Klimaschutz ist zeitkritisch, ihn aufzuschieben bedeutet, *unwiederbringlichen* Schaden zuzulassen. Politik bearbeitet Probleme aber im Modus der zeitlichen Verschiebung. Es fehlt somit die Übereinstimmung »zwischen den kurzfristigen Zeitspannen von Märkten sowie des mit ihnen verbundenen politischen Systems und den viel langfristigeren Zeiträumen, die das Erdsystem benötigt, um sich auf die menschlichen Aktivitäten einzustellen«.[42] Der Schaden tritt mit Verzögerung ein, erst nach Abtritt der verantwortlichen Politiker von ihren Positionen, häufig jenseits ihrer Lebensspanne. Politisch ist es nicht attraktiv, in der Gegenwart unbeliebte Entscheidungen zu treffen, wenn die erhofften positiven Resultate in vergleichsweise ferner Zukunft liegen. Die politische Zeitlogik ist am Dringlichen orientiert, wobei kurzfristige politische Risiken durch Verschiebung »bearbeitet« werden. Im Zweifelsfall wird eine weitere Kommission eingerichtet.

Schließlich erklärt sich das Zögern des Staates in Sachen Klimawandel auch aus der Vielstufigkeit, ja Verworrenheit politischer Entscheidungsprozesse. Seit den 1970er Jahren hat der Politikwissenschaftler Fritz Scharpf die Schwierigkeiten politischen Entscheidens in der sogenannten Mehrebenenpolitik untersucht.[43] Politisches Entscheiden ist gerade (aber nicht nur) in föderal strukturierten Systemen auf ganz verschiedene Ebenen verteilt. Entscheidungen werden sowohl auf kommunaler als auch auf Länder- und Bundesebene getroffen. Außerdem bestehen übernationale Entscheidungskompetenzen etwa der Europäischen Union und zusätzlich Verpflichtungen, die sich aus dem Völkerrecht ergeben. Diese ineinander verschachtelten Regulierungsebenen führen zu »Politikverflechtungsfallen«,[44] das heißt zu einem Gerangel um Kompetenzen zwischen den Ebenen, zu langwierigen Planungsverfahren und zu einer insgesamt langsamen und nicht oder mangelhaft koordinierten Politik.

Beschränkt man sich allein auf die nationale Ebene, so hängt etwa der Ausbau der Windenergie von der Ausweisung von Flächen ab, auf denen die Windräder aufgestellt werden können. Der Bundeswirtschaftsminister kann zwar Zielgrößen für den Ausbau der Windenergie vorgeben, doch die Flächen müssen die Bundesländer ausweisen und können dafür eigenständig Bedingungen definieren wie etwa den notwendigen Abstand zu Wohngebäuden oder die Berücksichtigung von Aspekten des Naturschutzes. Darüber hinaus müssen auf der Verwaltungsseite Planfeststellungsverfahren durchgeführt werden, oft mit Anhörung der lokalen Bevölkerung, die sich nicht selten dem Aufstellen der Windräder in unmittelbarer Nähe zu ihrer Gemeinde widersetzt. Die weitgreifende Verteilung von Zuständigkeiten und der häufige Dissens in der konkreten Umsetzung führen dazu, dass in Deutschland beim Aufstellen eines Windrades zwischen Antragstellung und Genehmigung fast zwei Jahre vergehen. Insgesamt, so schätzte ein Sprecher des Bundesverbandes WindEnergie Ende 2022, dauert es zwischen fünf und sieben Jahren, »von dem Moment, in dem man sich dazu entschließt, einen Antrag zu stellen, bis die Windenergieanlage dann tatsächlich ans Netz geht«.[45]

Selbst wenn es mittlerweile in vielen Staaten einen deutlichen Richtungskonsens gibt, also prinzipielle politische Einigkeit über die Notwendigkeit des Klimaschutzes, ist der entsprechende Handlungskonsens eher schwach.[46] Man ist sich hinsichtlich der geeigneten Maßnahmen einfach nicht einig: Mehr Windräder? Weiterhin Atomkraft? Doch *e-fuels*? Nur Wärmepumpen? Auch Holz? Über jede Maßnahme lässt sich trefflich streiten. Fast alles, was es zu entscheiden gibt – von Verfahren und Zuständigkeiten über Instrumente, Steuervorschriften und technische Normungen bis hin zu Bauvorschriften –, ist strittig und muss auf unterschiedlichen politischen Ebenen ausgehandelt werden. Was hier unter die Räder von Politikverflechtungsfallen und diffusen Machtverteilungen kommt, ist klar: die zügige und zupackende Reaktion auf den Klimawandel.

Zuletzt spielt eine weitere Besonderheit der Klimapolitik eine Rolle: Die Natur, um die es geht, ist selbst politisch stumm. Das unterscheidet sie etwa von den Arbeiterinnen und Arbeitern, die im 20. Jahrhundert für ihre Rechte und für soziale Umverteilung kämpften. Die Natur kann nicht für sich selbst sprechen, sondern benötigt Stellvertreter. Von den sinnbasierten Sozialsystemen Politik und Wirtschaft und auch von Konsumenten und Bürgern konnte die Natur daher über sehr lange Zeit ignoriert werden. Sie wurde als verfügbare Konstante schlicht vorausgesetzt. Erst die Auflösung stabil geglaubter Naturverhältnisse kreiert Resonanz in den Sinnsystemen, wobei Natur jetzt als passiv-aggressives Objekt erscheint, von dem befürchtet wird, dass es zukünftig nicht mehr so funktionieren wird, wie es die sinnhaft handelnden Akteure bisher immer voraussetzen konnten. Doch nur über Stellvertretung, also zivilgesellschaftliches, juristisches oder politisches Engagement »im Namen« der Natur kann die Natur eine Stimme in der politischen Auseinandersetzung bekommen. Aber das wird angesichts der Stärke widerstreitender Interessen und der Vielzahl an Entscheidungsebenen nicht genügen. Um den Vergleich mit der Arbeiterbewegung weiterzuführen: Es gibt zwar mittlerweile ein Gewerkschaftsbüro, nicht jedoch Arbeiter, die demonstrieren und streiken könnten. Und wenn es sie gäbe, wüssten sie nicht, an wen sie ihre Forderung richten sollten.

Insgesamt lässt sich also festhalten, dass die Handlungsfähigkeit der politischen Akteure deutlich beschränkter ist, als es auf den ersten Blick den Anschein hat. Wie reagieren sie darauf? Zwei Abwehrstrategien sind hier zu nennen. Da ist zum einen die Strategie der Diffamierung von sozialen Bewegungen, die fordern, radikale Klimaschutzmaßnahmen konsequent und sofort umzusetzen. Sie werden von einigen politischen Akteuren gar in die Nähe terroristischer Vereinigungen gerückt, einzelne Aktivisten werden als krankhaft diffamiert, von vielen Politikern wird den sozialen Bewegungen jeglicher produktive Beitrag zur Lösung des Problems abgesprochen.[47] Und dies, obwohl einschlägige Experten die Klimabewegungen als nicht sonderlich militant einschätzen.[48] Für die Politik ist die Abwertung der Mahner eine Strategie der »kommunikativen Erkenntnisverweigerung«,[49] mit der von der politischen Nichtlösbarkeit des Problems abgelenkt wird.

Zum anderen wird auch politisch eine Strategie der Versprechungen verfolgt, um effektiven Klimaschutz vorzutäuschen. Im Jahr 2050 soll Europa klimaneutral sein. Gleichzeitig ist bekannt, dass Investitionen weit hinter dem zurückbleiben, was für das Erreichen dieses Ziels erforderlich wäre. Als kommunikative Lösung dieses Widerspruchs werden Versprechungen gemacht, mit denen die Lösung des Problems in die Zukunft verlagert wird.[50] Besonders grotesk wirkt dies in der »Waldstrategie 2030« der Europäischen Union. 2020 versprach die Kommission, dass im Rahmen dieser Strategie innerhalb von zehn Jahren drei Milliarden Bäume neu gepflanzt würden. Die Bäume sollen als CO_2-Speicher die Treibhausgasbilanz verbessern, was schon deshalb für kurzfristige CO_2-Reduzierung verfehlt ist, weil junge Bäume kaum CO_2 speichern. Vollends absurd wird die Strategie, wenn man sich die Zahlen ansieht. Die EU richtete einen Baumpflanzzähler ein. Dieser zeigte Ende September 2023 an, dass bisher 12557784 zusätzliche Bäume gepflanzt wurden[51] – weniger als ein halbes Prozent der Zielmarke. Beim bisherigen Tempo wird das Bäumepflanzen nicht in sechs, sondern in ungefähr eintausend Jahren abgeschlossen sein.

Ich fasse zusammen: Die Abhängigkeit von wirtschaftlichen Interessen, die Angewiesenheit auf politische Legitimation, die planerischen und finanziellen Überforderungen, die Struktur des Konfliktes und die Logik administrativer Entscheidungsstrukturen führen dazu, dass Staat und Politik von ihren rechtlich vorhandenen Eingriffsmöglichkeiten zum Klimaschutz unzureichend Gebrauch machen. Dies wirft die Frage auf: Kann Demokratie Klimaschutz? Nicht nur Klimaaktivisten, sondern auch Vertreter der Wirtschaft sowie einige Wissenschaftler reagieren auf die Diagnose der Unzulänglichkeit staatlicher Regulierungen in der Klimakrise – also auf das Politikversagen – bisweilen mit der Forderung, demokratische Entscheidungsfindungsprozesse zu suspendieren und eine »Klimadiktatur« oder ökologische Elitenherrschaft zu errichten.[52] Wenn in demokratischen Prozessen Veränderungen so lange dauern, bis es »zu spät« ist, dann müssten diese Strukturen eben zurückgenommen werden – zumindest bis zur Lösung der Klimakrise. Solche Stimmen lassen erahnen, dass der aufgrund des Versagens beim Erreichen von Klimazielen an Outputlegitimation verlierende Staat in der Folge auch an Inputlegitimation einbüßen wird. Die pluralen demokratischen Verfahren werden infrage gestellt. »Die können es nicht!«, heißt es dann. Diese Wendung zum

Autoritarismus krankt freilich an vielem. Was würde passieren, wenn eine politische Gruppierung ernsthaft auf eine solche Klimadiktatur hinarbeiten würde? Ganz sicher käme es zu massiver Gegenwehr in der Gesellschaft. Außerdem ist fraglich, wie ohne Partizipation und Kontrolle auf Dauer sichergestellt werden soll, dass sich der »Klimadiktator« tatsächlich in der gewünschten Art und Weise um das Klima kümmert. Auch die geschilderte soziale Komplexität des Problems und dessen Konflikthaftigkeit spricht gegen eine solche Lösung.

Bei allen Defiziten der Klimapolitik liberaler Demokratien gilt doch, dass sich die vielschichtige Konfliktlage der Klimakrise, wenn überhaupt, dann nur in demokratischen Strukturen zielführend bearbeiten lässt, also mithilfe rechtsstaatlicher Verfahren und in politischen Verhandlungen zwischen den unterschiedlichen Interessengruppen. Die Vielfältigkeit von Interessen und auch deren Widersprüchlichkeit ist selbstverständlicher Teil einer plural strukturierten Gesellschaft. Allerdings hat die Kompetenz demokratischer Strukturen Voraussetzungen. Sie bedarf einer politischen Öffentlichkeit, die sich für die Belange des Gemeinwohls engagiert. Der politische Prozess muss außerdem unterschiedlichen Stimmen Gehör verschaffen und Entscheidungen als politische verstehen, nicht als technische Umsetzung der Auffassung vermeintlich objektiver Experten. Schließlich ist ein politisch handlungsfähiger Staat vonnöten, ausgestattet mit Macht- und Finanzressourcen, mit denen Entscheidungen zu Transformationsprozessen konsequent unterstützt, (vorübergehende) wirtschaftliche Verluste für Unternehmen und Haushalte ausgeglichen und Koordinationsleistungen erbracht werden können. Erfolgreiche Klimapolitik in der liberalen Demokratie braucht einen aktiv gestaltenden Staat, nicht einen, der für die Gesellschaftsentwicklung vornehmlich den Markt in der Verantwortung sieht.

Legitimation durch Wahlen als demokratisches Grundprinzip erhöht zumindest die Chancen der Repräsentation unterschiedlicher Präferenzen im politischen System und der Akzeptanz von Entscheidungen. Zu vermuten steht, dass die für autoritäre Regime charakteristische Vereinfachung von Konfliktperspektiven zur weiteren Verschärfung innergesellschaftlicher Auseinandersetzungen um den Klimaschutz führen und damit eine effektive Klimapolitik in noch weitere Ferne rücken würde. Umgekehrt könnte aber auch stimmen, dass eine fehlgeleitete Klimapolitik politischen Autoritarismus begünstigt. Das würde dann gelten, wenn Klimapolitik oder ihr Versagen die soziale, politische oder kulturelle Polarisierung von Gesellschaften antreibt.[53] Tatsächlich lässt sich dies in den politischen Kontroversen um Klimaschutzmaßnahmen bereits erkennen. Hier hilft eine Bezugnahme auf die Coronapandemie: Die politisch verordneten Einschränkungen von persönlichen Freiheiten während der Pandemie führten zu populistischen Gegenbewegungen, die die Legitimität der Entscheidungsstrukturen infrage stellten. Ein solcher Legitimationsverlust demokratischer Institutionen könnte sich in der Klimapolitik in noch weit größerem Ausmaß wiederholen.

5 WOHLSTAND WELTWEIT

Die kapitalistische Moderne erhebt Anspruch auf Universalität. Wachstum und wirtschaftlicher Wohlstand sind zwar in einigen Weltregionen zuerst entstanden, doch dabei handelt es sich lediglich um einen zeitlichen Vorsprung. Irgendwann werden alle anderen Länder in ihrer Prosperität aufschließen. Vielleicht nicht alle sofort, doch irgendwann wird es so weit sein. Diese imaginierte Zukunft kontinuierlicher und expansiver Wohlstandsentwicklung ist das große materielle Versprechen, auf dem der umfassende Geltungsanspruch der kapitalistischen Moderne beruht. Besonders vehement wurde dieser »westliche Universalismus«[1] von den Entwicklungstheorien der Nachkriegszeit zum Ausdruck gebracht. Der *take-off*, so der griffige Begriff des amerikanischen Wirtschaftswissenschaftlers Walt Rostow aus den späten 1950er Jahren, werde in nicht allzu weiter Ferne auch die sogenannten Entwicklungsländer in den Sog des Wachstums ziehen.[2]

Mehr als 60 Jahre nach dieser Zukunftsprojektion kann man unterschiedlicher Auffassung hinsichtlich der Triftigkeit von Rostows Theorie sein. Einerseits leben auch heute noch hunderte Millionen Menschen in absoluter Armut. Viele Länder konnten ihren wirtschaftlichen Wohlstand im letzten halben Jahrhundert nur wenig steigern, etliche andere sind gefangen in einer als *middle-income trap* bezeichneten Lage. Andererseits konnten Milliarden Menschen zumindest der größten Armut entkommen, und einige Länder, die in den 1950er Jahren noch arm waren, haben mittlerweile eine sensationelle Wohlstandsentwicklung hinter sich.

Am eindrücklichsten gilt dies zweifelsohne für China. Eine Folge der phänomenalen Entwicklung dieses riesigen Landes war, dass geschätzte 850 Millionen Chinesen der Armut entkamen. Eine andere besteht hingegen darin, dass sich der Treibhausgasausstoß in China während der letzten 30 Jahre mehr als verdreifacht hat und das Land 2008 zum weltweit größten Emittenten von Treibhausgasen aufstieg. Indien, das sich ebenfalls rasant entwickelt, steht auf Platz drei dieser unrühmlichen Liste und steigert seinen CO_2-Ausstoß ebenso mit hohen Zuwachsraten.[3] Um ihre Entwicklung voranzutreiben, setzen beide Länder auf fossile Energieträger, insbesondere auf die selbst geförderte Kohle, auch wenn vor allem China außerdem in erheblichem Maß in erneuerbare Energien investiert.

Das ist, wenn es um die Begrenzung des Temperaturanstiegs geht, keine gute Nachricht, denn Klimaschutz ist nur mit einer Verringerung der Nutzung fossiler Energien, und zwar im globalen Maßstab, zu schaffen. Selbst wenn erneuerbare Energien ausgebaut werden, ist das ja nicht gleichbedeutend mit dem Rückgang der Nutzung fossiler Energieträger. Und ein niedrigerer Verbrauch von Öl und Gas in Großbritannien, Japan und anderen Industrieländern heißt nicht, dass der Verbrauch auch *weltweit* zurückgeht. Er wird vielmehr durch das Wirtschafts- und Bevölkerungswachstum der Länder des globalen Südens mitbestimmt, in denen 80 Prozent der Weltbevölkerung leben. Gerade die Schwellenländer entwickeln sich rasant. Und für den afrikanischen Kontinent wird prognostiziert, dass sich seine Bevölkerung bis zum Ende des Jahrhunderts verdreifachen wird. Selbst von den heute schon in Afrika lebenden Menschen haben aber 600 Millionen noch keinen Strom. Hier gibt es also einen riesigen Nachholbedarf hinsichtlich der Verfügbarkeit von Energie. Daher muss man sich auch mit den Ländern des globalen Südens und den Strukturen des globalen Wirtschaftssystems befassen, will man die Frage beantworten, warum die Reaktion auf den Klimawandel ungenügend ist.

Die Länder des globalen Südens müssen an Wirtschaftskraft gewinnen, um Menschen aus Armut zu befreien und größeren Wohlstand in der Bevölkerung zu schaffen. Dies geht nur durch die Verfügbarkeit von mehr Energie. Wenn aber die Länder, die historisch betrachtet kaum CO_2 emittiert haben, selbst immer mehr zu bedeutenden Emittenten werden, steigen die Treibhausgasemissionen stetig weiter, selbst wenn sie in den entwickelten Industrieländern zurückgehen.[4] Der globale CO_2-Ausstoß würde sich vervierfachen, weitete sich der Lebensstandard der Industrieländer auf die ganze Welt aus.[5]

Vermutlich werden die Strukturen der globalen Wirtschaftsordnung eine solche Entwicklung gar nicht zulassen. Doch es ist klar, dass in den Ländern mit niedrigem Lebensstandard die Mechanismen der kapitalistischen Moderne ganz genauso am Werk sind und daher auch dort Wachstum vorangetrieben wird. Unternehmen suchen nach weiteren Geschäftsfeldern, die Politik versucht, Probleme der Armut durch Wachstum zu lösen, und die Bevölkerung träumt davon, zu den Konsumwelten des reichen Nordens aufzuschließen. Hinzu kommen ausländische Konzerne, die ihre Gewinne mit der Extraktion von Bodenschätzen verdienen oder in den Ländern neue lukrative Absatzmärkte finden. Der Wachstumsdrang macht vor keinem Flecken der Erde halt, wenn sich lohnende Investitionsmöglichkeiten auftun. Dies bedeutet aber auch: Je mehr Ländern die Steigerung ihres Wohlstands gelingt, desto mehr vereint sich die Welt auf dem Weg in die ökologische Katastrophe. Dies würde nur dann nicht gelten, wenn der globale Süden Wege der wirtschaftlichen Entwicklung fände, bei denen Kohle, Öl oder Gas nicht im selben Ausmaß verbrannt würden wie im globalen Norden.

Viele der Länder im globalen Süden werden vermutlich arm bleiben, weil ihre benachteiligte Stellung im weltwirtschaftlichen System ihnen die Entwicklung versperrt. Man könnte zynisch anmerken, dass dies wenigstens für das Klima eine gute Nachricht wäre. Doch dem ist nicht so. Zum einen ist Armut aus verschiedenen Gründen mit hohen Geburtenraten verbunden und eine wachsende Weltbevölkerung nutzt mehr Ressourcen. Zum anderen sind viele der natürlichen Ressourcen wie Öl, Gas, Metalle und fruchtbare landwirtschaftliche Flächen gerade in den Ländern des globalen Südens zu finden. Oft handelt es sich bei diesen Ressourcen um das bedeutendste Wirtschaftsgut dieser Länder. Im Kongo oder in Ecuador beispielsweise generiert die Ölförderung große Teile der Staatseinnahmen. In Chile geht es vornehmlich um den Abbau von Metallen wie Kupfer und Lithium. Indonesien verfügt über bedeutende Nickelvorkommen, hat aber auch landwirtschaftliche Flächen zu bieten, die durch die Abholzung des tropischen Regenwaldes geschaffen und auf denen Palmen gepflanzt werden, aus deren Früchten das Öl für unter anderem die Schokocreme hergestellt wird, die sich Europäer aufs Frühstücksbrötchen streichen. Angesichts fehlender Alternativen werden die rohstoffreichen Länder ihre Schätze mithilfe multinationaler Konzerne weiter heben und an die reichen Länder verkaufen, selbst wenn dies nicht zu nachhaltiger Entwicklung bei ihnen führt. In den schlimmsten Fällen geschieht die Ressourcenausbeute im Angesicht zerfallener staatlicher Strukturen unter der Kontrolle von Warlords oder ausländischen Söldnern.

Dabei gilt, dass die fossilen Energieträger großteilig gerade nicht gefördert werden dürften, soll sich die Erde nicht immer weiter erhitzen. Und die für die Rohstoffförderung genutzten und teils zerstörten Ökosysteme wären für die Eindämmung des Klimawandels, den Erhalt der Artenvielfalt und den Kampf gegen die Umweltverschmutzung unbedingt zu schützen. Die tropischen Regenwälder in Südamerika, im Kongobecken und in Südasien sind riesige Kohlendioxidspeicher. Die weitere Abholzung des tropischen Regenwaldes im Amazonas gilt als ein potenzieller Kipppunkt für das globale Klima, die Gebiete könnten sich schlimmstenfalls in Steppenlandschaften verwandeln. Dennoch schreitet die Abholzung von Urwäldern in erschreckendem Tempo voran. Allein im Jahr 2022 wurde weltweit eine Waldfläche von der Größe der Schweiz gerodet.[6] Die Wälder sind für die Länder eben eine gewaltige wirtschaftliche Ressource. In ihnen finden sich Holz, wertvolle Metalle und weitere Rohstoffe und ihre Abholzung ermöglicht landwirtschaftliche Produktion auf neuen Flächen. Die abgebauten Rohstoffe und landwirtschaftlichen Erzeugnisse werden häufig in den globalen Norden oder nach China exportiert und steigern vor allem dort den Lebensstandard. Schätzungen gehen davon aus, dass bis heute circa 17 Prozent des Amazonas-Regenwaldes abgeholzt wurden. Einige Wissenschaftler erwarten, dass schon eine Entwaldung von lediglich weiteren fünf Prozent der Fläche dazu führen wird, dass das Klimasystem des Amazonas kippt.[7]

Wollte man verhindern, dass die Natur für wirtschaftliches Wachstum weiter geopfert wird, müssten die weltweite Koordination ausgeweitet und die Länder im globalen Süden erheblich unterstützt werden. Klimawandel ist ein globales Gemeingutproblem. Doch es fehlen die politischen Steuerungskapazitäten, mit denen die Interessen an der Ausbeutung der Ressourcen ausgehebelt werden könnten. Die von der Extraktion betroffenen Länder setzen in ihren Entwicklungsmodellen auf die Einnahmen aus dem Rohstoffabbau. Aufgrund ihrer Armut und fehlender wirtschaftlicher Alternativen bei anspruchsvollerer Wertschöpfung in der globalen Wirtschaftsordnung haben sie gar keine andere Wahl. Dies wäre nur dann zu ändern, wenn der globale Norden sich entweder zu umfänglichen Transferzahlungen entschlösse, mit denen die entgangenen Einnahmen kompensiert würden, oder aber wenn das globale Wirtschaftssystem grundlegend umgestaltet würde. Trotz aller Rhetorik auf internationalen Klimakonferenzen werden die erforderlichen Hilfsmaßnahmen nicht eingeleitet. Ebenso wenig wird das globale Wirtschaftssystem umgebaut, das seit Jahrhunderten auf der Ausbeutung von Ressourcen der zunächst kolonialisierten Länder beruht, wie ich in Kapitel 2 geschildert habe. Die internationale Arbeitsteilung sieht vor, die natürlichen Ressourcen der Länder des globalen Südens zu extrahieren und zur weiteren Verarbeitung und zum Konsum in den Norden zu bringen, wo die den Wohlstand produzierende Wertschöpfung stattfindet. Dies ändert sich gegenwärtig zum Teil durch die aufstrebenden Schwellenländer, die ebenfalls zu bedeutenden Importeuren der Rohstoffe werden, allen voran China. Doch diese Verbreiterung des globalen wirtschaftlichen Wohlstands erhöht den Energie- und Rohstoffhunger der Welt nur weiter, selbst wenn diese Entwicklungen die während der letzten 500 Jahre entstandenen Wirtschaftsstrukturen der kapitalistischen Moderne geografisch verschieben sollten.

Was Rohstoffabbau für die Umwelt bedeutet, zeigt ein Beispiel aus der Demokratischen Republik Kongo. Im Jahr 2022 bot die Regierung des Landes Ölförderrechte in der Region Mpeka zum Verkauf. Nach eigenen Angaben könnte man in dem Gebiet bis zu einer Million Barrel Rohöl pro Tag fördern. Gerechnet wird mit jährlichen Einnahmen in Höhe von 32 Milliarden Dollar, die dem Staat zugutekämen und mehr als die Hälfte des gegenwärtigen Bruttoinlandproduktes ausmachen würden.[8] Allerdings: Der Regenwald und das Torfgebiet in Mpeka sind riesige CO_2-Speicher. Die ökologischen Folgen der Ölförderung wären massiv. Nicht nur, dass das Ökosystem des Regenwaldes durch die chemischen Prozesse der Ölförderung verschmutzt würde, sondern im Zuge der Besiedelung würde er auch kontinuierlich schrumpfen, wodurch weiteres CO_2 in die Atmosphäre entweichen würde. Und die durch die Ölverfeuerung produzierten Emissionen kämen noch obendrauf.

Die Regierung in Kinshasa ist sich sehr wohl der gravierenden ökologischen Auswirkungen der Ölförderung im tropischen Regenwald bewusst, wehrt sich aber gegen entsprechenden Druck aus dem globalen Norden. Als der Klimabeauftragte der USA, John Kerry, im Herbst 2022 von ihr forderte, zumindest einige der Förderlizenzen nicht zu vergeben, lehnte die Umweltministerin

Ève Bazaiba diesen Vorstoß ab, da dies die wirtschaftliche Entwicklung des Landes behindern könne.[9] Verantwortlich für den Klimawandel seien die Staaten des globalen Nordens. Die Förderung des Öls zu missbilligen hieße, dem Kongo sein Recht auf wirtschaftliche Entwicklung abzusprechen. Die Priorität des Landes, so ein anderer Regierungsvertreter, sei die Reduzierung von Armut durch wirtschaftliche Entwicklung und nicht, den Planeten zu retten.[10]

Erkennbar wird an diesem Beispiel, wie das hochgradig ungleiche globale Wirtschaftssystem sich letztendlich gegen den Schutz von für die ganze Welt unverzichtbaren Ökosystemen richtet. Der einzige gangbare Weg für die Demokratische Republik Kongo, Finanzmittel in das Land zu bringen, besteht in der Extraktion der eigenen natürlichen Ressourcen. Ökologische Gesichtspunkte müssen hier zurückstehen, weil die Verringerung von Armut Vorrang vor dem Klimaschutz hat. In den ärmsten Ländern bringt die Förderung und Nutzung fossiler Energieträger mehr Lebenssicherheit, als durch die Minderung der Treibhausgasemissionen erreicht werden könnte.

Wer nun aber denkt, die naturzerstörende Ressourcenausbeutung im globalen Süden fände gegen den Willen des globalen Nordens statt, liegt völlig falsch. Die Proteste des amerikanischen Klimabeauftragten Kerry sind durch und durch heuchlerisch. Denn die Ressourcen werden ja nicht nur mithilfe westlicher und zunehmend auch chinesischer Konzerne gefördert, sondern sie werden auch fast sämtlich im globalen Norden weiterverarbeitet und verbraucht. Das Öl des Kongo wird zu dem Benzin raffiniert, das europäische Urlauber zu den Orten ihres Sommervergnügens bringt. Das ebenfalls mit erheblichen Umweltauswirkungen und unter hohen sozialen Kosten geförderte Kobalt des Kongo findet sich in den Batterien der Elektroautos, mit denen die Energiewende in Europa und Amerika vorangebracht wird.

Die Ungleichheiten der globalen Arbeitsteilung führen zu einer unfassbaren Verlogenheit in der Klimadebatte, bei der die Länder des globalen Südens für den Raubbau an ihrer Natur verantwortlich gemacht werden, obwohl der Nutzen davon zu großen Teilen dem globalen Norden zugutekommt, der zudem den Raubbau mit seiner Technologie und seinem Finanzkapital erst ermöglicht. Während die deutsche Regierung für Wärmepumpen und Windräder in der Heimat wirbt, beteiligt sie sich zugleich am Ausbau der Förderung fossiler Energiequellen in fernen Ländern. Um Alternativen zu russischem Gas zu sichern, unterstützt Deutschland etwa den Senegal und Mauretanien bei der Erschließung neuer Gasfelder. Der Senegal soll bis zu 10 Millionen Tonnen Flüssiggas jährlich nach Deutschland liefern.[11] Die gleiche Doppelzüngigkeit gilt beim Schutz der tropischen Regenwälder. Agrarland in den Tropen wird zunehmend von multinationalen Konzernen und Investoren als Quelle zur Erwirtschaftung von Kapitalrenditen entdeckt. Die betroffenen Länder erlauben diese Investitionen, weil sie Einnahmen versprechen. Die Gewinne wandern zu großen Teilen zu den Kapitaleigentümern im globalen Norden. Auch hier setzt sich das koloniale Muster der Naturzerstörung durch Landnahme zur Vermögensmehrung in den reichen Ländern fort.[12]

Der Verkauf von Rohstoffen und die Ausweitung von landwirtschaftlichen Flächen verschaffen den Ländern des globalen Südens dringend benötigte Einnahmen, egal ob im Senegal oder der Demokratischen Republik Kongo. Ob die Förderung der Ressourcen tatsächlich die erhofften positiven Folgen im Kampf gegen Armut hat, steht auf einem anderen Blatt. Zumeist verteilen sich die daraus erzielten Gewinne auf die multinationalen Konzerne und eine lokale Elite, ohne dass die breite Bevölkerung profitiert[13] – ein Phänomen, das als »Ressourcenfluch« in den Wirtschaftswissenschaften bekannt ist.[14] Paradebeispiel hierfür ist der nigerianische Ölboom seit den 1960er Jahren, der das Land nicht aus der Armut geführt hat, dafür aber gewaltige Umweltzerstörungen im Nigerdelta verursacht und korrupte politische Strukturen im Land etabliert hat.[15] Dieser durchaus paternalistische Einwand wird die Pläne der Regierung in Kinshasa jedoch ebenfalls nicht stoppen.

Die Demokratische Republik Kongo steht mit ihren Plänen auch nicht allein. Andere afrikanische Länder wie Algerien, Namibia, Mosambik, Nigeria, Uganda, Ghana und Tansania sehen Milliardeneinnahmen für ihre Staaten aus dem Verkauf von Gas und Öl voraus. In Uganda und Tansania wird derzeit ein neues Förderprojekt entwickelt, bei dem Öl aus Uganda durch eine fast 1500 Kilometer lange Pipeline zum Indischen Ozean gepumpt werden soll, um von dort in alle Welt verschifft zu werden – mit erheblichen Auswirkungen auf die Umwelt und hohen sozialen Kosten durch Umsiedlungen der lokalen Bevölkerung. Das Projekt soll jedes Jahr zwei Milliarden US-Dollar in den Staatshaushalt spülen. Gegen Kritik verteidigt sich die tansanische Regierung mit den gleichen Argumenten wie ihre Kollegen in der Demokratischen Republik Kongo. Wer das Ölprojekt kritisiere, würde gleichsam sagen, so der Energieminister von Tansania, dass »die Sucht nach Kohlenwasserstoffen das ausschließliche Recht« des globalen Nordens sei.[16] Die Afrikanische Union wendet gegen Klimaschutzappelle aus dem globalen Norden zusätzlich ein, dass Afrika »den Ausbau der Gasförderung für den sozialverträglichen Übergang hin zu einer klimafreundlichen Wirtschaft« brauche.[17] Der Beitrag Afrikas zu den globalen Treibhausgasen liege bei unter 4 Prozent. Die Einnahmen aus dem Export seien die finanzielle Grundlage für die eigene Energiewende.

Ein wichtiges Motiv gegenwärtiger Ausweitung der Förderung von Öl und Gas könnte dabei sein, dass auch in Afrika damit gerechnet wird, dass die Nachfrage nach fossilen Energieträgern im globalen Norden mittelfristig zurückgeht. Die eigenen Ressourcen würden dann wirtschaftlich entwertet, zumindest bezogen auf die Erlangung von Exporterlösen aus dem Verkauf. Auch hier stellt sich die Frage, wie Gewinne weiterhin maximiert werden können. Möglicherweise verlangt dies gerade die schnelle Erschließung und Förderung der Vorkommen – einen *rush to burn.*[18] Die Paradoxie der Energiewende im globalen Norden könnte dann darin bestehen, durch die Schaffung von Erwartungen einer Zukunft mit weniger fossilen Energieträgern deren kurzfristige Verfeuerung noch zu intensivieren.[19]

Kaum überraschend sahen afrikanische Länder die 2022 durch den Krieg in der Ukraine entstandene Energiekrise für sich als Chance und boten ihren Beitrag an, die globale Nachfrage zu decken. Aufgrund der enormen Preissteigerungen für Flüssiggas versuchte zum Beispiel Ägypten, mehr Gas nach Europa zu exportieren. Es reagierte damit auf die Preissignale des Marktes, die höhere Einnahmen versprachen. Europa konnte auch mithilfe dieser Gasimporte eine dauerhafte Energiekrise nach dem Versiegen des russischen Pipelinegases abwenden und damit eine angespannte politische Situation besänftigen. Für Ägypten hingegen führten die Exporte zu Energieknappheit. Um die Ausfuhr von Flüssiggas zu ermöglichen, hielt die Regierung die Bevölkerung an, Gas zu sparen, und das Land verwendete in seinen eigenen Kraftwerken Schweröl anstelle von Gas, das bei seiner Verbrennung besonders viel CO_2 emittiert.[20] In der Folge stiegen Ägyptens Treibhausgasemissionen stark an. Man kann dies als ein Paradebeispiel für die konkrete Manifestation globaler Machtungleichheit und deren Auswirkungen auch auf das Klima sehen.[21] Oder für das Wirken von Preissignalen und wie diese zur Verlagerung der Emission von Treibhausgasen in den globalen Süden führen.

Selbst wenn also der Verbrauch fossiler Energieträger in den hoch industrialisierten Ländern mittelfristig zurückgeht, bedeutet dies nicht zwangsläufig eine Verringerung der Kohle-, Öl- und Gasförderung auf der Welt. Export ist nämlich nur eine mögliche Nutzung fossiler Energie. China und Indien etwa exportieren ihre Kohle nicht großflächig, sondern nutzen sie selbst, um den wachsenden Energiehunger des eigenen Landes zu stillen. Ebenso haben die afrikanischen Länder einen hohen Bedarf an zusätzlicher

Energie. Für Afrika gilt genauso wie einst für Europa und die USA: Entwicklung findet nur durch die Ausweitung der Verfügbarkeit von Energie statt. Nur mit mehr Energie können auch die 600 Millionen Afrikaner mit Strom versorgt werden, die heute noch keinen haben. Dabei wächst der Bedarf stetig weiter, nicht zuletzt eben aufgrund des hohen Bevölkerungswachstums auf dem Kontinent. In Ägypten etwa wächst die Bevölkerung jährlich um 2 Millionen Menschen. Der Energiebedarf des Landes ist auch deshalb seit 2015 um über ein Drittel gestiegen.[22]

Dieser zunehmende Energiebedarf wird zusätzlich vom Klimawandel selbst befeuert. Viele der heißesten Zonen der Erde liegen im globalen Süden. Um sich gegen die extremer werdende Hitze zu schützen, werden immer mehr Klimaanlagen installiert. Allein für Asien wird damit gerechnet, dass bis zum Ende dieses Jahrzehnts eine Milliarde(!) zusätzliche Klimaanlagen verkauft werden, was zu einem drastischen Mehrverbrauch an Strom und einer weiteren Umweltbelastung durch die verwendeten Kühlmittel führen wird. Steigt das Volkseinkommen auf einen Wert von ungefähr 10 000 US-Dollar pro Kopf, kommt es zur explosionsartigen Steigerung der Nachfrage nach Klimaanlagen, so die empirische Beobachtung. Die IEA schätzt, dass sich der Stromverbrauch aus Kühlaggregaten bis zur Mitte des Jahrhunderts verdreifachen wird.[23] In stark von langen Hitzeperioden betroffenen Ländern wie Indien, Vietnam oder Thailand wird Strom dabei häufig besonders klimaschädlich aus Kohle erzeugt, außerdem schädigen die in den Klimaanlagen genutzten Kältemittel bei ihrem Austritt die Atmosphäre. Zwar sind es vergleichsweise geringe Mengen, doch sind die Gase vieltausendfach klimaschädlicher als CO_2. Es entsteht ein Teufelskreis, bei dem der individuelle Schutz vor den Folgen des Klimawandels zu dessen weiterer Verstärkung führt.

Soll die Klimaerwärmung durch Bevölkerungsentwicklung und Wirtschaftswachstum im globalen Süden nicht weiter angeheizt werden, müssten diese Länder ihre Entwicklung auf erneuerbaren

Energien aufbauen. Die Bilanz hierfür ist bisher sehr gemischt. China ist einerseits weltweit das Land mit dem stärksten Ausbau erneuerbarer Energien, gleichzeitig steigert es weiterhin seinen Verbrauch fossiler Energieträger. Auch einige afrikanische Länder setzen stark auf erneuerbare Energien, beispielsweise Marokko und Kenia, in anderen hingegen, etwa in Ghana, spielen sie fast keine Rolle. Insgesamt wird geschätzt, dass nur 2 Prozent der globalen Investitionen in erneuerbare Energien in Afrika getätigt werden.

Wo erneuerbare Energien ausgebaut werden, übt der zu erwartende Export der Energie über Stromleitungen oder in Form von flüssigem Wasserstoff einen entscheidenden Einfluss auf die entsprechenden energiepolitischen Entscheidungen aus. Marokko erhielt von Deutschland 38 Millionen Euro für den Aufbau einer Pilotanlage, die ab 2025 rund 10 000 Tonnen grünen Wasserstoff für den Export produzieren soll. Namibia bekam von Deutschland 30 Millionen Euro für vier Wasserstoff- und Ammoniakprojekte, dazu sind weitere private Investitionen in Milliardenhöhe geplant, mit denen Namibia sich zu einem führenden Wasserstoffexporteur in Afrika entwickeln soll. Diese Energie kommt der lokalen Bevölkerung nicht zugute. In Namibia hat nur etwas mehr als die Hälfte der Bevölkerung überhaupt Zugang zu Strom,[24] einen eigenen Bedarf für Wasserstoff gibt es nicht. Auch hier zeigt sich eine neokoloniale Politik der Ressourcenextraktion, die die globalen Ungleichheiten in die Zukunft verlängert und Klimaschutz allenfalls im globalen Norden umsetzt.[25] Hinsichtlich des Stromverbrauchs auf dem afrikanischen Kontinent wird angenommen, dass Solar- und Windenergie auch 2030 weniger als 10 Prozent des Strommix ausmachen werden.[26] Viel stärker investiert wird in die Stromerzeugung mittels fossiler Energieträger. Aufgrund der langen Laufzeiten von Kraftwerken wird dies viele afrikanische und asiatische Länder sehr langfristig auf den Pfad von Kohle, Öl und Gas festlegen.

Erkennbar wird dies im bereits erwähnten Ägypten. Trotz optimaler Bedingungen für die Produktion trugen Solar- und Windkraft 2022 weniger als 5 Prozent zur Stromerzeugung des Landes bei. Anvisiert waren einst 20 Prozent. Zwar sollen in Zukunft erneuerbare Energien zur Priorität werden. Doch auch hier ist unklar, ob diese Energie zum Ersatz für fossile Energieträger wird. In Energiepartnerschaften soll Ägypten nämlich auch grünen Wasserstoff für Europa produzieren.[27] Seine eigene Energieversorgung baut das Land vornehmlich auf dem im Mittelmeer gefundenen Gas auf.[28] Ende 2022 wurde die Entdeckung eines weiteren riesigen Gasfeldes vor der Sinai-Halbinsel bekannt gegeben.[29] Damit wird Ägypten noch stärker auf dem fossilen Pfad marschieren.

Grund für die allenfalls langsame Transformation hin zu grüner Energie in den meisten Ländern des globalen Südens sind auch die enormen Investitionen für den Aufbau der dafür notwendigen Infrastruktur. Es geht ja nicht nur um das Aufstellen von Windrädern und Solarpaneelen, sondern auch um die Errichtung eines leistungsfähigen Stromnetzes und das Vorhalten von Speicherkapazitäten für Dunkelflauten. Staaten, die ohnehin erhebliche Infrastrukturdefizite haben, verfügen nicht über die Ressourcen für den Ausbau eines völlig neuen Energiesystems. In vielen Gebieten gibt es bislang überhaupt keine Stromleitungen. Wer Strom braucht und es sich leisten kann, nutzt den Dieselgenerator.

Die Internationale Energieagentur kommt daher zu einem sehr verhaltenen Schluss hinsichtlich der Energiezukunft der Entwicklungsländer:

> Über 90 Prozent der verzeichneten Zuwächse an Investitionen in saubere Energien seit 2021 fanden in den entwickelten Volkswirtschaften und in China statt. […] Höhere Zinsen, unklare politische Rahmenbedingungen und Marktgestaltungen, finanziell schwache Versorgungsunternehmen und hohe Kapitalkosten führen zu Investitionszurückhaltung in

vielen anderen Ländern. Bemerkenswerterweise liegen die seit 2021 zu verzeichnenden Zuwächse an Investitionen in saubere Energien in den entwickelten Volkswirtschaften und in China höher als die Investitionen in saubere Energien im gesamten Rest der Welt.[30]

Um bis 2050 Klimaneutralität zu erreichen, müssten sich die Investitionen in erneuerbare Energien in den Entwicklungsländern in der gegenwärtigen Dekade versiebenfachen.[31] Dies ist völlig unrealistisch, auch weil ihnen – mit Ausnahme Chinas – das nötige Kapital hierfür fehlt. Es bedürfte der Umkehrung jenes seit Jahrhunderten bestehenden Ressourcenflusses von Süd nach Nord. Die Länder des Südens müssten umfassend mit Finanzkapital ausgestattet werden. Doch darauf, dass dies geschieht, gibt es keine Hinweise. Die über Jahrhunderte in der kapitalistischen Moderne zwischen Zentrum und Peripherie reproduzierte soziale Ungleichheit wird auf diese Weise zum Bumerang bei der Bekämpfung des Klimawandels.

Um zu verhindern, dass die Energiewende im globalen Norden einfach nur zu geografischen Verschiebungen bei der Verbrennung fossiler Energieträger führt, müssten Öl und Gas im Boden bleiben. Es ginge darum, bestimmten Ressourcen ihren Warencharakter zu nehmen, damit sie als Gemeinschaftsgüter zum Erhalt der natürlichen Lebensgrundlagen beitragen. Ein Vorschlag hierfür ist, die Länder des globalen Südens dafür zu entschädigen, ihre Öl- und Gasressourcen *nicht* zu fördern, sondern als CO_2-Speicher zu bewahren und damit ein globales Gemeingut zu errichten. Gleiches gilt für den Schutz von natürlichen Lebensräumen wie tropischen Regenwäldern, die CO_2 speichern und eine hohe Biodiversität beheimaten.

Nur – unter welchen Bedingungen könnte das gelingen? Es bedürfte globaler Kooperation. Ein interessantes Experiment dazu in Ecuador ist vor über zehn Jahren gescheitert. 2007 stimmte der damalige ecuadorianische Präsident Rafael Correa zu, die Ölproduktion in einem auf eine Milliarde Barrel geschätzten Ölfeld im Yasuní-Nationalpark zu stoppen – in einer der Weltregionen mit der höchsten Biodiversität. Die Bedingung Ecuadors war, dass die internationale Gemeinschaft insgesamt 3,6 Milliarden US-Dollar in einen Treuhandfonds einzahlt, um das Land für die Hälfte der Einnahmeausfälle zu entschädigen. Die Kosten des Förderverzichts sollten also zwischen Ecuador und der Weltgemeinschaft geteilt werden. Um Korruption bei der Verwendung der Mittel in Ecuador zu verhindern, sollte der Fonds von den Vereinten Nationen verwaltet werden. Bis 2013 kamen Zusagen über gerade einmal 13 Millionen US-Dollar zusammen, weniger als ein halbes Prozent der vereinbarten Summe. Ecuador entschied sich daraufhin, die Förderung zuzulassen, und 2016 floss das erste Öl. Ecuador ist ein armes und hoch verschuldetes Land, das dringend auf die Einnahmen aus dem Ölexport angewiesen ist.[32] Das Fehlschlagen dieses Experiments verweist auf ein systematisches Problem einer kapitalistischen Wirtschaft, wenn es um den Klimaschutz geht: Geld verdienen lässt sich mit der Extraktion von Rohstoffen, nicht aber mit dem Erhalt eines Gemeinschaftsgutes durch die Nichtnutzung der Ressource.[33]

Dass Versprechen der Unterstützung des globalen Südens beim Klimaschutz und der Klimaanpassung gebrochen werden, ist daher auch kein auf Ecuador begrenztes Phänomen. 2015 hatten bei der Pariser Klimakonferenz die Industrieländer zugesagt, jährlich 100 Milliarden US-Dollar zur Unterstützung von Klimamaßnahmen in Entwicklungsländern zu mobilisieren. Dieser Betrag bleibt weit hinter der für erforderlich gehaltenen Unterstützung zurück, denn benötigt würde die zehnfache Summe, also eine Billion US-Dollar, jedes Jahr.[34] Doch noch nicht einmal dieses Versprechen wurde gehalten, denn durchschnittlich betrug der zur Verfügung gestellte Betrag in den fünf Jahren bis 2020 weniger als 75 Milliarden US-Dollar. Und der Hauptteil davon wurde in die Form von

Krediten gegossen, was die Verschuldung der Länder weiter in die Höhe treibt.[35]

Dies alles passiert vor dem Hintergrund, dass gerade der globale Süden von den Folgen des Klimawandels betroffen ist. In Indien wird aufgrund steigender Temperaturen mit zukünftig wesentlich niedrigeren Ernteerträgen gerechnet und infolgedessen mit steigenden Preisen für Grundnahrungsmittel, was den Hunger der Armen vergrößern wird. In der Mitte Afrikas finden brutale Auseinandersetzungen zwischen verschiedenen Volksgruppen statt, die um knapper werdende ökonomische Ressourcen ringen. Aufgrund der zunehmenden Verwüstung ihrer angestammten Weideplätze ziehen Viehhirten in Nigeria weiter nach Süden, wo sie auf Bauern treffen, die auf diesem Land seit jeher Feldfrüchte anbauen. Dieser Konflikt hat in den letzten 20 Jahren und weitgehend unbeobachtet von der Weltöffentlichkeit zum gewaltsamen Tod von geschätzt bis zu 100 000 Menschen geführt.[36] Aber nicht nur in Nigeria führen die veränderten klimatischen Bedingungen zu verstärkten Verteilungskämpfen um knappe wirtschaftliche Ressourcen. Klimawandel verstärkt soziale Polarisierung und entsolidarisiert Gesellschaften. Die Folgen werden auch im globalen Norden nicht nur Medienereignisse bleiben. Klimamigration, mit der sich Menschen aus verzweifelten Situationen zu befreien versuchen, wird nicht an den Reichtumsgrenzen des Planeten haltmachen.[37]

Dies alles ist bekannt. Dennoch bleibt die Unterstützung aus dem globalen Norden in einem Ausmaß hinter dem Erforderlichen zurück, das nur als Skandal zu bezeichnen ist. Dieser setzte sich auch bei dem 2022 auf der Klimakonferenz im ägyptischen Sharm el-Sheikh beschlossenen »Loss and Damage Fund« fort, der als Schadensversicherung wirken und armen Ländern bei der Behebung akuter Klimaschäden – etwa bei Überschwemmungen oder Hurrikans – helfen soll. Die jährlichen globalen Kosten des Klimawandels wurden bereits für 2010 auf über 500 Milliarden US-Dollar geschätzt, von denen über 80 Prozent im globalen Süden entstanden. Bis 2030 sollen sich diese Kosten fast verdoppeln.[38] Der Fonds kam überhaupt nur auf starken Druck der Entwicklungsländer zustande. Offengelassen wurde, wie hoch er finanziell ausgestattet sein soll. Nicht ganz zu Unrecht befürchten die Länder im globalen Süden, dass lediglich bestehende Gelder umgewidmet werden. Die ungleichen Machtstrukturen zwischen globalem Norden und den Entwicklungs- und Schwellenländern machen die Länder des Südens zu Bittstellern, deren Forderungen zum größten Teil ignoriert werden können. Dies gilt ungeachtet der historischen Verantwortung der Industrieländer für den Klimawandel. Die internationale Staatenordnung reagiert nicht auf moralische Eingaben. Damit aber sinken die Möglichkeiten für Klimaschutz und für Maßnahmen zur Klimaanpassung in den Ländern des globalen Südens. Die Folgen sind global.

Wie unzureichend die Unterstützung ist, zeigt auch ein 2021 für Südafrika geschnürtes internationales Hilfspaket.[39] Mit 8,5 Milliarden US-Dollar soll die Energiewende in Südafrika von den USA und Europa unterstützt werden. Südafrika erzeugt 70 Prozent seines Stroms aus Kohle in veralteten Kohlekraftwerken und ist dadurch ein bedeutender CO_2-Emittent. Gleichzeitig gibt es in Südafrika erheblichen Energiemangel, wodurch es regelmäßig zur Rationierung von Strom und zu Stromausfällen kommt. Die Umstellung auf erneuerbare Energien hätte eine enorme Bedeutung im Kampf gegen die Klimaerwärmung. Doch wird es dazu kommen? Zum einen ist die finanzielle Unterstützung erneut viel zu gering. Bei dem derzeitigen Zeitplan der Energiewende in Südafrika, unterstützt auch durch die internationalen Gelder, würde das Land bis 2050 noch 3,9 Milliarden Tonnen CO_2 emittieren. Um die Transformation zu beschleunigen, würde das Land zwischen 2023 und 2028, so die Berechnung, knapp 100 Milliarden US-Dollar an internationaler Unterstützung benötigen.[40] Dieses Geld wird einfach nicht zur Verfügung gestellt, was partiell auch an Problemen bei der Unternehmensführung der südafrikanischen Energieunternehmen liegt. Dennoch fehlen im Ergebnis die finanziellen Ressourcen für eine klimafreundliche Energieerzeugung.

Wie schwierig die Finanzierung der Energiewende im globalen Süden ist, lässt sich an der Zusammenstellung des Südafrika-Hilfspakets erkennen. Nur 4 Prozent der 8,5 Milliarden US-Dollar sind Zuschüsse, der Rest der Hilfen dient dazu, dass Südafrika sich Geld von internationalen Geldgebern leihen kann.[41] Das heißt: Die Gewinne aus der Kreditvergabe entstehen im globalen Norden. In der Tat sind in diesen Fällen die Finanzierungskosten ein wesentliches Hindernis für Investitionen in erneuerbare Energien. Die Länder und Unternehmen im globalen Süden haben aufgrund hoher Verschuldung und spezifischer Länderrisiken ein schlechtes Bonitätsrating und müssen daher oft ein Vielfaches an Zinsen für Kredite bezahlen.[42] Sie können nicht die Sicherheiten bieten, die internationale Kreditgeber verlangen und müssen häufig um die 15 Prozent Zinsen bezahlen. Wie sollten Unternehmen im Kongo ihren Kreditgebern politisch und wirtschaftlich stabile Rahmenbedingungen garantieren? Auch die Entscheidungslogik der Finanzmärkte spricht gegen den Klimaschutz.

Erleichtert werden könnte diese Situation durch einen umfassenden Schuldenerlass für die ärmeren Länder. Wer jedoch trägt die Kosten hierfür? Trotz politischer Debatten um Schuldenerleichterungen deutet nichts darauf hin, dass es dazu in einem relevanten Umfang kommen wird, ganz im Gegenteil: Die finanziellen Belastungen des globalen Südens steigen weiter. Heute dominiert eine Entwicklungsstrategie, bei der Investitionen etwa in Infrastrukturprojekte von privaten Kapitalgebern finanziert werden. Doch damit diese sich darauf überhaupt einlassen, werden sie vertraglich von den damit verbundenen Risiken entlastet, ein als *de-risking* bezeichnetes Vorgehen. Mit anderen Worten: Das private Kapital möchte in Sachen Klimaschutz zur risikolosen Bereicherung eingeladen werden. Die Risiken müssen von den Empfängerländern getragen werden. Und treten sie ein, steigt deren Verschuldung weiter.[43] Die staatlich abgesicherten privaten Investitionen erweisen sich somit als Zeitbomben in den öffentlichen Haushalten, die zum Teil auch schon hochgegangen sind. In Ghana etwa sind aus der Risikoübernahme des Staates für private Gasförderprojekte jährliche Haushaltsbelastungen entstanden, die der Hälfte des Gesundheitsetats des Landes entsprechen.[44]

Fakt ist: Die Klimakrise ist untrennbar mit den geopolitischen Strukturen verbunden. Die Armut und Verschuldung der Länder des Südens tragen dazu bei, dass diese nicht angemessen in den Klimaschutz investieren und zugleich ihre Gesellschaften nicht hinreichend vor den Folgen der Erderwärmung schützen können. Es fehlt ihnen schlicht und ergreifend an finanziellen Ressourcen. Und das vom globalen Norden beherrschte internationale Finanzsystem arbeitet aktiv gegen den Klimaschutz. Als die Ecuadorianer 2023 in einem Referendum mehrheitlich entschieden, die Förderung in einem der Bohrfelder im Yasuní-Nationalpark zu beenden, hatte die Ratingagentur Fitch die Bonität des Landes wenige Tage vor der Abstimmung weiter heruntergesetzt, mit der Begründung, es gebe eine »Zunahme politischer Risiken«.[45] Gemeint war damit das Referendum. Zukünftig wird das hoch verschuldete Land noch höhere Zinsen für seine Kredite bezahlen müssen und damit für seine Entscheidung zugunsten einer dringend gebotenen Klimaschutzmaßnahme bestraft. Dies entspricht voll und ganz dem Funktionsprinzip des globalen Finanzsystems, dem zufolge Kreditzinsen unter Berücksichtigung von Risiken festzulegen sind. Die Ratingagentur, deren Aufgabe die Bewertung von Risiken ist, achtet allein darauf, dass sich die Zahlungssituation Ecuadors durch die zukünftig geringeren Einnahmen aus dem Ölverkauf weiter verschlechtern wird. Den Schuldendienst einzustellen ist keine Option, weil dies den Ausschluss von den weltweiten Finanzmärkten bedeuten würde.

Doch selbst wenn etwa Südafrika mit internationaler Hilfe seine erneuerbaren Energien stark ausbauen würde, wäre auch dies nicht mit der Reduzierung des CO_2-Ausstoßes gleichzusetzen. Denn der Wachstumsdrang der kapitalistischen Moderne gilt selbstverständlich auch für Südafrika. Angesichts des Energiemangels im Land haben südafrikanische Politiker bereits klargestellt, dass sie nicht bereit sind, durch die Abschaltung von Kohlekraftwerken Wachstum zu opfern. Der Verzicht auf Kohle würde Arbeitsplätze kosten und die Wirtschaft zurückwerfen. Dies ist sicherlich nicht die einhellige politische Meinung vor Ort. Es gibt dort auch bedeutenden ökologischen Widerstand gegen neue Kohleminen und Kraftwerke.[46] Doch der Schutz der Kohleindustrie hat ebenfalls viele Fürsprecher. Dahinter stehen die Interessen der Unternehmen, aber auch die Erfahrungen des Kolonialismus und die Befürchtung, dass eine zukünftig stärker privatwirtschaftlich organisierte Energiewirtschaft vor allem den westlichen Energiekonzernen zugutekommen wird.[47] Auch weil sich die Länder des globalen Südens nicht vorschreiben lassen wollen, in Armut zu verharren, und weil die Industrieländer nicht bereit sind, die Energiewende im globalen Süden zu bezahlen, werden die CO_2-Emissionen dort weiter steigen und natürliche Ressourcen zerstört.

6 KONSUM OHNE GRENZE

Auf die Frage nach einem schnellen Ende der Investitionen in fossile Energie äußerte sich der Vorstandsvorsitzende des Energiekonzerns RWE unlängst mit klaren Worten: »Wenn wir heute Öl, Gas und Kohle einstellen, wären die Konsequenzen unverantwortlich. Die Zivilisation würde zusammenbrechen.«[1] Man mag dies als Rechtfertigung für die Fortsetzung des eigenen Geschäftsmodells deuten, das auf weitere Gewinne aus der Förderung fossiler Energieträger zielt. Doch mit klarem Blick wird man sich kaum der Einsicht entziehen können, dass Gesellschaften tatsächlich auseinanderfielen, würde ihre Energieversorgung infrage gestellt. Im Verlauf von zwei Jahrhunderten sind sie zu Energiejunkies geworden. Dass keine angemessene Antwort auf den Klimawandel gefunden wird, lässt sich nicht ohne Berücksichtigung der Abhängigkeit moderner Lebensformen von ihrem historisch einzigartig hohen Energieverbrauch verstehen.

Schauen wir erneut auf Zahlen. Im Jahr 1820 lag der weltweite Energieverbrauch bei geschätzten 364 Millionen Tonnen Öläquivalenten, bis 1900 hatte sich dieser Verbrauch verdreifacht, 1950 lag er bei über 2 Milliarden und im Jahr 2021 bei fast 14 Milliarden Tonnen.[2] Heute wird also auf der Welt 40 Mal so viel Energie verbraucht wie vor 200 Jahren, und zwar von einer globalen Bevölkerung, die im selben Zeitraum ungefähr um das Achtfache gewachsen ist. Diese Zunahme beim Energieverbrauch ist natürlich nicht gleich verteilt, sondern konzentriert sich vor allem auf die hoch entwickelten Länder. In Westeuropa etwa hat sich der Energieverbrauch pro Person in der genannten Zeit ungefähr verzehnfacht.[3] Klarerweise hängt der durchschnittliche Energieverbrauch vom

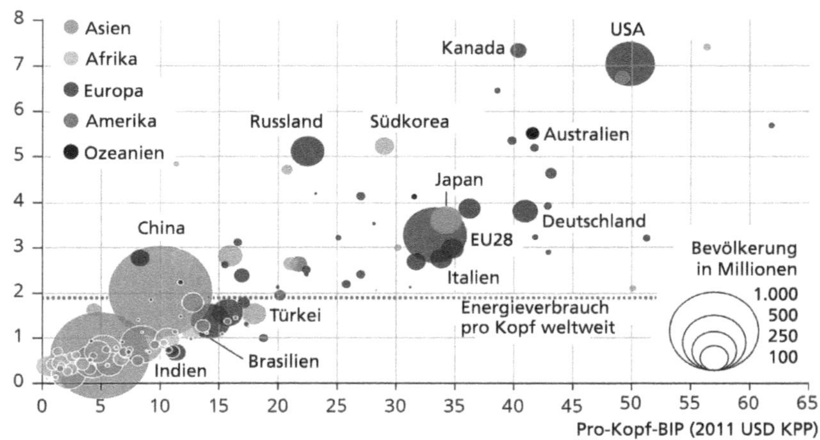

Abb. 6: Pro-Kopf-Energieverbrauch in Tonnen Öläquivalenten (Stand: 2011). Quelle: European Environment Agency, ⟨https://www.eea.europa.eu/data-and-maps/figures/correlation-of-per-capita-energy⟩, letzter Zugriff 14.10.2023.

wirtschaftlichen Wohlstand ab: Je wohlhabender eine Gesellschaft ist, desto höher ist auch der Energieverbrauch pro Einwohner (siehe *Abb. 6*).

Die Steigerung des Energieverbrauchs steht im Zusammenhang mit der Ausdehnung des Massenkonsums. Konsum im Überfluss ist zwar ein weit zurückreichendes Phänomen, war jedoch lange auf eine kleine gesellschaftliche Elite beschränkt. Von dieser Elite abgesehen lebten die Menschen zumeist in einfachen Verhältnissen mit äußerst niedrigem Konsumstandard und entsprechend niedrigem Energiebedarf. Die Ausweitung des Konsums auf breite Bevölkerungsteile intensivierte sich erst zum Ende des 19. Jahrhunderts, wobei Amerika der Vorreiter war. Die *Roaring Twenties* gaben dann einen Vorgeschmack auf den sich entwickelnden Massenkonsum, der sich aber erst in der Zeit nach dem Zweiten Weltkrieg stürmisch ausdehnte.

Diese Nachkriegsjahrzehnte werden in den Sozialwissenschaften vielfach als die *trente glorieuses* bezeichnet, als die »dreißig glorreichen« Jahre von 1945 bis 1975. In Europa und auch in den USA waren dies Jahrzehnte des stetigen Wirtschaftswachstums nach den Zerstörungen und Entbehrungen des Kriegs; Jahrzehnte, in denen weite Teile der Bevölkerung zum ersten Mal an den Annehmlichkeiten der modernen Wohlstandsgesellschaft teilhaben konnten. Ein eigenes Auto, Urlaub in anderen Ländern, Waschmaschine, Kühlschrank, Elektroherd, größere moderne Wohnungen, die mit Zentralheizung ausgestattet wurden – all dies wurde peu à peu erschwinglich und zum allgemeinen Lebensstandard. Unter Gesichtspunkten von Gleichberechtigung, Rassendiskriminierung und kultureller Beengtheit wurden die Nachkriegsjahrzehnte später zwar kritisch beleuchtet, doch unter Aspekten der Verbreiterung von Wohlstand nehmen sie tatsächlich eine Ausnahmestellung ein.

Es bildete sich in den Industrieländern eine breite Mittelschicht, deren Konsumbedürfnisse in nie da gewesenem Umfang erfüllt wurden. Stetiges Wirtschaftswachstum und Erhöhung der Kaufkraft ließen es auch für diejenigen, die selbst noch nicht in gleicher Weise am Wohlstand teilhatten, realistisch erscheinen, in absehbarer Zeit ebenfalls sozial aufzusteigen. Diese Ausdehnung des Konsums hatte eine weit über die geschaffenen Annehmlichkeiten hinausgehende Bedeutung: Die realistischen Hoffnungen auf soziale Aufwärtsmobilität trugen erheblich zur sozialen Integration und politischen Stabilität nach dem Zweiten Weltkrieg bei. Mit der Ausdehnung des Wohlstands auf große Teile der Bevölkerung konnten die Klassenkonflikte des 19. und frühen 20. Jahrhunderts befriedet und soziale Ordnung stabilisiert werden. Das war ein ungeheurer Erfolg.[4]

Blickt man unter ökologischen Gesichtspunkten auf diese Zeit, so fällt das Urteil ganz anders aus. Mit der Ausbreitung des Massenkonsums etablierten sich in den reichen Industrieländern auch jene Lebensformen, die den Energieverbrauch explodieren ließen. Der American Way of Life und der Ölboom sind zwei Seiten einer Medaille.[5] Diese Entwicklung wurde auch durch die Ölkrisen der 1970er und 1980er Jahre nur kurz unterbrochen. Das Wirtschaftswachstum – und mit ihm der Konsum – kannte nur einen Weg: nach oben. Ab den 1990er Jahren wurde dann der Klimawandel erneut kräftig angeheizt, als es insbesondere China, zum Teil aber auch anderen Schwellenländern gelang, ihre Volkseinkommen bedeutend zu steigern. Auch für sie gilt: Wachstum und gesteigerter Wohlstand sind Balsam auf soziale und politische Konflikte. Konsum integriert Gesellschaften.

Die Konsumausweitung geht nicht nur von den nach Rendite suchenden Unternehmen und dem auf Legitimation angewiesenen Staat aus. Wir können sie nicht ohne die Konsumenten selbst verstehen und vor allem nicht ohne die Rolle, die Konsum für die soziale Integration heutiger Gesellschaften spielt. Doch zunächst einmal ist Konsum für die Unternehmen unverzichtbar. Jedes Marktangebot kann nur dann zu Unternehmensgewinnen führen, wenn es auch Nachfrage nach den angebotenen Produkten gibt. Wie wichtig der private Konsum für die Wirtschaftskraft ist, lässt sich leicht erkennen. In Deutschland macht er etwas über die Hälfte der Wirtschaftsleistung aus, in den USA über zwei Drittel.[6] Die auf Wachstum ausgerichtete Ökonomie ist auf den Motor einer kontinuierlichen Steigerung des Konsums angewiesen.

Gewiss, die Menschen wollen konsumieren und augenscheinlich auch immer mehr. Naturwüchsig ist dieses sich steigernde Konsumbedürfnis aber nicht.[7] Historische Studien zeigen vielmehr, dass in der Entfaltung der kapitalistischen Moderne Menschen erst langsam lernten, ihren traditionalen, an einem festgelegten Konsumniveau orientierten Lebensstil zu verlassen, um danach zu streben, Einkommen und Konsum zu maximieren.[8] In der Frühphase der Industrialisierung führten höhere Einkommen häufig nicht etwa zu längeren Arbeitszeiten, sondern die Menschen arbeiteten weniger, weil sie die Arbeit niederlegten, sobald ein angestrebtes Einkommensziel erreicht war.[9] Erst nachdem sich die kulturellen Grundlagen der kapitalistischen Moderne auf breiter Front durchgesetzt hatten, wurde Konsumsteigerung selbstverständlicher. Es bildete sich ein Verständnis von Individualismus und Fortschritt aus, dem zufolge Konsum als Freiheitsausübung wahrgenommen wird, sich die Individuen anhand der je eigenen Konsummöglichkeiten aneinander messen (und in ihrem sozialen Status anerkennen) und sich eine zukünftig immer weitere Verbesserung ihres Lebensstandards vorstellen.

Bis heute gilt jedoch für Konsumenten, dass sie »ihr überschüssiges Einkommen nicht unbedingt dazu verwenden, neue Wünsche zu befriedigen«.[10] Auch im modernen Kapitalismus muss Konsum durch Zutun des Staates und der Unternehmen weiterhin »angeregt« werden. Der Staat fördert den Konsum durch Regulierung, indem er Bestimmungen etwa der Kreditvergabe oder des Verbraucherschutzes festlegt. Die Unternehmen beleben den Konsum, indem sie ständig neue, attraktive Produkte anbieten und deren Verkauf fördern. Das Marketing weckt, verstärkt und lenkt die Konsumbedürfnisse und erhöht so die Umsätze der Unternehmen. Für den Staat übersetzt sich Konsum in Steuereinnahmen und hilft somit, Staatsaufgaben zu finanzieren. Neben Unternehmen und Staat profitieren wie gesagt Gesellschaften insgesamt von der sozial befriedenden Funktion steigenden Wohlstands. Der Verkauf von immer mehr Waren ist somit Grundlage der kapitalistischen Wirtschaft, der Staatsfinanzen und des Gesellschaftsmodells der kapitalistischen Moderne.[11]

Um die Bedeutung des Konsums für die kapitalistische Moderne zu veranschaulichen, lohnt es sich, noch einmal auf Walt Rostow zurückzukommen. In seinem bekanntesten Buch *The Stages of Economic Growth* von 1960 entwickelte Rostow eine Phasentheorie gesellschaftlicher Entwicklung.[12] An höchster Stufe der Evolution steht für ihn eine ausgewachsene Konsumgesellschaft, in der hoher Konsum für breite Bevölkerungsschichten möglich ist. Ganz offensichtlich hat er dabei das amerikanische Gesellschaftsmodell seiner Zeit vor Augen. Diese Gesellschaftsstufe ist den anderen nicht nur im Hinblick auf die Ausstattung mit materiellen Gütern überlegen, sondern verwirklicht in den Konsummöglichkeiten auch ein Freiheitsversprechen, nimmt also auch eine kulturelle Ausnahmestellung ein.

Rostow bezieht sich dabei auf das in den 1930er Jahren in die Wirtschaftswissenschaften eingeführte Konzept der Konsumentensouveränität. Wie Philipp Lepenies jüngst eindrücklich gezeigt hat,[13] steht dieses Konzept in engem Verhältnis zum Freiheitskonzept neoliberaler Denker wie Friedrich August von Hayek und Milton Friedman. »Souverän« – also: uneingeschränkt – Konsumentscheidungen treffen zu können, ist Kern des marktzentrierten Freiheitsbegriffs dieser Ökonomen. Nirgendwo könnten Präferenzen so unverfälscht realisiert werden wie auf dem Markt. Daraus ergebe sich, dass regulierende Eingriffe in den privaten Konsum nicht nur aus wirtschaftlichen Effizienzgründen abzulehnen seien, sondern auch, weil damit der politische Wert der Freiheit kompromittiert würde. Anders gesagt: Wer nicht ungehindert konsumieren kann, ist in seinen Freiheitsrechten beschnitten.[14]

Interessanterweise greifen Konzernlenker und auch die Lobbyisten der Industrie immer wieder auf dieses kulturelle Argumentationsmuster zurück, wenn es um die Umweltbelastungen durch ihre Produkte geht. Angesprochen auf den Verkauf von großen SUVs, antwortete der frühere Vorstandsvorsitzende von Audi, Markus Duesmann, lapidar: »Unsere Kunden entscheiden, was sie kaufen wollen. [...] In einem freien Markt bestimmt die Nachfrage das Angebot.«[15] Die Verantwortung für den mit dem Konsum der Produkte verbundenen CO_2-Ausstoß wird so zur hinzunehmenden Folge der Freiheitsausübung der Verbraucher erklärt. Sekundiert wird den Unternehmen dabei auch von Teilen der Politik. »Es sind die Bürgerinnen und Bürger, die die Klimaziele nicht erreichen, weil die Menschen eben mobil sein wollen«, ließ der deutsche Finanzminister 2023 in einer Talkshow vernehmen.[16] Man darf die Bedeutung dieser Darlegungen nicht unterschätzen. Denn in der Tat sind gerade die Befreiung von Verpflichtungen und die durch verschwenderischen Konsum ermöglichten Bequemlichkeiten ein wesentlicher Teil der Attraktivität des Gesellschaftsmodells der kapitalistischen Moderne.

Mit Blick auf den Kampf gegen den Klimawandel ist das Dilemma offensichtlich. Einerseits erhöht Konsum in einer durch fossile Energieträger beherrschten Wirtschaft den CO_2-Ausstoß und verursacht darüber hinaus andere Umweltschäden, die etwa die Artenvielfalt beeinträchtigen. Je mehr konsumiert wird, desto stärker wird die Umwelt belastet. Andererseits basiert das Gesellschaftssystem sowohl wirtschaftlich als auch politisch und kulturell genau auf diesem Konsum und seiner weiteren Steigerung. Es besteht also erneut ein Spannungsverhältnis zwischen der Natur und den Funktionsprinzipien der kapitalistischen Moderne. Doch warum geht die Natur als Verliererin aus diesem Konflikt hervor?

Um diese Frage zu beantworten, hilft es, sich zunächst einmal die beiden grundsätzlichen Alternativen vor Augen zu führen, mit denen die aus dem Massenkonsum entstehenden Belastungen für das Klima verringert werden könnten. Die eine lautet: Die Individuen schränken ihren Konsum ein. Die andere: Der Konsum wird so gestaltet, dass er mit geringerem CO_2-Ausstoß verbunden ist. Doch wie sehen die Macht- und Anreizstrukturen für solche Veränderungen aus? In diesem Kapitel konzentriere ich mich auf den Konsumverzicht. Der klimaneutralen Umgestaltung von Konsum und Produktion wende ich mich dann im anschließenden Kapitel zu.

Im Prinzip kann sich jeder Einzelne mit hinreichendem Lebensstandard dafür entscheiden, weniger zu verbrauchen. Und dies geschieht ja auch, zumindest in sehr beschränktem Umfang. Hin und wieder liest man von Menschen, die in extremer Askese leben und so ihren persönlichen CO_2-Ausstoß gering halten wollen. Und nicht wenige entscheiden sich für Beiträge im Kleinen, wenn sie etwa ihren Fleischkonsum reduzieren, ihr privates Auto stehen lassen, die Bahn anstelle des Flugzeugs nutzen oder in nahe gelegenen Feriengebieten Urlaub machen. Zum Teil geschehen solche Veränderungen des Konsumverhaltens aus Überdruss an dem vielen Zeug, zum Teil aus sich verändernden Lebensstilen und zum Teil aus dem Wunsch heraus, den persönlichen CO_2-Fußabdruck zu verringern.

Eine Massenbewegung, die zum Konsumverzicht aufruft, gibt es allerdings nicht. Das hat zweifelsohne auch mit den bestehenden Infrastrukturen zu tun. In vielerlei Hinsicht lässt sich der Alltag ja ohne umweltschädlichen Konsum gar nicht bewältigen, weil die Arbeit, der Einkauf, die Freizeit und das Wohnen so organisiert sind, dass fossile Energieträger in erheblichem Maß genutzt werden müssen, und Produkte in energieintensiven Wertschöpfungsketten hergestellt werden, auf die der Einzelne keinen Einfluss hat.[17] Selbst bei bestem Willen kann der Kampf gegen den Klimawandel deshalb nicht auf dem Feld der persönlichen Lebensführung gewonnen werden. »Jedes individuelle Bemühen um ökologische Nachhaltigkeit [wird] von den existierenden Infrastrukturen schlichtweg zunichtegemacht.«[18]

Dies ist jedoch nur ein Grund für die unbeirrte Ausweitung des Konsums trotz des Wissens um den Klimawandel. Noch wichtiger ist ein anderer, der erkennbar wird, wenn man sich die zentrale Stellung des Konsums in modernen Gesellschaften vergegenwärtigt. Soziologen haben mit großer Genauigkeit die Bedeutung von Konsumstilen für die soziale Identität von Menschen und die Formierung sozialer Milieus beschrieben.[19] Es geht beim Konsum nie allein um die Befriedigung materieller Bedürfnisse, sondern immer auch um die Positionierung der Person im sozialen Gefüge einer differenzierten Sozialordnung. Dies gilt zwar auch für frühere

Gesellschaften, doch war es dort ein auf die gesellschaftlichen Eliten beschränktes Phänomen.

Was in der kapitalistischen Moderne neu hinzukommt, ist jedoch nicht nur die Ausweitung des individualisierten Konsums als Marker der sozialen Position für alle Gesellschaftsschichten. Ebenso kommt hinzu, dass Positionen in der sozialen Schichtung formal offen werden.[20] Was heißt dies? In ständischen Gesellschaften ist die soziale Stellung einer Person bereits mit der Geburt festgelegt: Man wird als Leibeigener, als Adliger oder als freier Bürger geboren und die individuellen Lebenschancen sind hierdurch vorbestimmt. Genau gegen diese ständischen Strukturen haben sich die liberalen Ordnungen der kapitalistischen Moderne gestemmt und Klassenstrukturen etabliert, die zumindest formal durchlässig sind. Im Prinzip kann ein jeder Tellerwäscher zum Millionär werden. Diese formale Öffnung der Sozialstruktur setzt bei den Individuen große Kräfte für Anstrengungen frei, sozial aufzusteigen. Die unternehmerischen Energien, die dabei erzeugt werden, sind eine zentrale Quelle der Wachstumsdynamik kapitalistischer Ökonomien. Beschränkt ist diese Dynamik aber nicht auf Unternehmer, weil auch Arbeitnehmer Karrieren machen, die sozialen Aufstieg bedeuten und zu respektablen Positionierungen innerhalb der Sozialstruktur führen. Ist in einer ständischen Gesellschaft der Wettbewerb um soziale Positionierung durch Festlegung der Standeszugehörigkeit beschränkt, wird dieser Wettbewerb in der bürgerlichen Gesellschaft universell. Der individuelle Erfolg in diesem Wettbewerb wird zum Kennzeichen der sozialen Stellung.

Hier kommt nun der Konsum ins Spiel. Denn kommuniziert wird die eigene soziale Position in der Gesellschaft ganz wesentlich durch die individuellen Konsumpraktiken und den damit verbundenen Lebensstil, den das jeweilige Einkommen oder der Vermögensbesitz ermöglichen. Der Besitz eines Autos, einer gepflegten Wohnung und interessante Urlaubsreisen machen eine Person als der Mittelschicht zugehörig erkennbar. Kann dieser Konsum weiter gesteigert werden, zeigt das sozialen Aufstieg an und impliziert zugleich eine relative soziale Deklassierung all derjenigen, die nicht mithalten können. Damit entsteht eine prinzipiell unbegrenzte Steigerungsdynamik, bei der alle motiviert werden, ihren Konsum immer weiter anzufachen, ganz unabhängig von materiellen Notwendigkeiten. Es handelt sich bei der Konsumdynamik um das gesellschaftliche Pendant zum Wachstumszwang des unternehmerischen Wettbewerbs am Markt. Hieraus auszubrechen, erzeugt nicht nur Unbequemlichkeiten, sondern einen erheblichen sozialen Rechtfertigungsdruck, dem sich die meisten Menschen nicht stellen wollen. Wer dies dennoch tut, provoziert seinen sozialen Ausschluss, ganz ähnlich wie der Unternehmer, der Marktentwicklungen nicht erkennt und daher am Markt verliert.

Die Macht des Konsums geht demnach aus den Strukturen der kapitalistischen Moderne hervor. Und zwar eben nicht nur aus den Handlungslogiken von Wirtschaft und Staat, die den Konsum brauchen, um Gewinne und Steuereinnahmen zu generieren, sondern auch aus der Gesellschaft selbst, die ihre soziale Ordnung durch die differenzierte Konsumbeteiligung der Menschen schafft und einen dynamischen Überbietungswettbewerb institutionalisiert, in dem weiterer sozialer Aufstieg zumindest formal immer möglich ist. An der Spitze dieses Wettbewerbs stehen hundert Meter lange Yachten, von denen jede 10 000 Tonnen Treibhausgase pro Jahr ausstößt.

Aufgrund der genannten Zusammenhänge ist es nicht überraschend, dass die Nachfrage nicht gemäßigt, sondern von Wirtschaft und Staat weiter angefacht wird, ohne dass es dagegen nennenswerten Widerstand gäbe. Wirtschaft, Staat und Bürger spielen sich gegenseitig in die Hand. Die Unternehmen etwa befördern den Konsum durch eine gigantische Marketingindustrie, ohne dass Staat oder Bürger dagegen aufbegehren würden. Es wird geschätzt, dass allein für Werbung – was nur eine Form der Marketingaktivitäten von Unternehmen ist – im Jahr 2023 weltweit über 800 Milliarden US-Dollar ausgegeben wurden.[21] Wir reden hier von enorm viel Geld, das dafür aufgewendet wird, Kunden immer wieder für Produkte zu interessieren. 75 Prozent des Werbemarktes entfallen mittlerweile auf digitale Werbung, die besonders effektiv im Hervorkitzeln von Nachfrage ist.[22] Soziale Medien wie Facebook und TikTok haben ihre wirtschaftliche Bedeutung darin, anderen Unternehmen die zielgenaue Anpreisung ihrer Waren zu ermöglichen. Dabei zieht das Marketing alle Register der Psychologie. Jegliche freiwillige Konsumbeschränkung steht vor der Herausforderung, diesen maßgeschneiderten Verlockungen zu widerstehen.

Angesichts der Gefahren des Klimawandels erscheint dieser zur Konsumsteigerung betriebene Aufwand vermutlich jedem unbefangenen Beobachter einigermaßen sonderbar. Wie passt es zusammen, dass Konsum erwiesenermaßen zum Klimawandel beiträgt und gleichzeitig hohe Aufwendungen dafür getätigt werden, Menschen zu immer mehr Konsum anzustacheln? Doch im Kontext der kapitalistischen Moderne erscheint es als völlig normal, Konsumenten zu einem Verhalten anzuregen, das offensichtlich schädlich für die eigene Existenzgrundlage ist. Ein Außenstehender würde vielleicht vorschlagen, Werbung gründlich zu begrenzen. Modell dafür könnte der Kampf gegen den Tabakkonsum sein, wo Werbeverbote und drastische Hinweise auf die Gesundheitsschädlichkeit des Produktes mit dem Ziel der Verringerung der Nachfrage eingesetzt werden. Doch es ist höchst unwahrscheinlich, dass solche Verbote der Lobpreisung von Waren ausgedehnt werden, um den Konsum insgesamt zu verringern. Denn wie gesagt: Die Unternehmen brauchen die Nachfrage für ihre Gewinne, der Staat braucht den Konsum, um Steuern einzunehmen, und die Verbraucher bilden mittels ihres Konsums, auch des »antizipativen«, eine soziale Identität aus, die ihren persönlichen Erfolg sichtbar macht und ihnen die Anerkennung ihrer sozialen Umwelt einbringt. Dem Vorstandsvorsitzenden von Audi wird insofern auch kaum widersprochen, wenn er SUVs »nicht massig, sondern schön«[23] findet. Er gibt damit die tatsächliche Wertschätzung seiner Kunden für das Produkt wieder und vertritt zugleich die wirtschaftlichen Interessen seines Unternehmens. Buchstäblich auf der Strecke bleibt das Klima.

Auch andere prinzipiell mögliche Wege der Beschränkung von Konsum werden aus diesen Gründen nicht beschritten. So könnte etwa der in einem engeren Sinn nicht notwendige Konsum höher besteuert und damit die Nachfrage abgeschwächt werden. Es gibt einige Beispiele dafür, dass Staaten auf Luxuswaren eine zusätzliche Steuer erheben. Doch dies sind seltene und eher kuriose Ausnahmen. Für den Klimaschutz könnten spezielle CO_2-Steuern eine Verbindung zwischen der Klimaschädlichkeit des Produktes und dem Preis für die Ware herstellen. Dies wird zwar durchaus diskutiert, ist aber allenfalls in der CO_2-Besteuerung fossiler Energie als schwaches Preissignal umgesetzt. Diese Abgabe ist so niedrig, auf nur einige Länder beschränkt und enthält so viele Ausnahmen, dass sie bei Weitem nicht für die Umweltkosten der verursachten Emissionen aufkommt und den Konsum in keiner Weise effektiv lenkt. Das Ziel ist außerdem nicht die Reduzierung von Konsum, sondern seine Verlagerung auf andere Produkte.

Dass in den Konsum nicht ernsthaft durch Steuern eingegriffen wird, verwundert vor dem Hintergrund des oben Ausgeführten nicht. Die Verteuerung des Konsums würde die Verbraucher in ihrem Streben nach einem höheren sozialen Status behindern. Sie könnten sich dann nicht mehr so viele Konsumgüter leisten. Zum politischen Konfliktfeld wird dies zusätzlich, weil jegliche Besteuerung des Konsums unter Klimagesichtspunkten soziale Umverteilungseffekte hat: Wer viel Geld hat, den stören die höheren Preise nur wenig. Spüren würden die Folgen diejenigen, die ohnehin knapp bei Kasse und deren soziale Aufstiegsambitionen ohnehin prekär sind. Würden etwa die Umweltkosten des Fleischkonsums eingepreist, müsste Rindfleisch pro Kilogramm fast zehn Euro teurer werden.[24] Höhere Benzinpreise treffen die Bevölkerung im ländlichen Raum weit stärker als die urbane. Wer auf dem Land wohnt, kann zumeist nicht auf den Bus ausweichen, aufgrund hoher Wohnkosten und Verbundenheit mit der Heimat aber auch nicht einfach in die Stadt umziehen. In der kapitalistischen Moderne sind Erhöhungen der Konsumkosten durchweg als Eingriffe in die Freiheit der Konsumenten und den Wettbewerb um soziale Anerkennung stigmatisiert und stehen damit den wirtschaftlichen und kulturellen Maximen des Gesellschaftsmodells entgegen.

Politisch durchsetzen ließen sich solche klimarelevanten Preissignale wohl nur, wenn die empfundenen Freiheitsverluste durch Transferzahlungen ausgeglichen würden. Dazu gibt es zwar Überlegungen, umgesetzt wird es aber nicht. Selbst ein pro Kopf berechnetes »Klimageld«, wie in Deutschland vorgeschlagen (aber bislang nicht umgesetzt), würde die stärkeren Belastungen der unteren Einkommensschichten nicht ausgleichen. Nötig wäre eine einkommensabhängige Kompensation, die auch spezielle Lebenssituationen berücksichtigt, wie etwa die Unterschiede zwischen Stadt und Land. Als der sozialdemokratische Arbeitsminister der Bundesrepublik Deutschland ein solches Modell 2022 vorschlug, antwortete der liberale Finanzminister kurzerhand, er sei »auf Finanzierungsideen gespannt«. Damit war der Vorschlag beerdigt.[25] In einer Gesellschaft, die politisch auf den Markt als Steuerungsinstrument setzt, ist staatliche Umverteilung, die darauf abzielt, einschneidende Klimaschutzmaßnahmen durch sozialpolitischen Ausgleich politisch mehrheitsfähig zu machen, offenbar nicht durchsetzbar.

Neben der Beschränkung des Konsums durch eine höhere Besteuerung könnte der Konsum auch durch weniger Verschwendung reduziert werden – indem Produkte haltbarer gemacht und repariert werden, anstelle sofort gegen neue ausgetauscht zu werden. Die EU plant, in einer Gesetzesinitiative die Pflichten der Hersteller bei der Reparatur ihrer Produkte auszuweiten. Beschlossen ist dies nicht und die Initiative stößt natürlich auf den

Widerstand der Wirtschaft. Denn solche Elemente der Nachhaltigkeit sind für die Unternehmen aufwendig und widersprechen ihrem auf Kostenreduktion gerichteten Handeln. Geld wird durch den schnellen Warenumlauf verdient und nicht mit langer Haltbarkeit und Reparatur.

Doch es wäre erneut zu einfach, allein die Wirtschaft verantwortlich zu machen. »Haltbarkeit« als Element einer nachhaltigen Wirtschaft widerspricht nämlich nicht nur der ökonomischen Logik des Profits. Sie widerspricht auch der sozialen Logik des Konsumismus, wonach das Begehren nach Gütern nicht auf deren langen Gebrauch zielt, sondern darauf, immer neue Produkte zu kaufen, mit denen im sozialen Statuswettbewerb gepunktet werden kann.[26] Das herausstechende Beispiel ist hierfür zweifelsohne die Modeindustrie, deren Geschäftsmodell der schnellen Wegwerfmode bekanntermaßen ökologisch desaströs ist. Man denke nur an die Umweltschäden der Baumwollherstellung und an die Berge kaum getragener Textilien, die entsorgt und zu großen Teilen einfach verbrannt werden.[27] Geschätzte 30 Prozent der weltweit hergestellten Textilien sind außerdem schlicht Überproduktion. Sie werden weggeworfen, ohne je getragen worden zu sein. Dieses Geschäftsmodell hat eine unternehmerische Rationalität. Doch sein Erfolg lässt sich nicht ohne die Konsumentinnen und Konsumenten verstehen, die ihre soziale Position dadurch definieren, die Produkte des neuesten Trends zu tragen. Kaum jemand trägt eine Hose nur deswegen, weil sie eben die Funktionen einer Hose erfüllt.

Schließlich könnte der Konsum durch Verbote eingeschränkt werden. Wie auch immer ausgestaltet, könnten »Konsumkontingente« vergeben werden, die den individuellen Konsum begrenzen würden. Ein solcher Vorschlag klingt bereits in der Theorie so abwegig, dass man sich um die politische Umsetzung keine weiteren Gedanken machen muss. Selbst bei einer Petitesse wie einer allgemeinen Geschwindigkeitsbegrenzung auf bundesdeutschen Autobahnen scheitern solche Maßnahmen. Auf ein generelles Tempolimit angesprochen, wiegelte Audi-Chef Markus Duesmann ab: »Jeder auf der Welt weiß, dass Deutschland kein Tempolimit hat, das ist ein Ausdruck unserer Freiheit hier.«[28] Gegen das Verbot der Neuzulassung von Autos mit Verbrennungsmotoren in der EU ab 2035 protestierten nicht nur Teile der Autoindustrie, sondern auch politische Parteien, die einen bedeutenden Teil der Autofahrer – sprich: Wähler! – auf ihrer Seite wussten. Die Grünen mussten 2013 für ihren Vorschlag der Einführung eines »Veggie Day« in öffentlichen Kantinen noch Jahre später politisches Lehrgeld bezahlen. Nichts scheint von dem Ideal der Verbrauchersouveränität weiter entfernt als eine Politik der Konsumbegrenzung durch Zwang und Kontrolle.[29] Für die Lobbyisten der Wirtschaft ist es ein Leichtes, jegliche Vorschläge zur verbindlichen Regulierung von Konsum als »autoritäre Rutschbahn« zu schmähen, an deren Ende der »ökologische Tugendstaat« lauere, und damit politisch beizusetzen.[30]

Es lohnt sich, noch etwas genauer auf die Verbindung von Konsum und sozialer Ungleichheit einzugehen. Ich habe bereits angesprochen, dass Vorschläge zur Konsumbeschränkung auch deshalb politisch nicht durchsetzbar sind, weil sie unentwirrbar mit dem Thema der sozialen Ungleichheit verbunden sind. Um dem näherzukommen, hilft ein Blick auf die Verteilung der Treibhausgasemissionen sowohl zwischen unterschiedlichen Ländern als auch innerhalb von Gesellschaften. Der durchschnittliche Weltbürger emittiert jährlich 6,3 Tonnen CO_2. In den USA sind es 14 Tonnen pro Einwohner, in der EU sind es etwas über 7 Tonnen, in Nigeria ist es weniger als eine halbe Tonne.[31] Diese Unterschiede spiegeln die globalen Machtverhältnisse der kapitalistischen Moderne wider, also die Verhältnisse, die die im höchsten Maß ungleiche Verteilung von Reichtum in der globalen Staatenordnung produziert haben. Reichtumsunterschiede zeigen sich aber ebenso bei den Verteilungen der CO_2-Emissionen innerhalb von Gesellschaften. In der Europäischen Union liegt der CO_2-Ausstoß der gemessen am

Einkommen unteren Hälfte der Bevölkerung bei weniger als 5 Tonnen pro Jahr. Beim obersten Prozent hingegen sind es 24 Tonnen.[32] Als Regel gilt: Je höher das Wohlstandsniveau einer Person, desto höher ihre CO_2-Emissionen. Das reichste Zehntel der Weltbevölkerung verursacht nach Angaben des UNO-Klimarat-Reports von 2022 zwischen 36 und 45 Prozent der weltweiten Emissionen. Jede einzelne der 20 reichsten Personen der globalen Reichenliste des Magazins *Forbes* emittiert im Durchschnitt sagenhafte 8200 Tonnen CO_2 pro Jahr.[33] Diese durch exzessiven Luxuskonsum ausgestoßenen Mengen an Treibhausgasen sind durchaus für das Klima bedeutsam. So gibt es geschätzt weltweit 10 000 private Superyachten (Schiffe mit einer Länge von über 24 Metern), die bei ihrer normalen Verwendung tausende Tonnen CO_2 pro Jahr emittieren. Die ständig größer werdende Flotte an Privatflugzeugen fügt weitere 37 Millionen Tonnen CO_2 hinzu.[34]

2,5 Tonnen CO_2-Ausstoß im Jahr pro Mensch werden von den Vereinten Nationen als Höchstgrenze angegeben, soll der Temperaturanstieg bei unter 2 Grad bleiben. Die ärmere Hälfte der Weltbevölkerung bleibt unter dieser Grenze. Es sind die reichen Länder und da in besonderem Maß die Wohlhabenden, deren Lebensweise das Klima zerstört. Es müsste also vor allem der Konsum der oberen Bevölkerungsschichten zurückgehen. Doch dazu wird es nicht kommen. Denn der für das Klima zerstörerische »demonstrative Konsum«[35] der Oberschicht ist nicht einfach Ausdruck eines moralischen Fehlverhaltens, sondern Teil der Gesellschaftsordnung. Die Wohlhabenden und die Superreichen zur nachdrücklichen Veränderung ihrer Lebensstile zu bewegen und damit mit dem Rest der Bevölkerung gemeinzumachen, würde bedeuten, diese Gesellschaftsstrukturen zu verlassen.

Wie sollten ausgerechnet die mächtigsten Akteure der Gesellschaft politisch dazu gebracht werden, ihre Sonderstellung nicht mehr durch ihre Konsumpraktiken sichtbar zu machen – zumal sie von den Schäden des Klimawandels bei Weitem nicht so stark betroffen sind beziehungsweise sein werden wie die Armen?[36] Wer wollte ernsthaft Privatflugzeuge, Yachten und global mobile Lebensformen unterbinden? Der Vorschlag etwa, die Klimaschädlichkeit bestimmter Konsumformen durch eine abstrafende CO_2-Steuer zu reduzieren, ist nicht schlecht, aber politisch völlig lebensfremd. Die Situation ist nicht anders als bei der seit vielen Jahren erhobenen Forderung einer nachhaltig umverteilenden Vermögenssteuer, um die ausufernde soziale Ungleichheit einzudämmen.[37] Auch diese politische Idee scheitert an der Gegenwehr derer, die besteuert werden müssten. Es ist fast schon ironisch, dass sich die Verringerungen beim CO_2-Ausstoß, die es in etlichen Ländern während der letzten Jahrzehnte gab, vor allem auf Einsparungen bei den unteren und mittleren sozialen Schichten zurückführen lassen, während der CO_2-Ausstoß der Wohlhabenden von der Klimadebatte unbeeinflusst weiterhin stieg.[38]

Der enorme CO_2-Ausstoß der Reichen strahlt aber zugleich auf das Handeln aller anderen aus und verhindert die notwendige Koordination von Klimaschutzpolitik. Wie zuvor beschrieben, weisen die ärmeren Länder in der Klimadebatte darauf hin, dass sie bei den Appellen zum Klimaschutz wohl nicht gemeint sein können. Angesichts der geringen Emissionen ihrer Länder und ihrer durch Ausbeutung entstandenen Armut reklamieren sie für sich das Recht, ihre Entwicklung voranzubringen und den Konsum zu steigern, auch um den Preis höherer Emissionen. Und in den wohlhabenden Ländern sorgt das Gesellschaftsmodell der kapitalistischen Moderne dafür, dass es keine breite soziale Bewegung gibt, die sich die Verachtung klimazerstörenden Luxuskonsums auf die Fahne schreibt. In einer Gesellschaft, die die Illusion der Möglichkeit schier unbegrenzter individueller Aufwärtsmobilität hegt, sehen die Menschen in den Konsumpraktiken und im Lebensstil der Reichen auch ein Stück ihres zukünftigen erhofften Selbst. Und einzelne Elemente dieses Lebensstils können sich die (oberen) Mittelschichten ja ebenfalls leisten. Sei es das große Auto oder die Fernreise. Statt eigener Yacht ist es zwar nur die Kreuzfahrt – aber immerhin. Die Kreuzfahrt nährt das Verständnis für die, die auf ihrem eigenen Boot unterwegs sind. Eigentlich wäre man selbst gerne mit an Bord. Es gibt keinen Antagonismus der Lebensstile, sondern fluide Übergänge, die praktisch alle zu Komplizen machen. Und bei denen, die ihren Teil zum Klimaschutz ernsthaft beitragen wollen, zerstört es die Moral, wenn sich eine soziale Gruppe völlig uneinsichtig als Trittbrettfahrer im Kampf um den Erhalt des Kollektivgutes Klima gebärdet.[39] Wie sollen diejenigen mit bescheidenem Lebensstandard moralisch standhaft bleiben, indem sie Gas einsparen, Wärmepumpen einbauen und weniger Fleisch konsumieren, wenn andere gleichzeitig mit ihren Superyachten und breiträdrigen Geländewagen demonstrieren, dass sie die Klimaerwärmung nichts angeht?

Angesichts der Bedeutung des Konsums *sowohl* für den kapitalistischen Wachstumsmotor *als auch* für die Zurschaustellung von sozialem Status ist es kein Wunder, dass Unternehmenslenker immer wieder darauf hinweisen, Verzicht sei kein sinnvoller Weg zur Bekämpfung des Klimawandels.[40] Und die Politik folgt hier willig: »Nicht weniger fortbewegen, sondern anders«, überschreibt etwa die deutsche Regierung eine Informationsseite zur nachhaltigen Mobilität.[41]

Da Einschränkungen des Konsums aufgrund der nicht gewollten wirtschaftlichen und sozialen Folgen gar nicht angestrebt werden, fokussieren sich Wirtschaft und Politik auf eine Strategie der Versprechungen und die Konsumenten auf symbolische Ersatzhandlungen. Versprochen wird, durch den zukünftigen Einsatz neuer Technologien Produktion und Konsum so umzugestalten, dass ökologisch verkraftbare Klimabudgets zukünftig eingehalten werden. Doch dahinter steht weniger kluges Vorauswissen als vielmehr der Wille, kurzfristigen politischen Risiken durch Beteuerungen späteren Handelns zu entgehen. Denn die Zielmarken der Pläne liegen viele Jahre entfernt. Was tatsächlich in diesen langen

Zeiträumen geschieht, lässt sich nicht vorhersehen und muss auch nicht mehr von den heutigen Entscheidern verantwortet werden. Diese zeitliche Logik charakterisiert, wie ich bereits in Kapitel 2 ausgeführt habe, sowohl politisches als auch unternehmerisches Handeln in der Klimakrise und schützt das Modell uneingeschränkten Wachstums.

Wie schnell solche Versprechungen sich als unhaltbar erweisen, zeigt das Beispiel der technologischen Vision von Wasserstoffflugzeugen. Ende 2022 verkündete Airbus-Konzernchef Guillaume Faury, spätestens 2029 werde es den ersten Prototyp eines solchen Flugzeugs geben, für 2035 seien Zulassung und Beginn des Einsatzes im Linienverkehr geplant. Nur ein halbes Jahr später hatte sich dieser Plan mehr oder weniger in Luft aufgelöst. Der Konzern betrachtete die Wasserstofftechnik jetzt nur noch als »ein[en] Weg«, den CO_2-Ausstoß im Flugverkehr zu reduzieren. In Wahrheit sind die technologischen Herausforderungen für den Bau eines solchen Flugzeugs im Detail enorm, außerdem wird die Infrastruktur an den Flughäfen für die Verwendung der Technologie auf lange Zeit nicht zur Verfügung stehen.[42]

Auch vor dem Hintergrund solcher sich schnell verflüchtigender technologischer Visionen wird deutlich, wie brandgefährlich die Zurückweisung der Forderung nach Konsumeinschränkung ist. Die Gleichung ist einfach: Je höher der Konsum, desto höher die Treibhausgasemissionen. Diese Gleichung könnte nur durch die weitgehende Dekarbonisierung von Produktion und Konsum durchbrochen werden. Angesichts der dafür erforderlichen tiefgreifenden Veränderungen soziotechnischer Infrastrukturen auf dem gesamten Globus sowie im Lichte der ausstehenden technologischen Innovationen und des zur Verfügung stehenden »begrenzten Zeitplans«[43] ist damit aber nicht schnell genug zu rechnen. Hinzu kommt, dass es bei der ökologischen Krise nicht allein um die Erderwärmung geht, sondern etwa auch um die Umweltverschmutzung und die Bedrohung der Artenvielfalt. Diese Krisen in der Krise werden nicht durch die Umstellung der Energieversorgung gelöst, sondern nur durch insgesamt verringerte Ressourcennutzung.

Die Experten sind sich einig, dass zur Erreichung der Klimaziele der Energieverbrauch rückläufig sein müsste. Das geschieht aber nur, wenn auch der Konsum rückläufig ist, da die Umstellung auf erneuerbare Energien zu lange dauert und auch die Effizienzgewinne beim Energieverbrauch nicht zügig genug greifen. Soll, wie geplant, in Deutschland bis 2030 fast ein Viertel weniger Endenergie verbraucht werden, so müsste die Energieeffizienz jedes Jahr um 3,2 Prozent steigen.[44] Tatsächlich gestiegen ist sie in den letzten 15 Jahren aber nur mit einer Rate von 1,4 Prozent.[45] Also geht es nicht ohne den Rückgang von Produktion und Konsum. Nur wenn sich die Nachfrage verringert, reduziert sich auch, was an erneuerbarer Energie und Effizienzsteigerung gebraucht wird.[46] Das Gebot der Stunde lautet also: weniger Autos, weniger Kreuzfahrten und kleinere Wohnungen. Doch dazu wird es nicht kommen. In der auf wirtschaftliches Wachstum und Konsumismus geeichten kapitalistischen Moderne ist eine politisch verordnete Schrumpfung der Wirtschaft schlicht nicht durchsetzbar.

Bleiben die Konsumenten selbst. Menschen könnten ja aus Einsicht in die Gefahren des Klimawandels freiwillig ihre Nachfrage auf solche Produkte lenken, die weniger klimaschädlich sind. Geschähe dies, würden für die Unternehmen Anreize entstehen, ihre Produktpalette schnell zu ändern. Ihr bisheriges Geschäftsmodell würde obsolet und dem Klima geholfen. Die Veränderung von Konsumpraktiken wäre ein durchaus marktkompatibler Steuerungsmechanismus, denn das Marktsystem schert sich nicht um die moralischen Qualitäten der verkauften Güter. Durch *welche* Produkte oder Dienstleistungen Wachstum und Gewinne erzeugt werden, spielt keine Rolle. Wenn Konsumenten ihre Nachfrage auf weniger klimaschädliche Produkte konzentrieren und dazu bereit sind, dafür einen Preisaufschlag zu zahlen, werden Unternehmen Produkte anbieten, die als nachhaltig klassifiziert sind. Märkte werden »moralisiert«, wenn auf der Nachfrageseite Produkte nicht allein nach Kosten und Erträgen bewertet werden, sondern Kriterien des Klimaschutzes oder der sozialen Gerechtigkeit Berücksichtigung finden.[47] Solche ethischen Märkte haben während der letzten Jahrzehnte viel Aufmerksamkeit in der Öffentlichkeit und auch in den Sozialwissenschaften gefunden.

Die Ergebnisse sind allerdings ernüchternd. Letztendlich sind sie wohl nicht mehr als symbolische Ersatzhandlungen, mit denen sich besorgte Bürger darüber hinwegtäuschen, dass die sozialen Kräfte zu stark sind, um durch individuelles Handeln das Klima zu retten. Zwar gibt es Menschen, die ihren Konsum zumindest in Teilen an ökologische Erfordernisse anpassen. Studien zeigen aber immer wieder das Missverhältnis zwischen dem Anspruch an das eigene Handeln und dem tatsächlichen Handeln.[48] Sie kommen zu dem Ergebnis, dass die wirklichen Ausgaben für umweltgerechte Produkte nur ein Zehntel dessen betragen, was die Konsumenten zuvor als ihre Ausgabebereitschaft für diese Produkte angeben.[49] Faktisch bleibt der durch Präferenzänderungen angestoßene Wandel der Produktnachfrage daher viel zu gering, um wirklich etwas Positives für die Umwelt zu bewirken. Der Markt für ethisch produzierte Kleidung etwa umfasst nicht mehr als 0,4 Prozent des globalen Bekleidungsmarktes.[50] Und dies, obwohl die Modebranche mehr CO_2 emittiert als die Luft- und Schifffahrt zusammen.

Psychologen und Verhaltensökonomen haben gute Erklärungen für den Bruch zwischen Einstellungen und tatsächlichem Verhalten. So besteht zum Beispiel ein Effekt darin, dass Menschen sich zwar an einer Stelle nachhaltig verhalten, im weiteren Handeln dann aber Klimaeffekte ausblenden, weil sie sich sagen, dass sie ja bereits mit ihrer vorherigen Handlung etwas für das Klima getan haben. Das umweltschädliche Verhalten wird mental mit der guten Tat »verrechnet«.[51] Insgesamt zeigt sich, dass »grünes

Verhalten« dann zu erwarten ist, wenn die damit verbundenen Kosten und die daraus entstehenden Unbequemlichkeiten gering sind.[52] Damit jedoch besteht die Gefahr, dass billig zu habendes, aber ineffektives Klimahandeln effektivere, aber für die Akteure teurere Optionen verdrängt.[53] Für die Überbrückung der Abweichung zwischen grünem Bewusstsein und grünem Handeln kommen Strategien der Verminderung kognitiver Dissonanz zum Einsatz. So begründen Menschen ihr Festhalten am eigenen Lebensstil etwa damit, dass man das Klima ohnehin nicht im Alleingang retten könne oder indem sie auf andere verweisen, deren Verhalten noch viel umweltschädlicher ist: die Reichen, die Chinesen, die Fernurlauber, die SUV-Fahrer oder allgemein: »die anderen«.

Ein weiterer Grund für das Fehlschlagen der individualisierenden Strategien zur Schaffung moralisch motivierter Märkte ist mangelnde Transparenz. Was genau heißt »Bio« in Bezug auf Lebensmittel? Was ist eine nach Klimagesichtspunkten produzierte Jeans? Skandale um das sogenannte Greenwashing zeigen auch: Für die Käufer bleibt undurchsichtig, welche Produktionsbedingungen etwa an weit entfernt liegenden Enden von Lieferketten tatsächlich herrschen. Die diversen Siegel, mit denen über die Umweltfreundlichkeit von Produkten aufgeklärt werden soll, helfen da nicht wirklich weiter, weil ihr Informationsgehalt eher gering ist. Die Produktionsbedingungen sind nämlich teilweise wohl selbst für die an den Lieferketten beteiligten Unternehmen nicht erkennbar, etwa weil sie Zwischenprodukte kaufen, über deren Herkunft sie wenig wissen, oder es wird schlicht Schindluder mit den Siegeln selbst getrieben. Journalisten finden dann etwa heraus, dass in Taschen, die angeblich zu 100 Prozent aus Meeresplastik gefertigt wurden, tatsächlich nur 59 Prozent Wahrheit steckt.[54] Es wird dann lediglich die Kaufpreisprämie der moralisch orientierten Konsumenten als weiterer Gewinn abgeschöpft. Die Logik der Gewinnorientierung des wirtschaftlichen Handelns macht nicht vor den moralischen Motiven der Verbraucher halt. Auf die

die Nachhaltigkeit und Klimaneutralität bescheinigenden Siegel fällt somit der Verdacht, nur Etikettenschwindel zu sein. Nach einer Untersuchung der Europäischen Union aus dem Jahr 2020 waren in der EU über die Hälfte der Werbeangaben zu Umwelt- und Klimafreundlichkeit »vage, irreführend oder unbegründet« und weitere 40 Prozent »unhaltbar«.[55] Nicht unberechtigt wenden sich Konsumenten und ein Teil der Unternehmen schon wieder von den Umweltsiegeln ab.[56]

Zu den individualisierenden Strategien, mit denen klimafreundliches Handeln unterstützt werden soll, gehören auch die Zertifikate zur freiwilligen Kompensation für verursachte Emissionen, mit deren Erwerb Klimaschutzmaßnahmen gefördert werden sollen. Das System geht auf das 2005 in Kraft getretene Kyoto-Protokoll zurück. Der individuell durch den Konsum oder die Produktion von Waren verursachte CO_2-Fußabdruck soll ausgeglichen werden, indem über den Kauf eines Zertifikats Aktivitäten finanziert werden, die zu einem verringerten CO_2-Ausstoß an anderer Stelle führen. Viele der freiwilligen Kompensationszertifikate unterstützen Projekte der Aufforstung, andere Staudammprojekte, wieder andere den Kauf von Elektrofahrzeugen. Bei den Waldzertifikaten soll durch zusätzlichen Wald das aus klimaschädlicher Produktion freigesetzte CO_2 wieder gebunden werden oder durch den Schutz von bestehenden Waldflächen gebunden bleiben. Bei den Konsumenten führt der Kauf solcher Zertifikate zur Beruhigung des schlechten Klimagewissens, Unternehmen können sich werbewirksam als »klimaneutral« ins rechte Licht rücken.

Die Klimaeffekte dieser Maßnahme, das zeigen zahlreiche Untersuchungen, sind allerdings gering bis nicht vorhanden. Zudem werden bei etlichen der geförderten Kompensationsprojekte negative soziale Auswirkungen und auch Menschenrechtsverletzungen beklagt.[57] Bei den Zertifikaten geht es vornehmlich um den grünen Anstrich aus dem Zauberkasten. Erhärten lässt sich dies auch quantitativ. Eine Studie des Freiburger Öko-Instituts im Auftrag der EU aus dem Jahr 2016 kam zu dem Ergebnis, dass bei 85 Prozent der untersuchten Projekte die Wahrscheinlichkeit gering sei, dass sie entweder zu weiteren CO_2-Einsparungen führen oder dass nicht mehr Zertifikate ausgegeben werden, als den tatsächlich bewirkten CO_2-Einsparungen entspricht.[58] Den »Impact-Investoren«, die diesen Handel organisieren, ist dies gleichgültig. Für sie sind die Zertifikate ein lohnendes Geschäft.[59] Der Markt hat mittlerweile ein geschätztes Volumen von 2 Milliarden US-Dollar und soll sich bis 2030 verfünffachen. Die Firmen, die die Zertifikate kaufen, können bestehende fossile Geschäftsmodelle grün übertünchen und die Konsumenten ihr schlechtes Gewissen beruhigen. Eine Win-win-Situation für alle – außer: das Klima.

Eine nachhaltige Veränderung klimaschädlicher Produktionsweisen durch ein den Individuen aufgebürdetes ethisches Konsumverhalten am Markt ist nicht zu erwarten.[60] Und dennoch versuchen Unternehmen und Politik, die selbst in den Dilemmata der kapitalistischen Moderne gefangen sind, die Menschen genau davon zu überzeugen. Gestützt wird dies durch eine individualistische Ideologie, die ihre Umsetzung in verhaltenspsychologischen Maßnahmen findet und Konsumenten in ihren Entscheidungen lenken soll. Angeboten werden dann Siegel oder grüne Shoppingassistenten auf dem Smartphone, die den individuellen ökologischen Fußabdruck in Echtzeit mitteilen und so die Konsumenten zum richtigen Verhalten »anstupsen«. Da Konsumentscheidungen aber in eine politische Ökonomie des Wachstums, in bestehende Infrastrukturen und Routinen sowie in die sozialen Logiken des Statuswettbewerbs eingebettet sind, haben wir es hierbei eher mit Spielereien als mit Lösungen des Klimaproblems zu tun.[61]

Bezeichnenderweise setzt sich der Konsum von als klimafreundlich klassifizierten Produkten da am ehesten durch, wo dieser von den Käufern als Mittel der Statusunterscheidung eingesetzt und damit selbst zum Symbol für soziale Vorrangstellung wird. Nachhaltiger Konsum wird hier zum Mittel, mit dem sich moralische Überlegenheit und soziale Distinktion demonstrieren lässt. Sei es bei Bio-Lebensmitteln, veganer Kost, Lastenfahrrädern oder Elektroautos: Umweltbewusster Konsum spaltet Gesellschaften entlang dessen, was in der Soziologie die »kulturelle Achse« genannt wird. Denn die hinter einem ökologischen Lebensstil stehenden moralischen Überzeugungen werden ja durchaus nicht in allen soziokulturellen Milieus geteilt. Nicht alle Menschen denken, dass hoher Fleischkonsum ein Problem darstellt und das Fahrrad das Mittel der Wahl in Sachen Fortbewegung ist. Diese ökologischen Normen des Lebensstils setzen traditionale Milieus zurück, was zu politischen Konflikten führt, die mit moralischen Kategorien der Überlegenheit ausgetragen werden und dadurch populistische Gegenreaktionen provozieren.[62]

Doch hinter der politischen Aufladung eines klimafreundlichen Wandels von Konsum steht mehr als solche soziokulturellen Unterschiede. Die Konflikte haben auch mit sozialer Ungleichheit zu tun. Auch in reichen Gesellschaften leben viele Menschen in bescheidenen oder prekären Verhältnissen und können die zusätzlichen Belastungen aus den höheren Preisen für nachhaltige Produkte kaum schultern. Elektroautos mögen klimafreundlicher sein; mit Sicherheit sind sie teurer.[63] Ihr Besitz demonstriert somit Umweltbewusstsein *und* ökonomische Stärke. Wer einen Tesla fährt, hat nicht nur viel Geld, sondern verdient noch dazu die Anerkennung, ein besserer Mensch zu sein, weil er das Klima schützt. Allen anderen bleibt die Scham oder die Wut.

7 GRÜNES WACHSTUM

Wie lässt sich dem Klimawandel entgegenwirken? In der politischen Debatte gibt es hierzu zwei grundsätzliche Positionen: Wachstumsverzicht und grünes Wachstum. Vertreter der Begrenzung von Wachstum wollen vor allem durch die Minderung des Konsums und die Stärkung einer Kreislaufwirtschaft dafür sorgen, dass weniger Ressourcen verbraucht werden, was sowohl die Treibhausgasemissionen reduzieren als auch die Umwelt schützen würde.[1] Vertreter des grünen Wachstums versprechen hingegen, dass die Mechanismen kapitalistischer Wirtschaft zukünftig Wachstum und Klimaschutz miteinander in Einklang bringen werden. Technischer Fortschritt und die Veränderung der Struktur der Wirtschaft würden dazu führen, dass Gesellschaften aus den Klimaschäden herauswachsen. Hierzu bedürfe es zwar politischer Weichenstellungen, die anfänglich mit hohen Kosten verbunden seien, doch der langfristige Nutzen effektiven Klimaschutzes begründe einen prinzipiellen Optimismus, dass der Weg zu klimakompatiblem Wirtschaftswachstum gefunden werden könne.

In einem viel beachteten Buch hat die Journalistin Ulrike Herrmann[2] diesen Wachstumsoptimismus unlängst zurückgewiesen und die Perspektive einer radikal geschrumpften Wirtschaft als *einzig* mögliche Antwort auf die Klimakrise skizziert. Dabei kann sie sich auf Berechnungen der Vereinten Nationen stützen. Soll der Temperaturanstieg die 1,5-Grad-Marke nicht übersteigen, müssen die Treibhausgasemissionen bis 2030 um weitere 45 Prozent über das hinausgehend reduziert werden, was in bestehenden Maßnahmen bereits vereinbart ist.[3] Grünes Wachstum scheidet für eine solch dramatische Umsteuerung aus, argumentiert Herrmann, weil sich die Energiemengen, die für die Aufrechterhaltung derzeitiger Konsummuster im globalen Norden notwendig wären, ohne Kohle, Öl und Gas auf absehbare Zeit gar nicht bereitstellen lassen. Andere Autoren führen an, dass *jede* Steigerung des Wirtschaftswachstums mit einem Mehr an Aktivitäten, Energieaufwand und Ressourcenverbrauch verbunden ist und damit die ökologischen Zerstörungen menschlichen Handelns auf dem Planeten nur immer weiter erhöht.[4] Nimmt man bei den ökologischen Folgen des Wirtschaftens noch andere Aspekte als den CO_2-Ausstoß hinzu, leuchtet dieses Argument besonders ein.

Um ihre Lebensformen an die ökologischen Erfordernisse anzupassen, müssten, so Herrmann, die Menschen weniger konsumieren und die Industrieproduktion müsste eingeschränkt werden. Auf das private Auto müsste ebenso verzichtet werden wie auf Flugreisen, das Leben müsste auf deutlich weniger Wohnfläche stattfinden, die Chemieindustrie um die Hälfte schrumpfen. Außerdem müssten Produkte nach ihrer Nutzung recycelt und defekte Güter konsequent repariert werden, anstatt sie gegen neue auszutauschen.

Ich halte die diesbezüglich vorgebrachten Argumente in vielerlei Hinsicht für bedenkenswert. Für die Schrumpfung der Wirtschaft sprechen dringende ökologische, aber auch kulturkritische Gründe. Es gibt viele robuste Nachweise, weshalb mehr nicht unbedingt besser ist. Und es gibt Beispiele im Kleinen, die zeigen, wie soziales Leben in einer nicht auf ständiges Wachstum und Steigerung des Konsums angelegten Gesellschaft aussehen könnte. *Transition Towns*, *Slow Cities* und *Gemeinwohlökonomie* sind Konzepte für die Organisation des Zusammenlebens von Menschen, die sich dem Wachstumszwang der kapitalistischen Moderne entgegenstellen und eine große Anziehungskraft entfalten können. Unklar bleibt bei diesen Modellen allerdings, wie sie auf ganze Gesellschaften ausgeweitet werden können. Und bei Konsumkritik bleibt immer auch zu berücksichtigen, dass es selbst in den reichen Industrieländern viele Menschen gibt, die einen nur bescheidenen Lebensstandard haben – ganz zu schweigen von den hunderten Millionen Menschen weltweit, die in Armut leben und für die der Verzicht auf Wachstum den Verbleib in diesem Zustand bedeuten würde. Außerdem stellt sich die Frage der Umsetzbarkeit: Kann die Vorstellung eines fundamentalen Kurswechsels in Richtung auf eine geschrumpfte Wirtschaft überhaupt mehr sein als eine Regression zum Utopischen?

Ich glaube nicht. Meine Skepsis rührt zum einen daher, dass der Wachstumszwang der kapitalistischen Moderne *strukturell* in dem System wettbewerbsorientierter Märkte und privater Eigentumsrechte verankert ist. Ich habe es ja bereits geschildert: Die Kapitaleigner drängen auf die dynamischen Prozesse ständiger Neuerung, weil sich nur durch das so vorangetriebene Wachstum das private Kapital mehrt. Um diesen Prozess aufzubrechen, wäre es erforderlich, private Eigentumsrechte an Kapital selbst aufzuheben und damit einen Schlussstrich unter die kapitalistische Wirtschaftsform zu ziehen.[5] Dies ist als politisch aussichtsreiche Entwicklung nirgends zu erkennen, und ob die Folgen eines solchen Systemwechsels tatsächlich der Umwelt zugutekämen, sei dahingestellt. Ja, technologischer Fortschritt würde sich dann zwar – wie gewünscht – dramatisch verlangsamen, allerdings würde man damit womöglich auch die Tür zu neuen Technologien zuschlagen, die zu weniger klimabelastenden Wirtschaftsweisen führen. Zudem müssten die im vorangegangenen Kapitel genannten normativen Folgen wirtschaftlicher Schrumpfung mitreflektiert werden.

Zum anderen halte ich ein Programm der gezielten Reduzierung des Lebensstandards in den Industrieländern und des Verzichts auf wirtschaftliche Entwicklung im globalen Süden *politisch* für schlicht undurchführbar, weil die bestehenden Macht- und Anreizstrukturen die Durchsetzung einer Strategie des Schrumpfens der Wirtschaft blockieren. Dies liegt an den Gewinninteressen der Unternehmen, aber auch an den Konsumansprüchen der Bürgerinnen und Bürger. Wie zuvor dargelegt, beruht die Befriedung von Verteilungskonflikten in modernen Gesellschaften ganz wesentlich auf der Erwirtschaftung von Wohlstandszuwächsen. In einer schrumpfenden Wirtschaft würden Verteilungskonflikte explodieren. Zusätzlich lassen sich geopolitische Gründe anführen: Länder, die den Pfad von Wachstum und Innovation aufgeben, würden über kurz oder lang wirtschaftlich und technologisch ins Hintertreffen geraten und damit an geopolitischem Einfluss verlieren. Wachstum zielt auch auf Überlegenheit bei Schlüsselindustrien gegenüber jeweiligen geopolitischen Gegnern.[6]

Um die Chancenlosigkeit einer Politik des Schrumpfens zu erkennen, lohnt es sich, kurz auf das Buch von Ulrike Herrmann einzugehen. Herrmann führt die britische Kriegswirtschaft ab 1940 an, als der Staat einen einschneidenden Konsumverzicht der Bevölkerung verfügte, um die knappen Ressourcen für die Verteidigung gegen Hitlerdeutschland einsetzen zu können. Diese historische Analogie hinkt jedoch: Die konkrete existenzielle Bedrohung durch den Krieg hat die Bevölkerung des Vereinigten Königreichs 1940 regelrecht zusammengeschweißt, und man darf bezweifeln, dass die ökologische Gefahr einen ähnlichen Effekt haben wird. Anders als die Kriegsbedrohung bleibt die ökologische Gefahr häufig abstrakt, Klimaschutz ist ein globales Gemeingut und die Folgen des Klimawandels werden in ihrer vollen Dramatik erst in der Zukunft eintreten.

Es gibt aber auch gesellschaftliche Unterschiede. Die britische Bevölkerung hatte damals (noch) keine 40-jährige Periode der Lobpreisung des Individualismus und des Konsums im Kreuz. Vielmehr lebte sie in einer organisierten Gesellschaft, die in einer Weise durch staatliche Eingriffe politisch gesteuert werden konnte, die heute nicht mehr denkbar ist – nicht nur in Großbritannien nicht. Uns Heutigen stellt sich daher die Frage: Woher sollen die politischen Entscheidungen kommen, die das private Automobil verbieten, die Menschen zum Verzicht auf Wohnraum drängen oder private Superyachten stilllegen? Es gibt keine Mehrheiten für solche Maßnahmen und daher wird es nicht zu einer Politik der gewollten Schrumpfung der Wirtschaft kommen. Proklamationen im Duktus des »Wir müssten x machen« sind wohlfeil, solange die politischen Voraussetzungen dafür nicht geschaffen sind.

Wie aber steht es um die Chancen, Klimaschutz demgegenüber durch grünes Wachstum zu erreichen? Auch wenn es in den politischen Debatten gelegentlich so wirkt: Nur weil die eine Option sich als nicht umsetzbar erweist, ist die andere ja noch lange nicht gangbar. Grünes Wachstum bedeutet: Das auf Wachstum basierende Gesellschaftsmodell der kapitalistischen Moderne bleibt unangetastet, zugleich werden jedoch Produktion und Konsum mithilfe innovativer Technologien weitgehend dekarbonisiert und damit weniger Ressourcen verbraucht. Allgemein ausgedrückt: Die Wertschöpfung pro emittierter Tonne CO_2 steigt.[7] Und zwar idealerweise bis zu dem Punkt, an dem Wertschöpfung und Treibhausgasemissionen vollständig voneinander entkoppelt sind. Windräder und Elektromobilität, Direktreduktionsanlagen, Wärmepumpen und Niedrigenergiehäuser sind sämtlich Teil dieser Transformation hin zur Entkoppelung von Wirtschaftswachstum und Klimabelastung. Unterstützt wird diese Entwicklung angeblich auch durch den Strukturwandel wirtschaftlicher Aktivitäten, insbesondere die Ausweitung des Dienstleistungssektors, der in seiner Wertschöpfung, so die Erwartung, weniger CO_2-intensiv ist.[8]

Um Klimaschutz in die Funktionslogik der kapitalistischen Moderne einzufügen, bedarf es eines grundsätzlichen Umbaus der Wirtschaft. Hierfür müssen sich bei Unternehmen, Staat und Bürgern Erwartungen bilden, dass Investitionen in die Herstellung klimakompatibler Produkte wirtschaftlich lohnend sind oder doch zumindest bald sein werden. Gleichzeitig müssen Überzeugungen wachsen, dass fossile Geschäftsmodelle mit hohen Risiken verbunden sind und deshalb im eigenen wirtschaftlichen Interesse schnell aufgegeben werden sollten. Klimaschutz muss übersetzt werden in die »Sprache der Preise«.

Lange sah es so aus, als ob diese Transformation überhaupt nicht vom Fleck käme. Dies hat sich aber in den letzten Jahren zumindest in einigen Ländern geändert. Erneuerbare Energien werden verstärkt ausgebaut, die Zulassungszahlen von Elektrofahrzeugen steigen und Hauseigentümer heizen ihre Häuser vermehrt mithilfe von Wärmepumpen. Viele Unternehmen scheinen sich auf diese Transformation einzustellen, wie etwa der beginnende Umbau der Stahlindustrie, der geplante Ausstieg aus der Kohleverstromung und die Suche der Zementindustrie nach technischen Möglichkeiten der Abspaltung und Speicherung des bei der Produktion unumgänglich entstehenden CO_2 zeigen. Und tatsächlich: In vielen Ländern gehen Treibhausgasemissionen zurück, trotz Wachstums der Wirtschaft. Können wir also letztendlich doch optimistisch sein?

Vermutlich nicht. Es ist zwar davon auszugehen, dass der Umbau zu den als klimaneutral gepriesenen Technologien in den nächsten Jahrzehnten mit vielen Billionen Euro an Investitionen global vorangetrieben und eine markante Transformation der Wirtschaft bewirken wird. Diese Investitionen bleiben aber, so wird sich zeigen, weit hinter dem zurück, was für das Erreichen der Klimaziele erforderlich wäre, und sie werden auch viel zu viel Zeit brauchen. Außerdem ist fraglich, ob der Ausbau der als klimafreundlich angepriesenen Technologien tatsächlich dazu geeignet ist, den Klimawandel und die ökologische Krise zu stoppen. Es muss damit gerechnet werden, dass die erneuerbare Energie die fossilen Energieträger nicht einfach ersetzt, sondern zu großen Teilen als zusätzliche Energie verbraucht wird. Denn der grüne Kapitalismus soll ja nicht nur die Energieerzeugung umkrempeln. Er soll auch weiteres Wachstum herbeiführen, was den Energieverbrauch nach oben schrauben und ökologische Kollateralschäden produzieren wird. Die Ressourcenübernutzung und damit die ökologische Krise wird sich in etlichen Bereichen verstärken – verursacht durch ebenjene Transformationen, die aus der Klimakrise herausführen sollen. Meine Skepsis werde ich in diesem und dem nachfolgenden Kapitel untermauern. Als Nächstes werde ich die finanziellen und sachlichen Bedingungen der grünen Transformation in den Vordergrund rücken, bevor ich dann – in Kapitel 8 – auf die Frage von planetaren Grenzen eingehe.

Die historische Entwicklung des Kapitalismus lässt sich als eine Abfolge von Regimen der Steuerung wirtschaftlicher Ordnung analysieren. Solche sozioökonomischen Regime regulieren Entscheidungshandeln und basieren auf Erwartungen, die Ausdruck finden in Narrativen zukünftiger Entwicklungswege. Gestützt werden diese Erzählungen durch institutionelle Strukturen.[9] Erwartungen an die weitere sozioökonomische Entwicklung reduzieren im Verbund mit institutionellen Regelwerken Ungewissheit für Unternehmen und Politik. Sie schaffen einen Orientierungsrahmen, der dabei hilft, Entscheidungen zu koordinieren und zu steuern. Die »großen Narrative«[10] manifestieren sich in den Geschäftsplänen der Unternehmen, in makroökonomischen Wachstumsmodellen und auch in gesellschaftsumfassenden Utopien wie der des Wohlstands für alle. Sie lenken private und staatliche Investitionen ebenso wie Forschungsprogramme zur Technikentwicklung, sie formen die politischen Entscheidungen zur Regulierung der Finanzindustrie, sie informieren parteipolitische Programme und beeinflussen das Verhalten von Konsumenten und Wählern.

Im 20. Jahrhundert war der Fordismus das bedeutendste dieser sozioökonomischen Regime. In ihm wurden wirtschaftliche Strukturen entlang der industriellen Massenfertigung und der Stärkung privater Konsumnachfrage durch steigende Löhne organisiert, und zwar unter starker Einmischung des Staates.[11] Dieses Regime kam in den 1970er Jahren in die Krise und wurde von dem marktliberalen Regime abgelöst. Beide Regime waren gegenüber den ökologischen Folgen des Wirtschaftswachstums blind.

»Grünes Wachstum« lässt sich als Wechsel zu einem neuen sozioökonomischen Regime verstehen. Wir beobachten eine weitere Häutung der kapitalistischen Wirtschaft, die unter dem Etikett »grün« einen beachtlichen Teil der Investitionsströme, technologischen Innovationen und des Konsums in Richtung Klimaneutralität leitet. Ausgehend von der Erzählung der Dekarbonisierung werden staatliche und private Ressourcen in neue Technologien und Geschäftsmodelle dirigiert, die eine Antwort auf den Klimawandel zumindest versprechen. Im Jargon der Wirtschaftslenker: Grünes Wachstum ist ein »Megathema«. Oder, in den Worten von Larry Fink, dem Vorstandsvorsitzenden des amerikanischen Vermögensverwalters BlackRock: Der Klimawandel eröffnet »historische Investitionsmöglichkeiten«.[12]

Grünes Wachstum ist für die Wirtschaft nicht deshalb attraktiv, weil damit die natürlichen Lebensgrundlagen erhalten bleiben, sondern weil es sich als neue Quelle von Gewinnen erweisen kann und die gesellschaftliche Legitimation von Unternehmen stützt. Welchen Umfang die grünen Investitionen letztendlich haben werden, hängt daher von den erwarteten Kapitalrenditen der Investoren sowie von den politischen Mehrheiten und den Präferenzen der Konsumenten ab. Wachstumsraten waren in den wohlhabenden Volkswirtschaften während der letzten Jahrzehnte rückläufig. Und tatsächlich ist es für Investoren immer schwieriger geworden, risikoarme und zugleich lukrative Anlagen für die enorm angewachsenen privaten Vermögen zu finden.[13] Mit anderen Worten: Es gibt einen privaten Kapitalüberfluss, der nach neuen Anlagemöglichkeiten sucht.

Aufgrund des schieren Umfangs des Investitionsbedarfs könnte grünes Wachstum eine Antwort auf dieses makroökonomische Problem sein. Wie bereits erwähnt, werden die für den Klimaschutz notwendigen Investitionen von der Beratungsfirma McKinsey bis 2050 auf jährlich 9,2 Billionen US-Dollar beziehungsweise 7 bis 8 Prozent der weltweiten Wertschöpfung geschätzt.[14] Nach Angaben der Internationalen Energieagentur müssten sich die Investitionen in die Energiewende bis 2030 verdreifachen, um die Pariser Klimaziele noch zu erreichen.[15] Andere Schätzungen liegen noch darüber. Als Bürger mag man hier erschreckt fragen: Wer soll das nur alles bezahlen? Unternehmen blicken auf diese Summen jedoch ganz anders: Im Bereich des grünen Wachstums entstehen derzeit einige der größten Märkte der nächsten Jahrzehnte und damit gigantische Geschäftsmöglichkeiten. Firmen drängen in die Startlöcher, um sich ein Stück dieses Kuchens zu sichern.

Diese Geschäftschancen entstehen aber erst durch das Zutun des Staates. Denn häufig sind die grünen Investitionen betriebswirtschaftlich unrentabel, etwa wenn die Stahlproduktion auf Wasserstoffbasis teurer ist als die herkömmliche Stahlherstellung. Die neuen Geschäftsmodelle stehen in Konkurrenz zu den fossilen Geschäftsmodellen der Platzhirsche.[16] Nur wenn der Staat grüne Technologien subventioniert, fossile Geschäftsmodelle teurer macht und langfristig stabile Rahmenbedingungen für grüne Technologien schafft, kann der Motor privater Investitionen ins Laufen kommen. Es bedarf des schon erwähnten *de-risking* der neuen Geschäftsmodelle, also der Übernahme von Risiken und der Schaffung günstiger Rahmenbedingungen für private Investoren durch den Staat.[17] Steuern, Subventionen und Regulierungen müssen so eingesetzt werden, dass sich möglichst machtvolle Unterstützerkoalitionen für die grüne Transformation zusammenfinden können. Hinzu kommt, dass der Staat die regulatorischen Voraussetzungen für die praktische Umsetzung der Investitionsentscheidungen schaffen muss. Im Klartext: Genehmigungsverfahren beschleunigen, Planfeststellungsverfahren abkürzen, Baugenehmigungen schnell erteilen und für hinreichend Rohstoffe und Arbeitskräfte sorgen. In Konsumgütermärkten muss die Marktentwicklung außerdem von Verbrauchern flankiert werden, die aufgrund moralischer Überzeugungen oder aufgrund staatlicher Kaufanreize Vorlieben für »grüne« Produkte entwickeln. Die Frage ist: Gibt es Mechanismen, mit denen Finanzströme zureichend und zügig auf grüne Investitionen gelenkt werden können?

Für die meisten Wirtschaftswissenschaftler ist die Besteuerung des CO_2-Ausstoßes beziehungsweise die Einführung von Emissionshandelssystemen der heilige Gral zur Dekarbonisierung der Wirtschaft. Die Ideen zu diesem Steuerungsmechanismus wurden bereits in den 1970er Jahren vor allem von dem amerikanischen Wirtschaftswissenschaftler William Nordhaus entwickelt.[18] Das Prinzip ist einfach. Der Ausstoß von CO_2 ist nur dann erlaubt, wenn der Emittent zuvor ein Zertifikat erworben hat, das ihm die Verschmutzung gestattet. Die Anzahl der Zertifikate ist wiederum derart begrenzt, dass nur so viel Treibhausgas emittiert werden kann, wie mit den bestehenden Klimazielen vereinbar. Die Zertifikate werden an einer Börse gehandelt, je weniger es gibt, desto höher ist ihr Preis und desto unrentabler wird die Nutzung fossiler Energieträger. Aufgrund der Preissignale werden die rationalen Wirtschaftsakteure daher in klimaneutrale Geschäftsmodelle investieren und Investitionen in CO_2-intensive Technologien zurückfahren. Konsumenten werden ihre Konsumentscheidungen ebenfalls anpassen und in der Folge findet die grüne Transformation der Wirtschaft statt.[19] So weit die Theorie.

Vor allem die Europäische Union hat sich dem auch als *cap-and-trade* bezeichneten klimapolitischen Instrument des Emissionshandels verschrieben. Seit 2005 sind im Europäischen Emissionshandelssystem (ETS) Emissionen der Energiewirtschaft und der energieintensiven Industrie sowie seit 2012 auch des europäischen Flugverkehrs einbezogen. Der Straßenverkehrs- und der Gebäudesektor blieben außen vor, sie sollen aber ab 2027 in das System aufgenommen werden. Der Emissionshandel ist der zentrale Hebel, mit dessen Hilfe das Ziel erreicht werden soll, bis 2030 die Emissionen in der EU um 55 Prozent gegenüber 1990 zu reduzieren.

Trotz hehrer Theorie sind die Ergebnisse des ETS in der Praxis bescheiden.[20] Der tatsächliche Rückgang von Treibhausgasemissionen ist weit hinter den Zielen zurückgeblieben. Die Gründe hierfür sind vielfältig. An erster Stelle steht ein offensichtlicher: Für die effektive Lenkung des CO_2-Ausstoßes durch Zertifikate müssten *sämtliche* Emissionen erfasst sein. Dem ist aber nicht so.[21] Selbst in der Europäischen Union sind nur 45 Prozent der Treibhausgase von einer CO_2-Bepreisung erfasst, weltweit sind es lediglich 23 Prozent.[22] Über drei Viertel der globalen Emissionen bleiben demnach von Zertifikatssystemen unberührt, und es sieht auch nicht danach aus, als würden andere Länder sich dem Weg der CO_2-Besteuerung zukünftig anschließen. Die USA etwa haben sich 2022 in ihrem bedeutendsten Gesetz zur grünen Transformation, dem *Inflation Reduction Act*, für den Weg der Subventionierung klimafreundlicher Technologien entschieden und nicht für ein System des Emissionshandels.

In der Europäischen Union und in Deutschland gibt es außerdem viele Ausnahmen selbst für die von dem Emissionshandelssystem im Prinzip erfassten Bereiche, die die Wirkung des Systems einschränken. Insbesondere gilt dies für die Industrie, die aus Gründen der Wettbewerbsfähigkeit bis vor Kurzem fast sämtliche Zertifikate kostenlos zugeteilt bekam. Bis 2027 bleiben in der EU mit dem Verkehr und der Gebäudewirtschaft wesentliche Sektoren des CO_2-Ausstoßes ganz außen vor. Darüber hinaus sind so viele Zertifikate zugeteilt worden, dass ihr Handelspreis die längste Zeit weit unter der Schwelle lag, bei der bedeutende ökonomische Anreize für Emissionsminderungen entstehen. Auch dadurch gab es keine nennenswerte Lenkungswirkung. Die Zertifikate konnten zudem spekulativ gekauft werden, weil sie bei Nichtnutzung nicht verfielen. Zumindest ein Teil der Unternehmen hat sich denn auch frühzeitig preiswert mit Zertifikaten eingedeckt und kann so auch noch in der Zukunft selbst bei steigenden Preisen für die Zertifikate bisherige Geschäftsmodelle fortsetzen, ohne dass CO_2-Kosten nennenswert ins Gewicht fallen. RWE etwa, eines der größten Energieunternehmen in Europa, hat für die Verbrennung seiner Braunkohle im rheinischen Revier bereits vor Jahren Zertifikate billig erworben. Dank dieses cleveren Hedging kann es die Braunkohle noch viele Jahre ohne bedeutende zusätzliche CO_2-Kosten verstromen.[23]

Doch damit nicht genug. Bis 2021 war es europäischen Unternehmen erlaubt, in einem bestimmten Umfang auch internationale Gutschriften aus Klimaschutzprojekten in Entwicklungsländern als Zertifikate zu nutzen, wodurch der Umfang der Verschmutzungsrechte weiter erhöht, ihr Preis hingegen gesenkt wurde.[24] Gekauft wurden solche Zertifikate auch von RWE, das diese als »Kompensation« zur Verbrennung von Braunkohle nutzte. Unter anderem bezog sich die Kompensation auf riesige Staudämme, die von der chinesischen Regierung zur Stromerzeugung errichtet wurden, und zwar im Balatal in der Provinz Guizhou.[25] Weil Staudämme gegenüber Kohlekraftwerken einen geringeren CO_2-Ausstoß verursachen, konnten Zertifikate zur CO_2-Kompensation ausgegeben werden. Die Einnahmen aus diesen konnte die Regierung in Peking zur Finanzierung der Staudämme nutzen. Doch die Dämme wären auch ohne die Zertifikate gebaut worden. Für die Treibhausgasreduzierung waren sie daher völlig bedeutungslos, erlaubten RWE aber, weiterhin Braunkohle in Deutschland zu verfeuern.

Das Instrument der Zertifikate war und ist ein stumpfes Schwert, weil weder die erforderlichen Preise qua Begrenzung ihrer Anzahl noch die vollständige Erfassung der Emittenten politisch durchgesetzt wurden. Auch die in Deutschland von der Politik festgelegten Preisobergrenzen für Verschmutzungsrechte im Gebäude- und Verkehrsbereich, mit denen die Konsumenten Anreize zu geringerem fossilen Energieverbrauch erhalten sollen, sind viel zu niedrig. Ökonomen schätzen für Deutschland, dass im Gebäude- und Verkehrssektor selbst Preise von 180 Euro pro Tonne CO_2 noch keine hinreichende Lenkungswirkung für die Erreichung der gesetzlich verankerten Klimaziele haben würden.[26] Es handelt sich um ein Versagen beim Marktdesign, in dem sich die Macht- und Anreizstrukturen in Wirtschaft, Staat und Gesellschaft widerspiegeln. Sowohl die Interessen der Unternehmen an niedrigen Kosten für Umweltverschmutzung als auch die Widerstände der von Kostensteigerungen betroffenen Konsumenten führen zu politischem Opportunismus. Das Marktdesign, so lässt sich konstatieren, wird notgedrungen am politisch Machbaren und nicht am ökologisch Notwendigen ausgerichtet.

Außerdem krankte das europäische System von Anfang an daran, regional begrenzt zu sein. Die fehlende globale Erfassung von Emissionen könnte zwar durch eine CO_2-Steuer für Importe in die EU ausgeglichen werden, was die Kommission ab 2026 für verschiedene besonders energiehungrige Industriesektoren auch plant. Dies würde die heimische Industrie schützen, erhöht aber die Preise für Konsumenten und wird außerdem von Ländern im globalen Süden als unfair betrachtet. Obwohl diese Länder keine historische Verantwortung für den Klimawandel haben, werden sie gleichermaßen für die Kosten der Bekämpfung des Klimawandels zur Kasse gebeten.[27] Wenn Stahl aus Indien aufgrund einer CO_2-Importsteuer in Europa 15 Prozent teurer würde, könnten die indischen Unternehmen weniger Stahl nach Europa verkaufen. Ein solcher Protektionismus führt zu weiterer geopolitischer Polarisierung, die auch der unbedingt notwendigen internationalen Koordination von Klimaschutzpolitik abträglich ist. Ob es daher tatsächlich zur CO_2-Besteuerung von Importen kommt, wird von handels- und außenpolitischen Erwägungen bestimmt und der geplanten Abgabe vermutlich jeglichen klimapolitischen Zahn ziehen.

Auch die Bürger wehren sich. CO_2-Besteuerung wirkt als Konsumsteuer und trifft daher besonders Geringverdiener[28] und selbst jene, die aufgrund ihres niedrigen Lebensstandards ohnehin bereits Pro-Kopf-Emissionen haben, die nahe an den Reduktionszielen der Klimaabkommen liegen.[29] Hiergegen bilden sich erwartbare Widerstände. Zwar plant die Europäische Union für die Jahre zwischen 2026 und 2032 einen Klimasozialfonds, mit dem soziale Härten aus der weiteren CO_2-Bepreisung abgefedert werden sollen. Die dafür vorgesehenen Summen sind jedoch bescheiden. Für die gesamte EU sind über den gesamten Zeitraum von sieben Jahren maximal 65 Milliarden Euro vorgeschlagen.[30] Würde von dem Klimasozialfonds nur jeder zehnte Haushalt in der EU profitieren, so sprängen für diese Haushalte jeweils nicht mehr als 470 Euro pro Jahr heraus. Die anderen 90 Prozent gingen ganz leer aus. Man sollte sich also nicht zu viel Hoffnung auf einen Geldregen machen. Wie bei dem in Deutschland diskutierten Klimageld gilt auch für die EU, dass in der vorherrschenden marktliberalen politischen Kultur und angesichts leerer Haushaltskassen die Ausweitung von Transferzahlungen zum sozialen Ausgleich der Belastungen aus der grünen Transformation politisch kaum durchzusetzen ist. Außerdem verfügt die EU ohnehin kaum über eigenes Geld.

Schließlich ist die Steuerungswirkung durch den Emissionshandel langsam und unpräzise. Denn die Investitionen werden nicht in bestimmte neue Technologien und Infrastrukturen gelenkt. Dies wird vielmehr dem Markt überlassen. Damit aber fehlt es an gezielten und koordinierten Investitionen in Technologien und Infrastrukturen, mit denen die Defossilisierung von Produktion und Konsum möglichst wirksam vorangetrieben werden würde. Dies wird der Dringlichkeit, der die Reaktion auf den Klimawandel unterliegt, nicht gerecht. Wie etwa sollte durch Marktkräfte ein funktionierendes Nahverkehrssystem auf dem Land entstehen? Wie soll ein komplexes technologisches System wie die Energieversorgung vornehmlich durch Wettbewerb radikal umgebaut werden? Weil dieser Weg koordiniert werden muss, bedarf es der politischen Lenkung. Es geht dabei beispielsweise um Planungssicherheit für Investitionen durch die Festlegung bestimmter technologischer Pfade. Auch deshalb sind die USA den Weg der direkten Subventionierung von als klimaschonend kategorisierten Technologien gegangen.

Da sich beim amerikanischen Weg aber der Preis für die Nutzung fossiler Energieträger nicht erhöht, sondern lediglich neue Energieträger neben die bestehenden gestellt werden, verschwinden die klimaschädlichen Technologien nicht vom Markt. Solange es in den Vereinigten Staaten keine CO_2-Bepreisung gibt, wird der *Inflation Reduction Act* kaum dazu beitragen, die Emissionen zu senken, was sowohl den Interessen der starken fossilen Energiewirtschaft entgegenkommt als auch das auf privaten Konsum fußende Wachstumsregime des Landes stützt, das auf preiswerter Energie aufbaut.[31] Die Menge an verfügbarer Energie wird steigen und weitere Wachstumseffekte auslösen. Genau dies lässt sich auch in China beobachten, wo zwar die erneuerbaren Energien rapide ausgebaut werden, zugleich aber auch immer mehr Kohle verfeuert wird. In den letzten 20 Jahren hat sich der Kohleverbrauch in China mehr als verdoppelt.[32] Es läuft darauf hinaus, dass die neuen Technologien die fossilen Energieträger in einer wachsenden und damit immer energiehungriger werdenden Welt lediglich *ergänzen*, nicht aber verdrängen. Wenn das geschieht, können Klimaziele nicht erreicht werden.

Die Bepreisung von CO_2 lässt sich somit als (unzureichende) »Peitsche« in der Transformation zu einem grünen Kapitalismus verstehen. Die Nutzung fossiler Technologien wird verteuert. Auf der anderen Seite steht für die Unternehmen das »Zuckerbrot« der Förderung grüner Investitionen durch staatliche Subventionen und die Umlenkung privaten Kapitals. Beides zusammen soll die Anreizstrukturen für Unternehmen und Konsumenten so lenken, dass die Energiewende und mit ihr die Einhaltung von Klimazielen gelingt. Dieses Gelingen verlangt die kurzfristige Mobilisierung enormer Finanzmittel – wie gesagt: McKinsey spricht von 7 bis 8 Prozent des weltweiten Bruttosozialproduktes, Jahr für Jahr für die nächsten drei Jahrzehnte. Und die Vereinten Nationen und die IEA verweisen in ihren Berichten immer wieder darauf, wie groß der Abstand zwischen den erforderlichen und den tatsächlich getätigten Investitionen ist. Je nach Berechnung müssten sie sich bis 2030 weltweit verfünf- oder sogar versiebenfachen.[33]

Natürlich ist es unmöglich, vorauszusagen, wie sich die Finanzinvestitionen in grüne Technologien über die nächsten Jahrzehnte entwickeln werden. Doch weil der Abstand zwischen Ist und Soll aktuell derart groß ist, erscheint die Annahme, dass diese Investitionen hinreichend schnell und umfassend zunehmen, wenig plausibel. Warum der Abstand ist, wie er ist, habe ich in den vorangegangenen Kapiteln bereits beleuchtet und will es hier daher nur kurz wiederholen. Es geht um den Marktkampf zwischen fossilen und dekarbonisierten Geschäftsmodellen, um politische Widerstände gegen die mit der Transformation verbundenen Kosten für private Haushalte, um fehlende Budgetmittel, die die mögliche staatliche Unterstützung begrenzen, um hohe Finanzierungskosten, vor allem in den Ländern des globalen Südens, um die Renditeerwartungen privater Investoren und schließlich auch um ideologische und kulturelle Vorbehalte.

Damit sind wir wieder beim *de-risking* angelangt, der unter diesen Gegebenheiten dominierenden Hoffnung, durch die staatliche Übernahme der mit den Investitionen verbundenen Risiken möglichst viel privates Kapital zu mobilisieren. Diese Hoffnung reicht genau so weit wie die dem Staat von den Politikern und den Finanzmärkten zugebilligten Budgets und die Renditeforderungen der Investoren.[34] *De-risking* hat zudem verteilungspolitische Konsequenzen: im globalen Norden, wenn etwa staatliche Subventionen an die wohlhabenden Käufer von Elektrofahrzeugen fließen oder an diejenigen, die in Photovoltaikanlagen mit garantierten Einspeisevergütungen investieren; im globalen Süden, wenn für die privaten Kapitalgeber aus dem Norden neokoloniale Rentiereinkommen erzeugt werden, für deren Risiken die öffentlichen Haushalte der ohnehin armen Länder einstehen müssen.

Um Geschwindigkeit und soziale Gerechtigkeit der grünen Transformation zu befördern, könnte natürlich die Rolle des Staates bei der Finanzierung erheblich verstärkt werden.[35] Etwa durch eine veränderte Geldpolitik der Zentralbanken. Oder durch die Ausweitung staatlicher Verschuldung, was es auch ermöglichen würde, die Lasten der Transformation über mehrere Generationen zu verteilen. Oder durch eine veränderte Steuerpolitik, die große Vermögen höher besteuern würde, wie jüngst von den französischen Wirtschaftswissenschaftlern Lucas Chancel und Thomas Piketty vorgetragen.[36] Doch zumindest in Europa fehlt es an politischer Unterstützung. Eine zunehmend restriktive Geld- und Fiskalpolitik sowie rechtliche Regulationen wie die bundesdeutsche Schuldenbremse stehen der Ausdehnung der Rolle des Staates als Finanzier der grünen Transformation im Weg. Man könnte das ändern, entsprechende Vorschläge liegen auf dem Tisch. Doch es gibt keine Mehrheiten für einen solchen Politikwechsel. Angesichts steigender Vermögensungleichheit wird die Forderung nach höherer Vermögens- oder Erbschaftsbesteuerung ja schon seit Jahren erhoben, ohne irgendwo politisch umgesetzt worden zu sein. Nichts deutet darauf hin, dass der drohende Klimawandel zu einem Umdenken führt.

Dies heißt natürlich nicht, dass solche Politikwechsel für die Zukunft ausgeschlossen sind. Politikwissenschaftler haben interessante Modelle entwickelt, wie sie entstehen können. Sie postulieren etwa, dass Teilsysteme der Politik in Abhängigkeit zueinander stehen und es zu wechselseitigen Beeinflussungen kommen kann, die schließlich bedeutende Veränderungen bewirken.[37] Findet eine Veränderung in einem Teilbereich statt, kann dies anschließend auch die politischen Koalitionen in anderen Teilbereichen beeinflussen und dort gleichgerichtete Veränderungen nach sich ziehen. Man kann sich das wie eine Kaskade vorstellen, bei der eine geringfügige Anfangsveränderung nachfolgend immer größere Kreise zieht. Auch Änderungen im Bereich der Energiepolitik können mit solchen Modellen gut nachvollzogen werden. Eine solche Dynamik mag ohne Weiteres mittlerweile auch bei der Errichtung erneuerbarer Energien zumindest in einigen Ländern greifen. Doch finden diese Transformationen nirgends schnell genug statt. Außerdem besteht die bereits erwähnte Gefahr, dass ihr Ergebnis die Verfügbarmachung zusätzlicher Energie ist und nicht die Beendigung der Verbrennung fossiler Energieträger, die für die Begrenzung des Klimawandels aber notwendig wäre.

Was aber ist mit den Finanzmärkten? Die Frage drängt sich schon deshalb auf, weil Unternehmen auf privates Finanzkapital angewiesen sind. Finanzmärkte haben daher einen entscheidenden Einfluss auf die grüne Transformation, jedenfalls potenziell. 450 Billionen US-Dollar privater Vermögen sind an ihnen investiert, genug Geld also, um das »grüne Erwartungsregime« Realität werden zu lassen.[38] Denkbar wäre auch hier eine Zuckerbrot-und-Peitsche-Strategie. Investoren könnten Finanzmittel von Unternehmen mit klimaschädlichen Geschäftsmodellen abziehen und stattdessen solchen Unternehmen zur Verfügung stellen, die die grüne Transformation vorantreiben. Die strukturelle Macht des Kapitals käme so nicht nur gegenüber der Politik zur Geltung, sondern auch bei der Kapitalverteilung zwischen unterschiedlichen Sektoren der Wirtschaft. Für Unternehmen, deren Geschäftsmodelle nicht nachhaltig sind, entstehen dann erhöhte Finanzierungskosten und damit ein Verlust an Rentabilität. Die Finanzmärkte würden in der Sprache der Preise sprechen.

Auf den ersten Blick sieht es auch so aus, als seien Finanzinvestoren sich ihrer Verantwortung bewusst und tatsächlich Motor der grünen Transformation. In den letzten Jahren sind Investitionen in Anlagefonds, die ihr Geld nach sogenannten ESG-Kriterien, also Kriterien von Umwelt (*environment*), Sozialem (*social*) und guter Unternehmensführung (*governance*), investieren, geradezu explodiert. Einer Schätzung zufolge sind über 35 Billionen Euro Anlagegelder mittlerweile dementsprechend platziert.[39]

Scheinbar geht es mit der Finanzierung der grünen Transformation gut voran.

Doch dieser Schein trügt. Schaut man genauer hin, offenbart sich nämlich, dass diese Explosion beileibe nicht die große Umlenkung der Finanzströme bedeutet, die sie suggeriert. Vielmehr zeigen Untersuchungen, dass Anlagefonds, die sich mit dem Nachhaltigkeitslabel schmücken, sich in ihren Anlagen von ganz gewöhnlichen Fonds fast nicht unterscheiden.[40] Naheliegender Grund hierfür ist, dass die Finanzmärkte – außer in der EU – selbst darüber bestimmen, was als nachhaltig gilt. Was klimagerechte Geschäftsmodelle sind, ist nicht staatlich festgelegt. Vielmehr sind es Ratingagenturen und Index-Anbieter, die Unternehmen und Fonds mithilfe von Siegeln als nachhaltig kategorisieren und es Finanzunternehmen ermöglichen, die Kategorisierung zu benutzen, die für sie vorteilhaft ist.[41] Passenderweise werden die Agenturen von den Fondsgesellschaften und Unternehmen bezahlt, die die Siegel verwenden. Für Ratingagenturen und Beratungsfirmen, die die Unternehmen und Fonds zertifizieren, handelt es sich dabei um ein lukratives Geschäftsfeld. Für die Vermögensverwalter, die an den von den Anlegern gezahlten Gebühren verdienen, gilt dies ebenfalls. Je größer die Nachfrage nach »nachhaltigen« Fonds, desto höher der Anreiz für die Vermögensverwalter, ihre Produkte als nachhaltig einzustufen.[42]

Das Ergebnis wirkt beinahe beliebig. Eine Gegenüberstellung der Nachhaltigkeitsratings von drei großen Anbietern (MSCI ESG, RobecoSAM und Sustainalytics) hat beispielsweise gezeigt, dass sich unter den 100 im Hinblick auf ESG-Kriterien am besten bewerteten Unternehmen insgesamt 235 verschiedene Firmen befanden. Nur ganze 11 Unternehmen waren bei allen drei Ratingfirmen unter den Top 100.[43] Die Kriterien für die Klassifikation werden offenbar so gewählt, dass sie die Risikoexposition der Investoren optimieren, nicht aber ihre Wirkung für das Klima.[44] Doch auch politischer Einfluss spielt eine erhebliche Rolle. Die

2023 in Kraft getretene Taxonomie »nachhaltiger Wirtschaftsaktivitäten« der Europäischen Union stuft auch die Atomenergie und das Erdgas als nachhaltig ein. Die Atomenergie wurde auf politischen Druck Frankreichs hin aufgenommen, das Erdgas auf Wunsch Deutschlands. In der chinesischen Taxonomie gelten sogar »saubere Kohleinvestitionen« als grün.[45]

Betrachtet man diese Beliebigkeit der Einordnung von Finanzanlagen vor dem Hintergrund der geschilderten Funktionsweise der kapitalistischen Moderne, ist sie kaum überraschend. So gerne Investoren mit ihrem Geld etwas Gutes tun möchten, so sehr achten sie doch auf ihre Rendite. Auch das grüne Wachstum ändert nichts daran, dass die soziale Verantwortung von Unternehmen darin besteht, Gewinne zu erwirtschaften. Anlageentscheidungen werden unter Rendite- und Risikogesichtspunkten getroffen. Die Kategorisierung von Finanzanlagen unter Aspekten der Nachhaltigkeit dient vornehmlich der Legitimation von Investoren angesichts zunehmender öffentlicher Beunruhigung bezüglich des Klimawandels. Tatsächlich steht die Natur aber weiterhin hintan.

Die Scheinheiligkeit einiger der wichtigsten Akteure der Finanzmärkte lässt sich auch an anderer Stelle beobachten. BlackRock, der mit einem verwalteten Anlagevermögen von über 10 Billionen US-Dollar größte Vermögensverwalter der Welt, erklärte 2018, seine Anlagestrategien zukünftig stärker nach grünen Kriterien ausrichten zu wollen, um so Verantwortung zu übernehmen und den moralischen Präferenzen seiner Kunden Rechnung zu tragen. Der Vorstandsvorsitzende von BlackRock, Larry Fink, hielt in einem öffentlichen Schreiben Konzernchefs weltweit dazu an, zukünftig stärker die gesellschaftlichen Folgen ihrer Entscheidungen zu berücksichtigen, darunter solche für die natürliche Umwelt.[46] Die für ihre Geschäftstätigkeit auf Anlagegelder angewiesenen Konzernchefs konnten die Ankündigung durchaus so verstehen, dass BlackRock Unternehmen mit klimaschädlichen Geschäftsmodellen zukünftig weniger mit Anlagekapital ausstatten würde, was

Fink in einem weiteren offenen Brief an Vorstandsvorsitzende dann auch bekräftigte: BlackRock würde Unternehmen, die sich nicht der Nachhaltigkeit verschrieben, nicht mehr in ihren aktiv gemanagten Investmentfonds berücksichtigen und bei passiven Fonds in Hauptversammlungen gegen den Vorstand stimmen, wenn dieser nicht auf klimafreundliche Geschäftsstrategien einschwenke.[47] Untersuchungen des Abstimmungsverhaltens der Vermögensverwaltungsfirmen bei Aktionärsversammlungen bestätigen dies allerdings nicht. Bei den Hauptversammlungen von Energiekonzernen stimmten die Vermögensverwalter tendenziell gegen Maßnahmen, die auf eine verbesserte Umweltbilanz der Firmen zielten, und das Abstimmungsverhalten für ihre ESG-Fonds unterschied sich nicht von solchen Anlagefonds, die nicht nach Nachhaltigkeitskriterien investierten.[48]

Dessen ungeachtet steht BlackRock aufgrund seiner öffentlichen Verlautbarungen zum Klimaschutz in den USA im Kreuzfeuer der Kritik. Repräsentanten konservativer amerikanischer Bundesstaaten bezichtigen BlackRock des *woke capital* und ziehen teilweise die Anlagegelder ihrer bundesstaatlichen Pensionsfonds von dem Vermögensverwalter ab. Es sei nicht die Aufgabe von Vermögensverwaltern, mit ihren Anlageentscheidungen bestimmte politische Ziele zu verfolgen, wie etwa die Dekarbonisierung der Wirtschaft. Die Politiker argumentieren, die Beeinflussung von Investitionsentscheidungen nach Umwelt- und Sozialkriterien würde zu niedrigeren Renten der Pensionäre führen, deren Gelder von den Vermögensverwaltern treuhänderisch angelegt werden. Außerdem würde der Investitionsrückgang in der Ölindustrie Steuereinnahmen und Arbeitsplätze in den ölproduzierenden Bundesstaaten gefährden.[49] Auch dahinter steht die Überzeugung, dass Unternehmensentscheidungen sich einzig und allein an Profiterwartungen auszurichten hätten. Obwohl die Vorwürfe der Republikaner angesichts der geschilderten Zusammensetzung der ESG-Fonds und des tatsächlichen Stimmverhaltens der großen Vermögensverwalter kaum eine Grundlage haben, ruderte BlackRock mit seinen öffentlichen Bekundungen von Klimaambitionen zurück.[50] Die Debatte zeigt erneut, dass Klimafragen mittlerweile Teil eines allgemeinen Kulturkampfes geworden sind und dass die marktwirtschaftlichen Prinzipien der kapitalistischen Moderne dem Klimaschutz entgegenstehen.

Es ist aber nicht allein die Unterfinanzierung CO_2-einsparender Investitionen, die dem Erfolg des Modells grünen Wachstums entgegensteht. Die Transformation von Industrie, Verkehr und Wärmeerzeugung in der verbleibenden Zeit zu bewerkstelligen, ist darüber hinaus eine ganz praktische Überforderung. Dies gilt auch für reiche Länder des globalen Nordens. Ich zeige dies an einem Beispiel aus Deutschland, das aber ebenso gut aus einem anderen Land stammen könnte.

Die Bundesrepublik plant, 80 Prozent ihres Stroms im Jahr 2030 aus erneuerbaren Energien zu gewinnen. 2022 betrug der Stromverbrauch hierzulande etwa 550 Terrawattstunden (TWS), von denen etwas weniger als die Hälfte (256 TWS) aus erneuerbaren Energien erzeugt wurde.[51] Bis 2030 wird sich der Strombedarf laut Bundeswirtschaftsministerium auf 750 TWS erhöhen, was insbesondere am Ausbau der Elektromobilität, an der Umstellung auf strombasierte Heizsysteme und der verstärkten Nutzung von Strom als Energiequelle der Industrie liegt. Sollen am Ende dieser Dekade wie geplant 80 Prozent des Stroms in Deutschland aus erneuerbaren Energien produziert werden, so müsste sich deren Beitrag am Stromverbrauch in den nächsten sechs Jahren mehr als verdoppeln (von 256 TWS auf 600 TWS). In den sechs verbleibenden Jahren bis 2030 müssten jährlich 57 TWS aus erneuerbaren Energien hinzukommen. 2022 lag die tatsächliche Zunahme bei nur 12 TWS.[52] Bleibt es bei dieser Ausbaugeschwindigkeit und stimmt die Projektion des zukünftigen Strombedarfs, wird Deutschland 2030 mehr Strom aus fossilen Energieträgern erzeugen als heute – trotz weiteren Ausbaus der Erneuerbaren.

Um die Ziele beim Strommix zu erreichen, müssten zu den knapp 30 000 bestehenden Windrädern in den nächsten sechs Jahren ungefähr 12 000 leistungsstarke Windräder hinzukommen, mit denen die erzeugte Windenergie an Land verdoppelt werden würde. Jeden Tag müssten fünf neue Windräder ans Netz gehen. Setzt man dies zum tatsächlichen Ausbau der Windenergie in den letzten Jahren in Bezug, wird erkennbar, wie weit entfernt die Pläne von jeglicher Realität sind. 2022 wurden 591 neue Windräder in Deutschland errichtet, etwas mehr als ein Viertel des Notwendigen.[53] Im ersten Halbjahr 2023 kamen knapp 330 Windräder hinzu, und damit immer noch nur ein Drittel dessen, was als erforderlich definiert wurde. Bei der Photovoltaik müsste sich die Ausbaugeschwindigkeit ebenfalls verdreifachen.[54]

Man mag vermuten, dass Deutschland besonders langsam in seinen Entscheidungsstrukturen ist und die Situation, global betrachtet, doch deutlich optimistischer zu bewerten ist. Doch dem ist nicht so. Laut einer Studie von McKinsey wird sich der weltweite Stromverbrauch bis 2050 verdoppeln.[55] Weltweit lieferten Solaranlagen 2021 lediglich 0,6 Prozent der verbrauchten Primärenergie, Windkraft steuerte etwas über 1 Prozent bei. Bis 2030, so schätzt die IEA, wird sich der Anteil von Wind- und Solarenergie am globalen Primärenergieverbrauch auf lediglich ungefähr 6 Prozent erhöhen.[56] Zum Erreichen des Ziels der Klimaneutralität wäre ein weltweiter Ausbau von Wind- und Solarenergie um 1000 Gigawatt pro Jahr bis 2050 erforderlich. Das ist ungefähr das Dreifache der weltweiten Zubauleistung im Jahr 2022.[57] Die Situation in der Welt insgesamt sieht also nicht besser aus als die in Deutschland.

Dass Ist und Soll bei der Energiewende so weit auseinanderklaffen, liegt dabei oft an ganz praktischen Hindernissen. Die Industrieverbände sehen Engpässe vornehmlich bei den Planungs- und Genehmigungsverfahren. So beträgt in Deutschland der Planungshorizont bis zur Inbetriebnahme eines neuen Windparks fast sechs Jahre.[58] Aber auch gestiegene Anlagenpreise, hohe Kapitalkosten, Lieferprobleme und der Mangel an Facharbeitern werden genannt.[59] Stehen genügend Handwerker und Ingenieure zur Verfügung? Gibt es hinreichend Produktionskapazitäten, Bauteile und Rohstoffe? Sind die Lieferketten stabil? Können die Netze den größeren Strommengen standhalten?

Zudem beschränkt sich die Energiewende keineswegs auf die Installation von Windrädern und Solarpaneelen. Der große Nachteil der Produktion von Strom aus erneuerbaren Energien gegenüber fossilen Energieträgern ist die bei Ersteren nur aufwendig zu bewerkstelligende Energiespeicherung. In Phasen, in denen weder die Sonne scheint noch der Wind weht, sogenannten Dunkelflauten, steht ohne Speicherreserven keine Energie zur Verfügung. Strom kann in Batterien gespeichert werden, doch die sind teuer und können das Stromnetz nur für kurze Zeit stabilisieren. Energie aus Wind- und Solaranlagen kann auch durch Umwandlung in Wasserstoff oder Ammoniak oder mittels Wasserkraftwerke gespeichert werden. Dies bringt jedoch hohe Energieverluste mit sich und setzt eine Wasserstoffinfrastruktur voraus, die es bislang nicht gibt. Wenn wie geplant Wasserstoff für Europa in bedeutendem Umfang aus Afrika importiert werden soll, dann muss dafür eine gewaltige, über die beiden Kontinente koordinierte Lieferkette errichtet werden, die auch aufgrund politischer Unwägbarkeiten große geopolitische Risiken birgt.

Natürlich lässt es sich vorstellen, dass die Welt langfristig hohe Kapazitäten an erneuerbaren Energien aufbaut. Nicht so recht vorstellen lässt sich hingegen, dass dies innerhalb des zur Verfügung stehenden begrenzten Zeitplans geschieht und dass die erneuerbaren Energien die fossilen Energieträger tatsächlich ablösen. Grünes Wachstum bleibt weit hinter dem für eine angemessene Antwort auf den Klimawandel Notwendigen zurück.[60] Letzten Endes fehlt dem Staat die strategische Handlungsmacht, die notwendigen Marktanreize für die grüne Transformation zu mobilisieren. Dies gilt für die *Cap-and-Trade*-Systeme ebenso wie für die Risikoübernahme bei privaten Investitionen und die Steuerung von Finanzströmen mittels Klassifizierung als »nachhaltig«. Und vor allem fehlt ihm die Macht und das Interesse, das Wachstum der Wirtschaft zu begrenzen.

Auf die Magie technologischen Wandels zu setzen, ist dennoch weit verbreitet. Dies gilt auch für das sogenannte Kohlenstoffkreislaufmanagement, bei dem in der Atmosphäre befindliches Kohlendioxid entnommen und eingelagert wird. Dahinter steht ein prometheischer Wille zur Umformung der Natur. »Die planetarische Natur und das biologische Leben werden in Gänze als Interventionsfeld ingenieurtechnischer Kalküle begriffen: Naturbeherrschung vom Atom zur Atmosphäre.«[61] Doch eine Alternative scheint es nicht zu geben. Es besteht Einigkeit unter Experten, dass die Eindämmung der Klimaerwärmung nicht nur der Verringerung des CO_2-Ausstoßes bedarf, sondern auch der Entnahme von in der Atmosphäre befindlichem und weiter produziertem CO_2. Ein Produkt wie Zement lässt sich nicht ohne CO_2-Emissionen herstellen, weshalb Klimaneutralität nur durch das Abspalten und dauerhafte Lagern oder die Weiterverarbeitung des Kohlendioxids überhaupt möglich ist. In den Szenarien des UNO-Klimarats, die von einem Temperaturanstieg von maximal 2 Grad ausgehen, ist diese CO_2-Entnahme bereits fest eingerechnet.[62]

Eine Option, CO_2 aus der Atmosphäre zu entfernen, ist zumindest technologisch sehr anspruchslos: Durch Aufforstung, Waldmanagement und die Renaturierung von Mooren kann mehr CO_2 in Pflanzen gespeichert werden. Schon heute werden der Atmosphäre ungefähr 2 Milliarden Tonnen CO_2 durch Aufforstung entnommen.[63] Die offensichtlichen Grenzen dieses Vorgehens liegen in der Verfügbarkeit von Boden für die zusätzlichen Pflanzen. Außerdem wird es durch die kontinuierlichen Rodungen und großflächige Waldbrände unterlaufen. Und: 2 Milliarden Tonnen hört sich zwar viel an, entsprechen tatsächlich jedoch nur circa 5 Prozent der jährlich durch fossile Energie emittierten Treibhausgase.

Für das für 2050 von vielen Regierungen und Unternehmen proklamierte Ziel der Klimaneutralität müssten ab Mitte des Jahrhunderts jährlich zwischen 6 und 16 Milliarden Tonnen CO_2 ausgefiltert werden. Bis zum Jahr 2100, so der Sonderbericht des Weltklimarats zum 1,5-Grad-Ziel, müssten insgesamt 730 Milliarden Tonnen Kohlendioxid entnommen werden. Das entspricht etwa dem Zwanzigfachen der Menge an Kohlendioxid, die heute pro Jahr durch die Verbrennung fossiler Energieträger weltweit emittiert wird.[64] Andere Szenarien gehen sogar von bis zu 1100 Milliarden Tonnen aus. Es bedarf also technischer Lösungen.

CO_2-Abscheidung und -Speicherung ist eine grüne Technik, in die auch Unternehmen der fossilen Wirtschaft große Hoffnungen setzen. Wäre es nicht fabelhaft, wenn die fossilen Energieträger weiter verbrannt werden könnten und irgendwo auf der Welt stünden Anlagen, die das dabei produzierte CO_2 wieder ausfiltern, lagern oder weiterverwenden? Nicht zufällig propagieren gerade die Öl- und Gasmultis sowie die energieintensive Industrie die innovativen Technologien als Wundermittel im Kampf gegen den Klimawandel.[65] Ist dies ein realistisches Szenario oder reines *greenwishing* und damit nichts anderes als eine Verzögerungsstrategie?

Natürlich lässt sich technologischer Fortschritt auch hier nicht vorhersagen. Und es gibt zweifelsohne faszinierende Ansätze nicht nur für die CO_2-Speicherung, sondern auch für die Weiternutzung von abgeschiedenem CO_2. Doch all die Projekte sind bislang Experimente im kleinen Maßstab, und es ist unklar, ob, ab wann und mit welchen Kosten sich die Technologien hochskalieren lassen. Erneut werden also viele Versprechen gegeben, deren Umsetzung weit hinterherhinkt. Bis heute kann von CO_2-Speicherung in einem relevanten Umfang nicht die Rede sein. Global hatten die zu diesem Zweck betriebenen Anlagen im Jahr 2022 eine Kapazität von insgesamt 45 Millionen Tonnen. Die Internationale Energieagentur prognostiziert, ausgehend von den gegenwärtigen Planungen, dass die Kapazitäten für die CO_2-Speicherung im Jahr 2030 bei lediglich 20 Prozent dessen liegen werden, was bis dahin erforderlich wäre, um bis 2050 Klimaneutralität zu erreichen.[66] Eine wissenschaftliche Studie von Anfang 2023 befand, dass bis 2050 die Leistungsfähigkeit der entsprechenden Anlagen um den Faktor 1300 höher sein müsste, verglichen mit dem Jahr 2020.[67] Der Glaube an erfolgreichen Klimaschutz verlangt nach einem schier unumstößlichen technologischen Optimismus. Die Unternehmen der fossilen Energiewirtschaft und der energieintensiven Industrie forcieren diesen Optimismus wohl auch deshalb, weil so der öffentliche Druck auf die Beendigung fossiler Geschäftsmodelle reduziert wird. Mit anderen Worten: Es wird Zeit für die Fortsetzung der klimaschädlichen Geschäftspraktiken gewonnen.[68]

Technische Herausforderungen, unklare Risiken bei der Lagerung des Kohlendioxids, politische Widerstände sowie Fragen der Wirtschaftlichkeit stehen hinter der schleppenden Entwicklung der Entnahmetechnologien. Technisch muss etwa sichergestellt werden, dass das CO_2 nicht erneut in die Atmosphäre entweicht. Die Hochskalierung birgt außerdem große Herausforderungen. Die gegenwärtige Kapazität sämtlicher Anlagen zur direkten Entnahme von CO_2 aus der Luft liegt bei 10 000 Tonnen. In Kalifornien wurde gerade die erste kommerzielle Anlage zur direkten Entnahme von CO_2 aus der Luft in den USA eingeweiht. Sie hat eine jährliche Kapazität von 1000 Tonnen, was den Emissionen von ein paar hundert Autos mit Verbrennungsmotor entspricht.[69] Bis zum Jahr 2050 sieht das Klimaneutralitätsszenario der Internationalen Energieagentur vor, dass diese Kapazität auf fast eine Milliarde Tonnen ansteigen soll. Solche Ziele werden festgelegt, ohne dass es die Technologien und Umsetzungspläne geben würde, die die Erreichung des Ziels ermöglichen würden.[70] Es fehlt auch an politischer Unterstützung. Ob mit guten Gründen oder nicht: In Deutschland wurde die Technologie schon einmal vor rund zehn Jahren aufgegeben, weil die Politik die Wähler fürchtete, die kein CO_2-Endlager unter ihren Wohnorten haben wollen.[71]

Hinzu kommen hohe Kosten. Für die Filterung und stabile chemische Bindung des CO_2 wird selbst viel Energie gebraucht. Für die direkte Entnahme von CO_2 aus der Luft werden derzeit Kosten zwischen 600 und 1000 Euro pro Tonne veranschlagt, die IEA schätzt die Kosten bei einer großen Anlage mit einer Kapazität von 1 Million Tonnen auf 125 bis 335 US-Dollar pro Tonne. Eine solche Anlage gibt es allerdings bislang nirgends.[72] Die IEA hofft, dass ab 2030 mit dem *Direct-Air-Capture*-Verfahren eine Tonne CO_2 für weniger als 100 US-Dollar ausgefiltert werden kann.[73] Auch bei den Methoden der Abspaltung und Lagerung (*Carbon Capture and Storage*, CCS) sind die Kosten hoch. Zugleich fehlen die Anreize für die Unternehmen, in solche Technologien mit ihrem eigenen Geld zu investieren, wenn die Kosten für CO_2-Emissionen entweder unberücksichtigt bleiben oder aber CO_2-Zertifikate billig gekauft werden können.[74] Es geht nur mit Subventionen.

Selbst bei technischem Gelingen bleiben demnach gewaltige infrastrukturelle und wirtschaftliche Herausforderungen. Geht man von einer Menge von 6 Milliarden Tonnen jährlich zu entnehmendem CO_2 und einer Kapazität von jährlich 1 Million Tonnen pro Anlage aus, so bedürfte es 6000 solcher Anlagen. Aber wo sollen die stehen? Geht man sehr optimistisch von den von der Industrie angestrebten Kosten von 100 US-Dollar pro Tonne aus, so würde eine Rechnung von jährlich 600 Milliarden US-Dollar zu begleichen sein. Aber wer übernimmt diese Rechnung? Vielleicht gibt es für die Entwicklung der Technologie auch deshalb viel zu wenig politische Förderung, weil man sowieso nicht daran glaubt, dass sich die Pläne umsetzen lassen. Es ist jedenfalls bezeichnend, dass die nötige CO_2-Entnahme nur in geringem Maß in den Selbstverpflichtungen der Regierungen festgeschrieben ist. Klar ist: Wenn grünes Wachstum zu Klimaneutralität führen soll, dann müssen die neuen Technologien den CO_2-Ausstoß tatsächlich massiv reduzieren, und zwar schnell. Angesichts der technologischen Unsicherheiten, der tatsächlichen Investitionsströme und der politischen Zögerlichkeit wird klar, dass die Möglichkeit der Entnahme riesiger Mengen CO_2 aus der Atmosphäre als in die Klimaszenarien bereits eingerechnete Bedingung für die Begrenzung des Klimawandels nicht mehr ist als eine hochriskante Wette.

Neuerdings hört man immer öfter, dass die Pariser Klimaziele zwar *zeitweise* in der Mitte des Jahrhunderts überschritten würden, die Erde sich aber bis zum Jahr 2100 wieder abgekühlt haben werde. Der euphemistische Begriff dafür lautet *overshoot*: Auch wenn es mit der Reduzierung von Treibhausgasen im Moment nicht vorangehe, sei das kein Grund zur Beunruhigung. In der zweiten Hälfte des Jahrhunderts stünden die Technologien bereit, mit denen sich große Mengen Treibhausgase aus der Atmosphäre herausfiltern und speichern lassen. Mittels Injektion von Aerosolen in die Stratosphäre könne zusätzlich ein Schutzschirm aufgespannt werden, der das Sonnenlicht zurück in den Weltraum reflektiert und damit die Erde abkühlt. Die hoffnungsfrohe und zugleich großspurige Verkündung von noch zu erwartenden technologischen Fortschritten des Geoengineering – trotz weitgehender Unerforschtheit der tatsächlichen Machbarkeit, der verbundenen Risiken und der möglichen Finanzierung – soll über die aktuellen Handlungsdefizite ebenso hinwegtäuschen wie über die heutige Ratlosigkeit. Der Technologismus soll beruhigen. Er zeigt auch an, wie es um diejenigen Ideen bestellt ist, die auf mögliche Veränderungen von gesellschaftlichen Strukturen zielen. Sie geraten außer Sichtweite. Stattdessen wird gänzlich auf die Karte einer noch ausgedehnteren Naturbeherrschung gesetzt.

Zweifelsohne ist technologischer Fortschritt von enormer Bedeutung für den weiteren Gang der Dinge in Sachen Klimawandel. Doch weder lassen sich Entwicklung und praktische Einsetzbarkeit von Technologien vorhersehen, noch kann man davon ausgehen, dass technologisch machbare Lösungen, so sie denn gefunden werden, dann auch politisch umgesetzt werden. Technologismus ist eine Form magischen Denkens, das vom Versagen der Strukturen der kapitalistischen Moderne angesichts des Klimawandels ablenkt und dadurch schmerzhafte Entscheidungen in der Gegenwart als unnötig erscheinen lässt. Der Technologismus ist Teil einer »Versprechensmaschine«, die auch den Klimawandel noch zum Bestandteil »eines unendlichen Fortschritts« erklärt.[75]

8 PLANETARE GRENZEN

Was wäre, wenn alles anders kommt, als ich es mit meinen skeptischen Überlegungen skizziert habe? Stellen wir uns für einen kurzen Moment auf den Standpunkt des Optimisten und gehen davon aus, dass die Sache mit dem grünen Wachstum funktioniert, die Transformation zur Entfossilisierung der Energieerzeugung also tatsächlich gelingt. Vielleicht würden die Pläne zur Klimaneutralität nicht exakt wie angepeilt umgesetzt, aber zusammen mit der Entnahme von CO_2 aus der Atmosphäre würde es schlussendlich gelingen, den Klimawandel zu stoppen, bevor die Entwicklung vollends unkontrollierbar wird. Wäre das nicht ein ungeheurer Erfolg für eine Menschheit, die endlich zu ökologisch nachhaltigen Lebensformen gefunden hätte?

Damit ziele ich ins Herz der kapitalistischen Moderne, nämlich auf ihre Vorstellung von Wohlstand durch Wachstum und Fortschritt, die auch die Sehnsucht nach einer Problemlösung durch grünes Wachstum speist. Das Zukunftsbild eines grünen Kapitalismus stellt sich einerseits als Endstation einer kräftezehrenden Reise dar, auf der so manche Gefahrensituation gemeistert werden muss. Andererseits hat es aber auch etwas ungemein Tröstliches. Denn am Ende der Heldenreise lockt die Rückkehr ins Vertraute. Wir werden keine Zündkerzen mehr wechseln, aber wir werden nach wie vor mit dem Auto zur Arbeit fahren. Die Maschinen in den Fabriken werden weiterlaufen, nur eben angetrieben mit Wasserstoff aus Namibia und nicht mehr mit Gas aus Russland. Wir werden in den Urlaub fahren und uns modisch kleiden. Vor allem werden wir weiterhin den Traum vom Wohlstand für alle träumen und danach streben, ihn Wirklichkeit werden zu lassen. An dieser Stelle kehrt der nachdenkliche Realist zurück und fragt sich: Könnte es sein, dass es diese Rückkehr ins Vertraute selbst dann nicht geben kann, wenn der Klimawandel erfolgreich gestoppt würde?

Aus meiner Sicht ist der Traum vom grünen Kapitalismus längst ausgeträumt, weil der Klimawandel nur eine Facette der ökologischen Krise ist, in die sich die kapitalistische Moderne hineinmanövriert hat. Gewiss, der Klimawandel ist die Krise, die derzeit medial und politisch fast alle Aufmerksamkeit auf sich zieht. Und dafür gibt es auch gute Gründe. Ein ungebremster Temperaturanstieg hätte dermaßen dramatische Folgen, dass alles getan werden muss, eine solche Entwicklung zu verhindern. Doch unser Leben auf dem Planeten verlangt auch nach genügend Trinkwasser, nach fruchtbaren Ackerböden, nach der Bestäubung von Pflanzen und nach stabilen Fischbeständen in den Ozeanen.

In den Erdsystemwissenschaften werden die Voraussetzungen für die stabile Existenz menschlichen Lebens auf der Erde seit einigen Jahren mit dem Konzept der planetaren Grenzen erfasst.[1] Anhand dieser Grenzen wird ein Maß für die mögliche Ressourcennutzung definiert, bei dessen Überschreitung ökologische Systeme instabil werden. Insgesamt identifizieren die Erdsystemwissenschaften planetare Grenzen in neun Dimensionen. Neben der Klimakrise sind das die Versauerung der Ozeane, der stratosphärische Ozonabbau, die atmosphärische Aerosolbelastung, die Menge an verbrauchtem Süßwasser, die Landnutzung, der Verlust an Biodiversität, der Phosphor- und Stickstoffkreislauf sowie die Belastung durch vom Menschen erzeugte Chemikalien. Für jede dieser Dimensionen wurden quantitative Belastungsgrenzen definiert, bei sechs von ihnen sind sie bereits überschritten, etwa beim Klimawandel aufgrund der hohen CO_2-Konzentration in der Atmosphäre und bei der Biodiversität aufgrund des rasanten Artensterbens.

Die Perspektive auf planetare Belastungsgrenzen weitet den

Blick über den Klimawandel hinaus auf die ökologischen Auswirkungen menschlicher Aktivitäten insgesamt. In dieselbe Richtung zielt das Konzept des Erdüberlastungstages, mit dem jedes Jahr ein Tag im Kalender berechnet wird, an dem die Nutzung von natürlichen Ressourcen die globale Kapazität zur Wiederherstellung dieser Ressourcen übersteigt.[2] Neben der Menge der Treibhausgasemissionen gehören auch der Zustand der Wälder und der Fischbestände in den Meeren sowie der Stand der Artenvielfalt zu den Indikatoren der Ressourcennutzung. Seit 1970 findet diesem Konzept zufolge eine Übernutzung natürlicher Ressourcen statt, Tendenz zunehmend. Mittlerweile sind die eigentlich für das ganze Jahr zur Verfügung stehenden Ressourcen der Welt bereits Anfang August verbraucht. Für die hoch industrialisierten Länder liegt dieses Datum noch viel früher, für die ärmeren Länder wesentlich später, weil sie ja nur einen kleinen Teil der globalen Ressourcen verbrauchen. Würde die Entwicklung der Ressourcennutzung auf der Welt sich ungebrochen in dieser Weise fortsetzen, würde im Jahr 2050 die doppelte Menge an Ressourcen verbraucht, die die Erde langfristig zur Verfügung stellt. Man bräuchte zwei Erden. Diese Übernutzung destabilisiert Ökosysteme und ist nicht dauerhaft aufrechtzuerhalten. Sie läuft auf einen ökologischen Kollaps hinaus.

Mit dem »materiellen Fußabdruck« gibt es noch einen dritten Indikator, der den Ressourcenverbrauch allgemein misst und Anhaltspunkte für eine Übernutzung natürlicher Ressourcen gibt. Der materielle Fußabdruck beziffert das Gewicht der jedes Jahr auf der Welt extrahierten Rohmaterialien, mit denen letztlich die Konsumnachfrage befriedigt wird. Er lag 1990 bei 43 Milliarden Tonnen. Bis 2017 erhöhte er sich auf 92 Milliarden Tonnen, was einer Steigerung um 113 Prozent entspricht.[3] Die Materialextraktion steigt dabei schneller als das Wirtschaftswachstum und das Bevölkerungswachstum. Insbesondere in Ost- und Südostasien ist der materielle Fußabdruck enorm angewachsen, was sowohl mit der Errichtung neuer Infrastrukturen in Ländern wie China zusammenhängt als auch mit der Verlagerung industrieller Produktion von den USA und Europa in die asiatischen Länder.

Dieser Befund ist enorm wichtig, weil er zeigt, dass es bislang nicht zur Entkopplung von Wirtschaftswachstum und Belastung der natürlichen Umwelt gekommen ist. Ganz im Gegenteil wird Wirtschaftswachstum für die natürliche Umwelt sogar *zunehmend* belastender. 50 Milliarden Tonnen pro Jahr nennen Wissenschaftler als Obergrenze für einen noch nachhaltigen Materialverbrauch. Geschätzt wird hingegen, dass sich der Materialverbrauch bis zum Jahr 2050 auf 200 Milliarden Tonnen erhöhen wird – auf das Vierfache des Verträglichen also.[4] Immer mehr Landschaften werden in billige Waren verwandelt. Das ist ein Prozess, der die kapitalistische Moderne seit Jahrhunderten prägt, der heute jedoch immer schneller und umfassender voranschreitet.[5]

Konzepte wie das der planetaren Grenzen, des Erdüberlastungstages und des materiellen Fußabdrucks zeigen, dass die ökologische Krise viel umfangreicher ist als der Klimawandel und dass es mit der Energiewende nicht getan sein wird. Betrachtet man die Klimakrise isoliert, kann man zu der Auffassung gelangen, dass eine veränderte Erzeugung von Energie eine hinreichende Veränderung wäre, um kapitalistische Moderne und Umwelt miteinander zu versöhnen. Doch es geht ganz klar um eine Übernutzung der planetaren Ressourcen insgesamt, gegen die eine Energiewende nur in einem Teilbereich etwas auszurichten vermag. Auch wenn Kreuzfahrtschiffe zukünftig mit grünem Wasserstoff angetrieben werden sollten, müssen sie doch gebaut werden, wozu riesige Mengen Eisenerz und andere Rohstoffe benötigt werden. Außerdem wird die Umwelt der angefahrenen Destinationen durch die in sie eindringenden Menschen belastet. Jede zusätzliche ökonomische Aktivität hat auch Auswirkungen auf ökologische Systeme. Zwar trägt der mit großem Ressourceneinsatz vorangetriebene Ausbau erneuerbarer Energien dazu bei, das Verbrennen fossiler

Energieträger zu begrenzen, zugleich aber bleiben die Belastungen durch anderen Ressourcenverbrauch bestehen. Zum Teil werden diese Belastungen sogar erst durch die Energiewende selbst produziert.

Die Technologien der Energiewende sind in ihrer Herstellung, Nutzung und bei ihrer Entsorgung nämlich häufig stark umweltschädigend. Für die Produktion von Solarmodulen beispielsweise wird viel Kupfer benötigt, genauer: Ein einziges Solarmodul in der Größe von 1,7 Quadratmetern enthält in etwa ein Kilogramm Kupfer, das vornehmlich für Kabel, Wechselrichter und Transformator gebraucht wird. Beim Abbau der Erze für diese Menge Metall entstehen rund 200 Kilogramm giftige Bergbauschlämme, die Arsen, Cadmium, Quecksilber, Blei und andere Schwermetalle enthalten. Insgesamt werden die durch Photovoltaik verursachten Bergbauschlämme beim Kupferabbau auf jährlich 100 Millionen Tonnen geschätzt, mit gravierenden Folgen für die Umwelt in den Abbaugebieten.[6] Während in Europa und den USA auf den Hausdächern Photovoltaikanlagen installiert werden, ersticken die rohstoffproduzierenden Länder im globalen Süden im toxischen Dreck der »sauberen« Energien. Und wenn die Solarpaneele nach 20 Jahren ausgetauscht werden, fallen riesige Mengen Sondermüll an, wobei nur ein Teil der Materialien wiederverwendet werden kann.

Auch die Herstellung der Batterien für die Elektromobilität ist eine schmutzige Angelegenheit. Man braucht dazu große Mengen Lithium, dessen Abbau ebenfalls enorme ökologische Schäden verursacht und nach immer neuen Opferzonen der Umweltverschmutzung verlangt. Die reichlich anfallenden Bergbauschlämme sind ebenfalls hochtoxisch, hinzu kommt ein gewaltiger Wasserverbrauch, zwei Millionen Liter pro einer Tonne Lithium, um genau zu sein.[7] So wird ein Teilaspekt der globalen Nachhaltigkeitskrise, die Erderwärmung, auf Kosten eines anderen Teils dieser Krise, der Umweltverschmutzung, »gelöst«. Überdies haben die

Umweltfolgen profunde Auswirkungen auf das Leben der in den Abbaugebieten lebenden Bevölkerung.[8] Den rohstoffliefernden Ländern im globalen Süden kommt die Rolle zu, die Energiewende im globalen Norden auf Kosten ihrer eigenen Umwelt und der Zerstörung lokaler Kulturen zu ermöglichen. Für wie selbstverständlich Manager im globalen Norden den Zugriff auf diese Ressourcen betrachten und wie sehr ihr Denken damit in Kontinuität zu kolonialen Ausbeutungsstrukturen steht, machte Mercedes-Chef Ola Källenius in einem Interview deutlich:

> Lithium, das wir in gewaltigen Mengen für Batterien benötigen, ist das neue Erdöl. Der Aufbau der Kapazitäten im Lithium-Bergbau und in der Verarbeitung ist ein gigantisches industrielles Vorhaben. Diese Rohstoffe werden nicht alle in Europa gefördert werden. Dafür brauchen wir Handelsabkommen mit Kanada, Südamerika und Australien. Da ist staatliche Unterstützung nötig.[9]

Mit anderen Worten: Politisch setzt sich bei der Energiewende die neokoloniale Dienstbarmachung anderer Länder fort.[10]

Dies gilt nicht nur für den Abbau von Lithium. Chile etwa steht auch im Zentrum globaler Pläne für die Gewinnung grünen Wasserstoffs mittels Windenergie. Die Projekte werden schon jetzt für Umweltschäden und die Verletzung von Rechten indigener Bevölkerungsgruppen kritisiert. Gleiches gilt für die Projekte in Namibia. Doch auch Windprojekte in Europa haben ökologische Kollateralschäden. So gibt es Überlegungen, in der Nordsee riesige Windparks mit insgesamt mehreren 10 000 Windturbinen aufzubauen, die Strom für bis zu 300 Millionen Haushalte liefern sollen. Für die Fundamente werden gigantische Mengen Beton verbaut und die Anlagen haben erhebliche Folgen für die Ökosysteme des Meeresgebiets.[11] Dies ist kein Argument, auf diese Energie zu verzichten. Aber es zeigt, wie sehr das durch die Energiewende angetriebene Wachstum seinerseits weitere ökologische Schäden verursacht und die Umweltbilanz der Transformation kompromittiert.

Ökonomisch ausgedrückt, kommt es für das Erreichen des Ziels der Klimaneutralität zu neuen Formen der Externalisierung von Umweltschäden. Die Operationsweise der kapitalistischen Moderne setzt sich fort, indem ein Teil der Kosten des Herstellungsprozesses aus der Kostenrechnung herausgehalten wird. Dagegen mobilisiert sich allerdings auch eine nächste Runde des Widerstands, und zwar nicht nur im globalen Süden, wo soziale Bewegungen etwa gegen die Umweltfolgen und die sozialen Folgen des Lithiumabbaus aufbegehren.[12] Die Klimaaktivistin Greta Thunberg protestierte 2023 in Nordnorwegen gegen den Fortbestand eines neuen Windparks auf der Halbinsel Fosen vor Trondheim. Der oberste Gerichtshof Norwegens hatte zuvor die Genehmigung für das Projekt für ungültig erklärt, weil die Anlagen die angestammten Lebensformen der Samen mit ihrer Kultur der Rentierzucht bedrohen.[13] Der Strom, der in dem Windpark produziert wird, dient in großen Teilen der Energieversorgung in Deutschland.

Auf der Habenseite ließe sich vielleicht noch anführen, dass man die negativen ökologischen Folgen, die mit der Energiewende verbunden sind, durch die verstärkte Wiederverwendung der wertvollen Materialien mittels einer ausgebauten Recyclingwirtschaft in den Griff bekommen könnte. Die Experten rechnen jedoch nicht damit, dass das geschieht. Laut Internationaler Energieagentur werden selbst 2040 nur zwölf Prozent der Ausgangsmaterialien für die Batterieproduktion aus recycelten Materialien bestehen können.[14] Dahinter stehen sowohl technische als auch wirtschaftliche Gründe: Die Entnahme von Lithium aus alten Batterien ist wesentlich teurer als sein Abbau. So bleibt allein die Hoffnung auf weiteren technologischen Fortschritt, durch den der Verbrauch der knappen und umweltschädlichen Materialien wirksam reduziert würde. In der Batterieproduktion lautet eine solche Hoffnung, einen

Teil der Batterien zukünftig nicht mehr auf Lithiumbasis, sondern unter Nutzung von Natrium herzustellen.

Doch auch dies wird die Übernutzung der planetaren Ressourcen und die Externalisierung von Umwelteffekten nicht stoppen. Die kapitalistische Wirtschaft »braucht ein ›Außen‹«, auf das sie die Kosten abwälzen kann.[15] Der Verkauf der Zukunft durch die Nichtbeachtung ökologischer Zerstörung ist ein unverzichtbarer Bestandteil unseres Wirtschaftssystems, das immer andere Formen annehmen, nicht aber verschwinden kann. Und ebenso ist dieser Verkauf Teil eines Gesellschaftssystems, das soziale Integration über Wachstum sichert. Genau hierin liegt die Grenze des Modells des grünen Kapitalismus, zumindest wenn damit die nachhaltige Vereinbarkeit von Umweltschutz und wirtschaftlichen Aktivitäten gemeint sein soll.

Vor diesem Hintergrund ist es wenig überraschend, dass selbst die Klimabilanz der für die Energiewende neu entwickelten Technologien weniger eindeutig ist, als man vielleicht erwarten würde. Dies liegt daran, dass bei der Produktion der in ihrem Gebrauch treibhausgasneutralen Technologien häufig viel CO_2 emittiert wird. Will man etwa die Klimabilanz von Elektroautos berechnen, so muss man Produktion, Nutzung und Entsorgung des Produktes berücksichtigen. Bei der Produktion von Elektrofahrzeugen ist insbesondere die Herstellung der Batterie mit hohen Umweltbelastungen verbunden, wie wir gesehen haben. Die am stärksten motorisierten Elektroautos verwenden Batterien mit einer Leistung von etwa 100 Kilowattstunden. Die Produktion einer solchen Batterie führt zum Ausstoß von ungefähr 13 Tonnen CO_2-Äquivalenten.[16]

Beim Gebrauch sind Elektromotoren im Vorteil, weil sie emissionsfrei sind und außerdem nicht wie Verbrenner einen großen Teil ihrer Energie in Wärme umwandeln. Doch alles hängt davon ab, wie der Strom erzeugt wird, und vieles vom Fahrzeug selbst. Wenn der Strom mit fossilen Energieträgern erzeugt wird, verlagert ein Elektrofahrzeug seinen Auspuff nur zum Elektrizitätswerk. Je leistungsstärker und schwerer die Fahrzeuge sind, desto geringer fällt der Klimanutzen aus, weil von diesen Fahrzeugen mehr Strom verbraucht wird und die Herstellung der entsprechend leistungsstärkeren Batterien größere Umweltschäden produziert. Auf den Markt gebracht werden von den Autokonzernen bislang aber gerade schwere Modelle mit besonders leistungsstarken Motoren. Im Vergleich mit einem leichten und weniger stark motorisierten Verbrennerauto verschwindet bei solchen Straßenmonstern der Klimavorteil sogar gänzlich. Hier zeigt sich der unbedingte Wille, bei der Umstellung auf die neue Technologie an den Übersteigerungslogiken des modernen Massenkonsums festzuhalten. Berechnungen der Fraunhofer-Gesellschaft zeigen, dass die CO_2-Bilanz eines Elektrofahrzeugs je nach Batteriekapazität beim derzeitigen Strommix in Deutschland bereits nach 52 000 Kilometern Fahrleistung besser als die eines vergleichbaren Verbrenners wird, im schlechtesten Fall hingegen erst nach 230 000 Kilometern, in dem es dann keine Klimavorteile der Elektromobilität mehr gibt.[17]

Die Elektromobilität ist in der Nutzung aber auch deshalb weiterhin klimabelastend, weil zur Nutzung ja auch die Verkehrsinfrastruktur, also Straßen, Parkplätze, Ladestationen, Werkstätten und Waschstraßen gehören. Außerdem werden E-Autos wie Verbrenner irgendwann verschrottet. Wollte man die Umwelteffekte des Verkehrs insgesamt stärker vermindern, so müsste der Verkehr selbst reduziert werden, was jedoch nicht dem Konzept des grünen Wachstums entspricht. Wie bereits erwähnt: »Nicht weniger fortbewegen, sondern anders«, heißt es bei der Bundesregierung.

Das Fortwirken der strukturellen Mechanismen der kapitalistischen Moderne bei der grünen Transformation führt im Ergebnis dazu, dass trotz grundlegender Veränderung der Energieerzeugung die planetarischen Grenzen immer weiter überschritten werden. Denn was sich nicht verändert, ist das Mantra der Steigerung. Umweltökonomen weisen immer wieder darauf hin, dass Effizienzgewinne auch zu tatsächlichen Einsparungen führen müssen, um die Klimaziele zu erreichen. Doch genau dies geschieht häufig nicht. Frei werdende Ressourcen werden stattdessen sofort wieder in Leistungssteigerung investiert.[18] Klimawissenschaftler sprechen mit Blick auf diesen Zusammenhang von Rebound-Effekten. Die angeführten schweren Elektrofahrzeuge sind dafür ein Beispiel. Ihre starke Motorisierung und das hohe Gewicht lassen die Einsparpotenziale zusammenschmelzen. Doch Energiesparen ist bei der Elektromobilität kein Thema. Der Verbrauch der Fahrzeuge wird nicht hinterfragt, weil der Elektromotor das Problem angeblich bereits löst. Die Verwunderung über diese Reinvestition von Effizienzgewinnen wird häufig im Duktus eines Vorwurfs an die Konsumenten vorgetragen, die sich einfach nicht zurücknehmen wollen. Übergangen wird dabei, dass dieses Verhalten nicht einfach eine moralische Schwäche, sondern das Wachstumsparadigma der kapitalistischen Moderne zum Ausdruck bringt.[19]

Rebound-Effekte lassen sich in vielen Bereichen beobachten: Eine bessere Verkehrsinfrastruktur macht das Auto für mehr Menschen als Fortbewegungsmittel attraktiv und führt somit zu mehr Verkehr. Auch die nicht stationären Carsharing-Angebote in den Städten führen nicht etwa zu dem beabsichtigten Effekt der Reduzierung privater PKW. Menschen, die kein eigenes Auto haben, benutzen jetzt zusätzlich noch das Carsharing-Angebot zur Optimierung ihrer Mobilität.[20] Die in den Städten zur Miete angebotenen Elektroroller haben eine negative CO_2-Bilanz, weil sie in der Regel den Gang zu Fuß ersetzen oder die Fahrt mit der U-Bahn, nicht aber das Auto.[21] Die Einführung von energiesparenden Leuchtdioden führt dazu, dass Menschen ihre Wohnungen heller beleuchten und weniger darauf achten, das Licht auszuschalten, wenn sie sich nicht in den Räumen aufhalten. Dies sind nur einige Beispiele.[22]

Rebound-Effekte sind ein bedeutendes Hindernis auf dem Weg zu einer klimaneutralen und umweltgerechten Wirtschaft. Doch sie entsprechen völlig der Wachstumslogik der kapitalistischen Moderne. In der kapitalistischen Wirtschaft werden alle Effizienzgewinne prinzipiell in neue wirtschaftliche Aktivitäten übertragen. Eine effizientere Maschine, die von weniger Arbeitern bedient werden kann als das vorherige Modell, führt nicht zu verkürzten Arbeitszeiten, sondern zur Anschaffung einer weiteren Maschine, an der die eingesparte Arbeitskraft jetzt eingesetzt wird. Diese Reinvestition von Effizienzgewinnen ist genau das wirtschaftliche Prinzip, auf dessen Grundlage Wachstum und Gewinne erzielt werden. Dass dies auch im Fall von Innovationen geschieht, die im Prinzip zu geringeren Umweltbelastungen führen könnten, ist nicht überraschend. Gleiches gilt für das Konsumverhalten. Wenn die Preise für ein Konsumgut sinken, wird nicht weniger ausgegeben, sondern noch etwas anderes gekauft. Das Noch-mehr, Noch-leistungsstärker und Noch-größer entspricht auch hier genau dem systemischen Mechanismus. Es ist gerade die Aussicht auf ein noch stärker motorisiertes Auto und auf noch mehr zur Verfügung stehende Energie, die die Motivation bei den Konsumentinnen und Konsumenten schafft, sich auf die Veränderungen überhaupt einzulassen. Klimagewissen und Fortschrittsnarrativ werden versöhnt. Grünes Wirtschaften setzt sich durch, wenn es das Wachstumsversprechen der kapitalistischen Moderne bekräftigt. Klima und Umwelt bleiben auf der Strecke. Um daran etwas zu ändern, müsste etwas geschehen, was in den bestehenden Strukturen nicht geschehen kann: die Verringerung wirtschaftlicher Aktivitäten.

9 WIE WEITER?

Der Ausstoß riesiger Mengen Treibhausgase lässt sich mit einem Tanker vergleichen, der einen Bremsweg von vielen Jahrzehnten hat. Dass er so lange braucht, um zum Stillstand zu kommen, liegt aber nicht allein an seinem Gewicht. Darüber hinaus erlauben die Steuerinstrumente nur bestimmte Manöver, andere hingegen sind blockiert. Auf der Kommandobrücke und im Maschinenraum des Tankers arbeitet eine Vielzahl von Menschen. Einige von ihnen wollen scharf bremsen, andere einfach weiterfahren. Noch dazu besteht die Vermutung, dass der Tanker sich überhaupt nicht stoppen lässt, ohne auseinanderzubrechen.

Bisher habe ich einen Blick auf die Konstruktionspläne, auf die Kommandobrücke und in den Maschinenraum dieses Tankers geworfen, um zu einem Verständnis der Mechanismen zu gelangen, welche die Welt in die Klimakrise gebracht haben und auch den Ausweg versperren. Der in dem Buch zum Ausdruck gebrachte nachdenkliche Realismus bedeutet an erster Stelle, die Kräfte in Wirtschaft und Politik sowie bei Bürgern und Konsumenten zu verstehen, die die Handlungsweisen im Kampf gegen die Klimakrise bestimmen und angemessene Reaktionen verhindern.

Niemand kann genau wissen, welche Klimabedingungen am Ende des 21. Jahrhunderts vorherrschen werden, doch so viel ist klar: Wir werden in den kommenden Jahrzehnten von weiterer bedeutender Erderwärmung betroffen sein. Die Auswirkungen werden erheblich sein, sie werden global sein und sie werden zwischen Ländern und innerhalb von Gesellschaften ungleich verteilt sein. Bisher konnten Gesellschaften die Kontinuität der natürlichen Lebensgrundlagen als gegeben voraussetzen, hin und wieder erschüttert durch vorübergehende Naturkatastrophen. Mit dem Klimawandel entsteht eine, wie es der Kulturwissenschaftler Martin Müller ausdrückt, »neue Unzuverlässigkeit der Natur«.[1]

Die Natur selbst wird zu einer Variablen, indem sie sich als zerbrechlich offenbart. Dies fordert die gesellschaftlichen Steuerungsmechanismen heraus, eine drastisch erhöhte Komplexität zu verarbeiten. Doch bislang löst die Klimaveränderung nicht die notwendigen sozialen Kräfte aus, die bestehenden gesellschaftlichen Strukturen so zu verändern, dass die notwendige Eingrenzung des Klimawandels möglich würde. Der Kampf gegen den Klimawandel scheitert an den Macht- und Anreizstrukturen des auf Gewinnerwirtschaftung, Konsum und unbegrenztes Wachstum geeichten Gesellschaftssystems – trotz des Wissens um die Gefahren zukünftiger Klimaveränderung. Dabei läuft die Zeit auch politisch davon, weil der Klimawandel sich dynamisch weiterentwickelt und damit immer schwieriger zu handhaben sein wird.

Das heißt nicht, dass nichts geschehen würde. Aber es reicht nicht. Es heißt auch nicht, dass es keine Besorgnis gäbe. Es gibt soziale Bewegungen von Klimaschützern, die mit teils spektakulären Aktionen auf die Misere aufmerksam machen. Auch Wissenschaftler und Medien warnen vielfach. Und in Meinungsumfragen sehen in vielen Ländern die allermeisten Menschen den Klimawandel als ein großes oder sogar als das größte Problem unserer Zeit. Dies gilt ebenso für viele Politiker. Und auch die Konzernlenker haben Familien, deren zukünftiges Leben ihnen vermutlich nicht gleichgültig ist. Doch diese Besorgnis stößt auf Strukturen, die machtvoller sind als Einsicht und Sorge. Investitionsentscheidungen werden unter Gesichtspunkten der Rentabilität getroffen, egal, welche Diskussionen morgens am Frühstückstisch der Manager stattfinden. Politiker müssen Mehrheiten organisieren und gehen dafür Kompromisse ein. Konsum und dessen Steigerung, die Angst vor dem Verlust vertrauter Lebensstile und von Arbeitsplätzen sind wirkmächtige Zutaten in der sozialen Ordnung moderner

Gesellschaften. Und selbst bei größtem individuellen Umweltbewusstsein kommen Menschen nicht gegen die Infrastrukturen an, die für ein Leben mit fossilen Brennstoffen errichtet wurden.

Die Antworten auf den Klimawandel bewegen sich innerhalb strukturell bedingter Schranken und können daher die notwendigen Veränderungen nicht hervorbringen. Nötig wäre eine Vollbremsung, die schnelle Reduzierung der verschiedenen Ressourcenbelastungen unter die zuvor geschilderten planetaren Grenzen. Möglich wäre dies nur durch die Abkehr vom Wachstumsimperativ der Wirtschaft, durch politisch beschlossene und forcierte Maßnahmen zum Klimaschutz und durch die Umstellung auf Lebensformen, bei denen der exzessive Konsum seine vorherrschende Rolle verliert. Doch all dies geschieht nicht. Stattdessen steigt die Verbrennung fossiler Energieträger weiter, finden politische Entscheidungen ihre Grenzen an der kippenden Zustimmung der Wähler sowie den Renditeerwartungen privater Investoren und verteidigen Konsumenten ihre etablierten Lebensformen.

Das wirft die Frage nach den verbleibenden Möglichkeiten auf. Worauf sollte sich die Aufmerksamkeit richten, wenn wir davon ausgehen, dass sich die Erde in diesem Jahrhundert möglicherweise um 2,5 Grad im Vergleich zur Temperatur des vorindustriellen Zeitalters aufheizt? Am Ende dieses Buches möchte ich versuchen, ein Bild davon zu zeichnen, was es heißen könnte, angesichts dessen klug und moralisch zu handeln.

Überlegungen zum politischen Handeln können nach den Betrachtungen der voranstehenden Kapitel nicht leicht von der Hand gehen. Denn meine Ausführungen zeigten ja gerade, wie die durch die kapitalistische Moderne gesetzten Macht- und Anreizstrukturen die angemessene Reaktion auf den Klimawandel blockieren. Daher wäre Resignation eine durchaus nachvollziehbare Schlussfolgerung. Es ist jedoch nicht die, die ich ziehe. Denn ganz gleich, welche Folgen der Klimawandel in den nächsten Jahrzehnten haben wird: Gesellschaften müssen auf die Situation reagieren. Alles andere würde auf die Hinnahme eines zivilisatorischen Zusammenbruchs hinauslaufen.

Wenn also nicht Resignation, was dann? Der eine oder andere mag aus dem Gesagten vielleicht die Forderung ableiten, den Kapitalismus selbst abzuschaffen. Denn wäre, so die Überlegung, das Gesellschaftssystem der kapitalistischen Moderne erst bezwungen, würde Raum für eine soziale Ordnung entstehen, die frei ist von Wachstumszwang und der Übernutzung natürlicher Ressourcen. Dies ist die Position von Verfechtern einer Postwachstumsgesellschaft. Weiter oben habe ich bereits das bemerkenswerte Buch von Jason Hickel erwähnt, in dem dieser sehr überzeugend zeigt, wie der Kapitalismus die natürlichen Grundlagen des Planeten zerstört und dass die Lösung nur in einer Verringerung des Ressourcenverbrauchs liegen kann.[2] Auf vielen Seiten skizziert er sehr ansprechend die Konturen einer alternativen Postwachstumsgesellschaft. Die amerikanische Philosophin Nancy Fraser stieß jüngst in dasselbe Horn. Um der Klimakrise zu begegnen, so stellt sie fest, müsse »zuallererst die Macht, unser Verhältnis zur Natur zu bestimmen, der Klasse entrissen werden, die sie derzeit monopolisiert, damit wir dieses Verhältnis endlich von Grund auf neu erfinden können«.[3]

Ich bin ebenfalls der Auffassung, dass für ein Leben innerhalb der planetarischen Grenzen kein Weg an nachhaltigen Beschränkungen von wirtschaftlichem Wachstum und exzessivem Konsum vor allem in den hoch entwickelten Ländern vorbeiführt und dass solche Einschränkungen nicht mit den bestehenden Strukturen der kapitalistischen Moderne vereinbar sind. Und dennoch frage ich mich, ob hinter den eingängigen Forderungen nach einem radikalen Systemwechsel mehr steht als eine routinierte Attitüde.[4] Denn sie lassen völlig offen, wie es Gesellschaften gelingen soll, sich angesichts der *bestehenden* Macht- und Anreizstrukturen in solche Postwachstumsgesellschaften zu verwandeln. Und ebenso schweigen sie sich darüber aus, wie sich eine schrumpfende Wirtschaft mit gesellschaftlicher Stabilität verträgt. Solange die Systemwechsel-Forderung nicht als politikfähiges Programm ausbuchstabiert wird, ist sie nicht mehr als eine schöne Utopie, in die sich wohlwollende Leser kurzzeitig flüchten können. Darüber hinaus produzieren derartige Erlösungserzählungen zuverlässig neue Enttäuschungen, weil sich bald herausstellt, dass die in ihnen ausgeschmückten Veränderungen nicht – oder zumindest nicht in absehbarer Zeit – eintreten werden. In der akuten Sache des Klimawandels helfen sie jedenfalls nicht weiter.

Zweifelsohne ist die kapitalistische Moderne auch nur eine geschichtliche Epoche, die wie alle historischen Formationen irgendwann enden wird. Es gibt keine Ewigkeitsgarantie für den Kapitalismus. Irgendwann einmal wird ein Museum der Geschichte des Kapitalismus errichtet, das die Besucher mit ähnlich ungläubigem Blick durchschreiten werden, wie wir uns heute eine Ausstellung über das antike Rom, die Hochkultur der Maya oder den Feudalismus anschauen. Doch wer heute mit wachem politischen Blick durch die Welt geht, sieht einen quicklebendigen Kapitalismus, der zwar hin und wieder durch Krisen erschüttert wird, aber offensichtlich imstande ist, sich chamäleonesk an veränderte Bedingungen anzupassen. Bestätigt wird dies auch durch die tatsächlich eingeschlagenen Wege zur Reduzierung des Treibhausgasausstoßes, die eher auf einen grünen Turbokapitalismus hindeuten als auf ein Ende dieses Wirtschaftssystems. Eine breit getragene antisystemische Protestbewegung, wie von Nancy Fraser angemahnt, gibt es derzeit nicht, sosehr sie sich einige auch wünschen. Das heißt natürlich nicht, dass es sie nie geben wird.

Die Frage »Wie weiter?« verlangt nach einer Antwort, in der *gangbare* Wege aufgezeigt werden, wie Druck von den ökologischen Systemen der Erde genommen werden könnte. Hierfür wäre der Sturz der gesamten Wirtschafts- und Gesellschaftsordnung möglicherweise noch nicht einmal zielführend. Denn dieser würde ja nicht per Handschlag vereinbart werden und friedlich vonstattengehen, sondern sich im Rahmen politischer und wirtschaftlicher Kämpfe vollziehen, in deren Verlauf Klimapolitik vermutlich keine Priorität hätte. Außerdem erstrecken sich solche fundamentalen sozialen Wandlungsprozesse über Jahrzehnte oder sogar Jahrhunderte.[5] Angesichts des unbarmherzigen Zeitplans, den uns der Klimawandel diktiert, kann man nur sagen: Wir haben schlicht nicht die Zeit, erst die bestehende Gesellschaftsordnung umzustoßen, dann eine neue zu errichten, um schließlich irgendwann einmal das Klimaproblem anzugehen. Ganz abgesehen davon, dass man die Zuversicht haben müsste, dass ein anderes politisches und wirtschaftliches System tatsächlich der natürlichen Umwelt Priorität einräumen würde und dies auch global durchsetzen könnte. Dies alles mag man der gegenwärtigen Situation als zusätzliche Paradoxie hinzurechnen. Sie lässt sich aber nicht wegwünschen.

Für mich folgt aus dem Gesagten die Aufgabe, realistische Ansatzpunkte für die Klimapolitik zu benennen, und zwar im klaren Bewusstsein, dass diese keinen gordischen Knoten zerschlagen werden und daher auch von weiterer Klimaerwärmung ausgegangen werden muss. Klimapolitik findet in einem Gefüge komplexer Verschachtelungen von Interessen und Strukturen, Lebensformen und Überzeugungen sowie Möglichkeiten und Alternativen statt, die sich als Dilemmata auf der ganzen Bandbreite vom Lokalen zum Globalen bemerkbar machen und teilweise enorm weite Zeithorizonte umfassen. Das ist der Grund, warum der Klimawandel ein tückisches Problem ist, das mit hoher Ungewissheit hinsichtlich der weiteren Entwicklungen einhergeht und keine klaren Lösungen erwarten lässt, die auf einfache Weise umsetzbar wären und es damit aus der Welt schaffen.[6] Zu erwarten sind allenfalls partielle Lösungen – und dass die Lösungswege sich im Lichte der Entwicklungen und Erfahrungen ständig verändern und grundsätzlich umstritten bleiben. Darüber hinaus müssen bei allen Vorschlägen stets die sozialen und politischen Bedingungen und Folgen der

Umsetzung im Blick bleiben. Mit anderen Worten: Tückische Probleme sind politisch besonders schwer zu handhaben.

Auf einer allgemeinen Ebene kann es daher nur darum gehen, eine Perspektive zu entwickeln, deren Umsetzung politisch machbar ist und dabei helfen würde, Zeit zu gewinnen, damit sich Gesellschaften besser auf den Klimawandel einstellen können, die Defossilisierung der Energiegewinnung beschleunigt und das Wachstum der Ressourcennutzung reduziert werden kann. Erneut sei daran erinnert, dass der Klimawandel keine Entweder-oder-Angelegenheit ist, sondern eine des Mehr-oder-weniger. Eine Verlangsamung des Klimawandels verschafft lediglich mehr Zeit, in der aber gesellschaftliche und technische Entwicklungen stattfinden könnten, die neue politische Optionen eröffnen. Hierzu könnten auch die absehbar dramatischer werdenden Erfahrungen mit den Folgen des Klimawandels selbst beitragen, die vielleicht die Handlungsbereitschaft bei Wirtschaft, Politik und Bürgerinnen und Bürgern erhöhen.[7]

Auszugehen ist jedenfalls von der Realität. Der Klimawandel ist längst da, er wird sich verstärken und eine große Dramatik entfalten. Ein Anstieg der globalen Durchschnittstemperatur um 2,7 Grad gegenüber dem vorindustriellen Niveau würde nach Meinung von Experten dazu führen, dass ein Drittel der Weltbevölkerung aus der sogenannten Klima-Nische herausfiele.[8] Das hieße für ungefähr drei Milliarden Menschen auf dem Globus im 22. Jahrhundert ein Leben in Gebieten, die aufgrund großer Hitze und Trockenheit für den menschlichen Organismus eigentlich unbewohnbar sind. Schon heute lassen die Hitzeperioden in Indien und Thailand oder die gestiegenen Temperaturen in den arabischen Ländern erahnen, was dies konkret bedeuten wird. Und auch in den Vereinigten Staaten und in Europa gibt es längst Vorboten von klimatischen Bedingungen, unter denen sich Gesellschaften gleichzeitig mit den Ursachen und mit den Folgen des Klimawandels auseinandersetzen müssten. Klima*schutz* ist schon allein deshalb eine epochale Aufgabe, weil ein ungebremster Klimawandel Folgen hätte, die so verheerend wären, dass sie sich nicht mehr durch Anpassungsmaßnahmen beherrschen ließen. Zusätzlich müssen Gesellschaften aber verstärkt dazu übergehen, Anpassungen an die zu erwartenden veränderten klimatischen Bedingungen vorzunehmen.

Wenn sich zunehmend Trockenheit ausbreitet, ist es erforderlich, Wassersysteme neu zu konzipieren, damit die Wasserversorgung von Haushalten, Industrie und Landwirtschaft gesichert ist. Prioritäten müssen gesetzt, derzeit praktizierte Formen der Landwirtschaft und des Tourismus müssen überdacht werden. Wie kann Landwirtschaft so gestaltet werden, dass ihr Wasserverbrauch sinkt? Wenn die Temperaturen im Sommer auf über 40 Grad ansteigen, müssen Städte bewohnbar gehalten werden, beispielsweise durch Begrünung, Verschattung von öffentlichen Plätzen oder die Errichtung öffentlicher Räume zur Abkühlung. Wenn in Teilen der Welt sich lange anhaltende Hitzeperioden häufen, dann muss die Bevölkerung geschützt werden, etwa mithilfe der Installation von Klimaanlagen – sei es in asiatischen Großstädten oder in französischen Altersheimen – und der Bereitstellung eines öffentlichen Gesundheitssystems, das auf die gesundheitlichen Folgen von Hitzeperioden vorbereitet ist. Gleichzeitig müssen Stromnetze so ausgebaut werden, dass diese dem erhöhten Energiebedarf standhalten. Und wenn der Meeresspiegel steigt, sind küstennahe Ortschaften zu schützen oder aber Entscheidungen zu ihrer Räumung zu treffen. Dies sind nur wenige Beispiele für notwendige und politisch zu beschließende Anpassungen an eine Welt, in der die Folgen des Klimawandels immer stärker in den Vordergrund rücken werden. Sie stellen sich als Herausforderungen bereits heute.

Klimaanpassung ist allerdings nicht bloß eine ingenieurwissenschaftliche Aufgabe. Auch gesellschaftliche und politische Ordnungen müssen resilienter werden gegen den sozialen Stress, der aus den veränderten klimatischen Bedingungen entsteht. Diese

Frage erfährt aus meiner Sicht noch zu wenig Aufmerksamkeit, und die Sozialwissenschaften, in deren Bereich sie fällt, sind aufgefordert, hier ihren Beitrag zu leisten. Fakt ist: Je stärker die Folgen des Klimawandels spürbar werden, desto stärker kommen auch soziale und politische Ordnungen unter Druck, weil sich innergesellschaftliche und zwischenstaatliche Konflikte verstärken. Diese Konflikte werden um die Nutzung knapper werdenden Wassers, um die Art von Landwirtschaft und Bebauung, die künftig möglich ist, um die Extraktion von Ressourcen und um die Veränderung von Lebensweisen kreisen. Verstärkt werden sie dadurch, dass ein immer größerer Anteil der vorhandenen finanziellen Ressourcen für kurzfristige Anpassungen und Schadensbehebung verwendet werden muss und damit nicht für den Klimaschutz zur Verfügung steht. Und übrigens auch nicht für die zahlreichen anderen Aufgaben, die in jedem Gemeinwesen nach wie vor anfallen, die finanziert werden müssen und politische Aufmerksamkeit benötigen.

Darüber hinaus geht es um die Eindämmung gewaltsamer Konflikte, die der Klimawandel verstärkt, und um eine angemessene Reaktion auf die prekärer werdende Versorgungssicherheit aufgrund sinkender landwirtschaftlicher Produktivität und wachsender sozialer Konflikte. Für Naturkatastrophen gilt allgemein, dass ärmere Bevölkerungsgruppen weniger geschützt sind und größere Schäden erfahren als reichere.[9] Das gilt auch in Bezug auf den Klimawandel. Die stärksten Schäden werden im globalen Süden erwartet, das heißt in Ländern, die noch dazu die geringsten Mittel haben, sich vor den Folgen zu schützen.

Die Zunahme von Schäden durch den Klimawandel und die Notwendigkeit, mehr Ressourcen für Klimaschutz und Klimaanpassung aufwenden zu müssen, führen zu einer brisanten sozialen und politischen Lage. Denn verteilt werden in der Zukunft immer weniger Zugewinne und immer mehr Verluste.[10] Das kratzt an Selbstverständnis und Zukunftsversprechen der kapitalistischen

Moderne und befördert Polarisierungen und Konflikte. In dieser Situation eine inklusive Struktur sozialer Ordnung aufrechtzuerhalten, wird alle Aufmerksamkeit verlangen. Sonst droht ein Szenario, das der US-amerikanische Soziologe und Historiker Mike Davis vor einigen Jahren wie folgt beschrieben hat:

> Anstatt kühne Innovationen und internationale Zusammenarbeit zu beflügeln, könnten wachsende ökologische und sozioökonomische Verwerfungen einfach dazu führen, dass die Eliten noch fieberhafter nach Wegen suchen, sich vom Rest der Menschheit abzuschotten. In diesem wenig erkundeten, aber nicht unwahrscheinlichen Szenario würde eine globale Schadensbegrenzung stillschweigend aufgegeben [...] zugunsten von forcierten Investitionen in eine selektive Anpassung der First-Class-Passagiere der Erde. Das Ziel wäre die Schaffung von grünen, eingezäunten Oasen des permanenten Wohlstands auf einem ansonsten leidgeprüften Planeten.[11]

Wie also ist soziale Ordnung unter Bedingungen einer unzuverlässiger werdenden Natur und der zuvor beschriebenen unvermeidlichen Umverteilung vorhandener Ressourcen möglich? Um diese Frage zu beantworten, möchte ich auf das analytische Modell zurückkommen, das ich in Kapitel 2 präsentiert habe. Auf der Grundlage einer Unterscheidung zwischen Wirtschaft, Politik und Bevölkerung (Bürger und Konsumenten) habe ich dort behauptet, dass die Akteure nach zwar je eigenen Prinzipien handeln, aber auch wechselseitig voneinander abhängig sind und aufeinander Einfluss nehmen. Daran schließt sich nun die These an, dass Maßnahmen zur Klimaanpassung und zum Klimaschutz nur dann eine realistische Chance auf Umsetzung haben, wenn ihre einzelnen Schritte so zugeschnitten werden, dass sie die jeweiligen Logiken der Handlungssphären und deren wechselseitige Einflusskanäle nutzen. Daraus ergeben sich konkrete Ansatzpunkte für eine realistische Klimapolitik.

Schauen wir als Erstes auf die Ökonomie. Wie dargelegt, ist es für Wirtschaftsunternehmen gleichgültig, womit sie ihren Gewinn erzielen. Allein Gewinnaussichten als solche motivieren Investitionen, den Ausschlag geben die veranschlagten Kosten und die zu erwartenden Erlöse der jeweiligen Geschäftsmodelle. Der Mechanismus der Veränderung wirtschaftlichen Handelns kann daher nur in der Umgestaltung von unternehmerischen Anreizstrukturen bestehen: sowohl durch finanzielle Anstöße als auch durch regulative Vorgaben. Die strukturelle Macht der Wirtschaft, also ihre Möglichkeit, Investitionen zu verlagern oder zu unterlassen, bringt es mit sich, dass für die Unternehmen »akzeptable« Gewinnerwartungen bestehen bleiben müssen. Doch durch die Förderung klimaverträglicher Geschäftsmodelle, die konsequente finanzielle Belastung von Treibhausgasemissionen mittels Besteuerung und die regulative Beschränkung von Emissionen verändern sich Rentabilitätserwartungen. Natürlich werden die Platzhirsche im Markt gegen solche Veränderungen Widerstand leisten, um bestehende Pfade der Gewinnerwirtschaftung weiterführen zu können.[12] Zumindest ist aber der Steuerungsmechanismus klar benennbar und die bestehende Herausforderung ist beschreibbar: Wie kann Wettbewerbspolitik so gestaltet werden, dass die Rolle der Herausforderer gegenüber den Platzhirschen gestärkt wird? Wie können innerhalb von Unternehmen und Politik Koalitionen befördert werden, die den Klimaschutz voranbringen?

Da die Rahmenbedingungen für die Wirtschaft politisch festgelegt werden, kommt es auf die Schlagkraft politischer Macht an, Regulierungen so festzulegen, dass sich Dekarbonisierung beschleunigt. Der Handlungsspielraum der Politik hängt wiederum davon ab, ob für die Regierenden die Aussicht besteht, dass wirtschaftliche Prosperität und Steuereinnahmen sowie Loyalität der Bevölkerung erhalten bleiben. Genutzt werden müssen bestehende politische Spielräume, um Investitionen in den Klimaschutz und die Klimaanpassung zu lenken.[13] Und Politiker müssen für den Klimaschutz Überzeugungsarbeit leisten. Das Rechtssystem kann dabei eine wichtige Rolle übernehmen, denn über dessen Bindewirkung können die Freiheitsrechte zukünftiger Generationen und der Erhalt der natürlichen Lebensgrundlagen einen größeren Stellenwert für die beiden Funktionssysteme Wirtschaft und Politik erlangen.[14]

Der zweite Ansatzpunkt zur Stärkung politischer Durchsetzungsfähigkeit in der Klimapolitik schaut auf die Wählerschaft. Es geht um die Ausweitung politischer Unterstützung für den Klimaschutz und für Maßnahmen der Klimaanpassung in der Bevölkerung, und zwar nicht nur in der abstrakten Form einer generellen Zustimmung in Meinungsumfragen, sondern auch dann, wenn Maßnahmen Belastungen und bedeutende Veränderungen mit sich bringen.[15] Es ist ja offensichtlich, dass Klimaschutzmaßnahmen Ablehnung erfahren, wenn damit nennenswerte persönliche Einschränkungen verbunden sind. Sie rufen dann regelmäßig politische Konflikte hervor, an denen Klimapolitik schlussendlich scheitert.

Forschungen zeigen, dass die Zustimmungsbereitschaft von Wählern bei Maßnahmen zur Klimaanpassung höher liegt als bei Maßnahmen zum Klimaschutz.[16] Die Erklärung hierfür ist, dass letztere viel eher konkret als lebenspraktischer Gewinn erfahrbar sind. Die Errichtung von Anlagen zum Hochwasserschutz am eigenen Ort, die Ausstattung von Schulen mit einer Klimaanlage oder die Bepflanzung städtischer Plätze mit Bäumen sind konkret erlebte Verbesserungen des Schutzes vor den Folgen des Klimawandels. Sie betreffen Kollektivgüter, an denen alle Menschen teilhaben können. Anders sieht es häufig bei Maßnahmen aus, die auf den Klimaschutz zielen. Die Verpflichtung zum Einbau von Wärmepumpen oder die Erhöhung von Benzinpreisen führen zu Belastungen, deren Nutzen abstrakt bleibt. Die Frage lautet dann nicht selten: Welche Rolle spielt mein Opfer angesichts der globalen Dimension des Problems?

Mein Vorschlag wäre, sich stärker an ebenjenen als lebenspraktische Verbesserung erfahrbaren Maßnahmen der Klimaanpassung zu orientieren, auch in der Hoffnung, dass sich dadurch das Bewusstsein für die Bedeutung der Klimaproblematik bei den Menschen insgesamt erhöht und allmählich ein soziales Klima entsteht, das die Handlungsbereitschaft stärkt. Dies gilt vermutlich umso mehr, je mehr die Bevölkerung in die vor Ort umzusetzenden Maßnahmen eingebunden ist und deren konkreten Nutzen anerkennt. Aber Achtung: Das heißt natürlich nicht, dass Klimaschutz vernachlässigt werden darf.

Politisch kluges Handeln muss auch berücksichtigen, dass Einstellungen zur Klimapolitik sich zwischen sozialen Gruppen unterscheiden. Der Soziologe Sighard Neckel hat darauf hingewiesen, dass unterschiedliche Bevölkerungsgruppen auch an unterschiedlicher Klimapolitik interessiert sind. Während urbane Mittelschichtsmilieus dabei an den klimagerechten Umbau ihrer Wohnquartiere denken, mit fahrradfreundlichen und verkehrsberuhigten Straßen, städtischer Begrünung, ökologisch orientierter Bebauung und nachhaltigen Einkaufsmöglichkeiten, kommt es für traditionale und weniger finanzstarke soziale Schichten nicht auf einen solchen grünen Lifestyle an, sondern vor allem darauf, dass kollektive Infrastrukturen der Daseinsvorsorge vorhanden sind, mit denen ihre Umweltbelastung sinkt und gesunde Lebensformen ermöglicht werden. Hierzu zählen dann grüne Naherholungsgebiete, gesundes Schulessen oder ein gut funktionierender Nahverkehr. »Über wessen Nachhaltigkeit sprechen wir?«, zitiert Neckel die Stadtforscherin Miriam Greenberg.[17] Das verweist darauf, dass Klimapolitik möglicherweise dann breitere gesellschaftliche Unterstützung mobilisieren kann, wenn sie diese unterschiedlichen Interessen durch vielschichtige politische Maßnahmen berücksichtigt.

Ein weiterer wichtiger Schritt, die Zustimmungsbereitschaft zur

Klimaschutzpolitik zu erhöhen, besteht unzweifelhaft darin, dass Belastungen sozial ausgeglichen werden.[18] Auf die verteilungspolitische Problematik von Klimapolitik habe ich in diesem Buch verschiedentlich hingewiesen. Seien es CO_2-Steuern, Wärmepumpen oder Elektrofahrzeuge: Die für die oberen zehn Prozent der Bevölkerung leicht zu schulternden zusätzlichen Belastungen überfordern Haushalte bis in die obere Mittelschicht hinein, zumal vor dem Hintergrund, dass die weitgehende Stagnation bei den Einkommen, von der die Mitte der Gesellschaft während der letzten Jahrzehnte betroffen war, viele Menschen ohnehin bereits in eine finanziell bedrängte Lage gebracht hat. Aus dadurch entstehenden Ängsten vor sozialer Deklassierung entwickelt sich politisches Ressentiment, das ebenjene politischen Mobilisierungen erleichtert, die Klimapolitik zu Fall bringen. Je unabweisbarer und höher die Schäden durch Klimaveränderungen und der Aufwand für Klimapolitik angesichts fortschreitenden Klimawandels werden, desto größer ist die Gefahr, dass Klimapolitik zur neuen Spaltlinie der Gesellschaft wird und einem autoritären Populismus Vorschub leistet.[19]

Reduzieren ließe sich diese Gefahr, wenn einerseits vermieden würde, klimapolitische Maßnahmen mit einem Gestus der moralischen Überlegenheit zu kommunizieren, der mindestens gefühlt zu Abwertungen und dem Verlust an Anerkennung bei einem Teil der Bevölkerung führt. Andererseits müssten individuelle finanzielle Belastungen bis in die obere Mittelschicht aufgefangen werden, entweder indem die Aufwendungen ohnehin kollektiv – also aus öffentlichen Haushalten – bestritten werden oder, wo dies nicht möglich ist, individuelle Mehraufwendungen konsequent kollektiv – also aus öffentlichen Haushalten – kompensiert werden.[20] Dabei ergeben sich bei klimapolitischen Maßnahmen auch Gelegenheiten, einzelne Regionen gezielt strukturpolitisch zu unterstützen und dadurch politische Zustimmung von sozialen Gruppen zu gewinnen, die der Klimapolitik eher skeptisch begegnen.[21]

Auch hinsichtlich der notwendigen Unterstützung des globalen Südens gilt es, Widerstände zu überwinden. Hierfür ausreichend Geld zu mobilisieren, ist politisch enorm schwierig, weil es kaum zu vermitteln ist, dass knappe Steuergelder für Südafrika oder Indonesien verausgabt werden. Doch möglicherweise hilft es, wenn deutlich gemacht werden kann, wie stark die eigene Lebenssituation mit der in den ärmeren Ländern verzahnt ist. Treibhausgase entfalten ihre schädliche Wirkung völlig unabhängig davon, wo auf dem Globus sie emittiert werden. Zudem sind Klimaschutzmaßnahmen im globalen Süden häufig besonders effizient, weil dort etwa veraltete Kohlekraftwerke stillgelegt werden können. Verbunden sind globaler Süden und Norden auch bei den sozialen Folgen der Klimaveränderung. Globale Klimapolitik und Migrationspolitik werden in der Zukunft untrennbar miteinander verknüpft sein. Menschen werden einer lebensfeindlichen natürlichen Umwelt zu entfliehen versuchen, was zur Zunahme von Migration führt – in erster Linie innerhalb der Herkunftsregion. Doch auch der globale Norden wird früher oder später verstärkt zum Migrationsziel werden. Diesen Migrationsdruck zu mindern, ist ein politisch attraktives Ziel.

Wie auch immer dies gehandhabt wird: Klimaschutz wird ohne kompensierende Sozial- und Strukturpolitik und ohne Ausweitung der finanziellen Unterstützung des globalen Südens nicht zu haben sein. Und hier liegt die vielleicht zentrale politische Botschaft meines Buches. Die letzten 40 Jahre haben in fast allen Ländern eine Verschiebung im Verhältnis zwischen Staat und Wirtschaft zugunsten der Steuerung gesellschaftlicher Entwicklung durch Marktkräfte gesehen. Es setzte sich die Idee durch, dass der Staat sich zugunsten der freien Entfaltung von Märkten zurücknehmen solle, um der Maximierung gesellschaftlichen Wohlstands nicht im Weg zu stehen. Diese Doktrin hat zur Verschärfung sozialer Ungleichheit innerhalb von Ländern geführt und damit erhebliche soziale Spannungen produziert. Das Ausbluten öffentlicher

Haushalte, vor allem auf der kommunalen Ebene, hat dabei auch, ganz unabhängig vom Klimawandel, zu einer Krise öffentlicher Infrastrukturen geführt. Der miserable Zustand von öffentlichen Verkehrsnetzen, die verfallenden Gebäude von öffentlichen Schulen und Universitäten sowie die Unterfinanzierung der öffentlichen Gesundheitsversorgung sind nur einige Beispiele hierfür. Ausgetrocknet wurde die Versorgung der Bevölkerung mit Gemeinschaftsgütern der öffentlichen Daseinsvorsorge, deren Erstellung und Erhalt der auskömmlichen staatlichen Finanzierung bedürfen.

Mit dem Klimawandel kommt eine riesige neue Aufgabe öffentlicher Daseinsvorsorge hinzu: Kollektivgüter zum Schutz vor Klimaerwärmung und für Anpassungsmaßnahmen an die Klimaveränderungen müssen eingerichtet und instand gehalten werden. In dieser Situation wird schmerzhaft bewusst, wie fehlgeleitet die einseitig auf den Markt setzende Politik der letzten Jahrzehnte war. Für den Erhalt des Gemeinschaftsgutes Klima müssen öffentliche Mittel in drastisch erweitertem Umfang mobilisiert werden. Auch muss der Spielraum für staatliche Investitionen erhöht werden, um »grüne« Infrastrukturen schaffen zu können, die allen Bürgerinnen und Bürgern bei der Anpassung an den Klimawandel zugutekommen. Hierfür bedarf es der Ausweitung des fiskalischen Handlungsspielraums des Staates durch höhere zweckgerichtete Staatsverschuldung, differenzierte Zinssätze und die Erhöhung des Steueraufkommens. Die notwendige Steigerung in der Erstellung dieser Kollektivgüter verlangt eine Fiskal- und Geldpolitik, die sich vom Dogma der »schwarzen Null« löst, und braucht Steuererhöhungen bei dem wohlhabendsten Teil der Bevölkerung, der während der letzten Jahrzehnte seinen privaten Reichtum massiv steigern konnte. Eine solche Umkehr des wirtschaftspolitischen Dogmas stößt auf politische Widerstände all derer, die aufgrund ihres Reichtums sich zur Not auch privaten Ersatz für die fehlenden öffentlichen Güter verschaffen können. Doch möglicherweise lässt sich für die Erhöhung öffentlicher Ausgaben für die Erstellung dieser Kollektivgüter bei den anderen sozialen Gruppen politische Unterstützung mobilisieren, weil damit ein Reichtum geschaffen würde, der allen zur Verfügung steht, statt Gesellschaften in Arm und Reich zu spalten.[22]

Unterstützung muss Klimaschutzpolitik schließlich auch im Verhalten jedes Einzelnen finden. Doch auch hier geht es um kollektive Veränderungen, nicht um die Manipulation von Individuen durch »Anstupsen« oder um symbolische Ersatzhandlungen, wie den Kauf undurchsichtiger Kompensationszertifikate. Zu nennenswerten individuellen Verhaltensänderungen wird es erst kommen, wenn einerseits die genannten öffentlichen Infrastrukturen umgebaut werden, so dass umweltschonendes Handeln Unterstützung in den Alltagsstrukturen findet. Menschen werden öffentliche Nahverkehrsangebote vermehrt nutzen, wenn diese zuverlässig und bequem sind und häufig genug verkehren. Flug- und Autoverkehr werden sich reduzieren, wenn Bahnen pünktlich und effektiv Städte miteinander verbinden. Elektromobilität wird sich durchsetzen, wenn die angebotenen Fahrzeuge preislich mit den Verbrennern konkurrieren und eine flächendeckend ausgebaute Ladeinfrastruktur existiert. Es geht um die Schaffung von Strukturen, denen sich das individuelle Verhalten anpassen kann. Benötigt werden lebenspraktische Alternativen, für die sich politische Unterstützung mobilisieren lässt, weil sie konkrete Verbesserungen bei der Alltagsbewältigung in Aussicht stellen. Die Schaffung dieser Infrastrukturen ist Aufgabe des Gemeinwesens, sie kann nicht vom Markt erwartet werden. Erneut geht es um die Erstellung von Kollektivgütern der Daseinsvorsorge.

Andererseits braucht es eine Stärkung von gemeinwohlorientiertem Handeln. Klimaschutz scheitert, wenn das Handeln der Bürger allein dem Prinzip individueller Nutzenmaximierung folgt. In diesem Sinn bedarf es nicht nur klugen, sondern auch tugendhaften Handelns. Nichts beschreibt dies klarer als die in der ökonomischen Theorie so deutlich gesehene Kollektivgutproblematik, wonach die Schaffung von Gemeinschaftsgütern missglückt, weil die Einzelnen die Beteiligung an den diesbezüglich anfallenden Kosten verweigern.[23] Erkennbar wird die Relevanz dieses Problems, wenn dem Klimaschutz mit der Begründung Unterstützung verweigert wird, dass der eigene Beitrag ohnehin keine Bedeutung habe. Was für den Einzelnen zutreffend ist, wird für die Welt zur Katastrophe, weil das Kollektivgut Klima zerstört wird und Maßnahmen zur Klimaanpassung ausbleiben. Dass derartiges Trittbrettfahren weit verbreitet ist, widerspricht der kulturell so einflussreichen Erzählung von der wohltuenden Wirkung, die die unsichtbare Hand des Marktes und das am Eigennutz orientierte Handeln angeblich entfalten.

Doch diese Erzählung hat ohnehin ihre Grenzen. Es ist durchaus nicht so, dass Menschen sich grundsätzlich der Schaffung von Gemeinschaftsgütern verweigern. Die ökonomische Theorie verbreitet vielmehr ein verkürztes Bild des Handelns, denn Menschen machen sich vielfach auf der Grundlage von Wertüberzeugungen für andere und für gemeingutförderliche Regeln und Handlungsweisen stark. Und sie setzen diese teilweise selbst dann um, wenn sie wissen, dass dies mit individuellen Kosten verbunden ist und es Trittbrettfahrer gibt. Menschen können das Richtige tun, auch wenn es individuelle Kosten mit sich bringt und der Erfolg unwahrscheinlich ist.[24] Studien zeigen, dass Maßnahmen zur Klimaanpassung besonders dann Unterstützung finden, wenn sie als soziale Norm wahrgenommen werden, Menschen sie als zielführend erkennen und sie für sich selbst Möglichkeiten sehen, sich an ihnen zu beteiligen.[25]

In Wirtschaft und Politik werden solidarische Handlungsweisen durch systemische Zwänge weitgehend unterbunden und die Funktionsweise von Märkten sowie die Kultur des Individualismus der kapitalistischen Moderne verhalten sich parasitär beziehungsweise zerstörerisch gegenüber diesen Ressourcen. Stärkung erfahren sie jedoch im Handeln außerhalb dieser Funktionssysteme: in den familiären Nahbeziehungen und in Freundschaften ohnehin, aber auch in der Sphäre zivilgesellschaftlichen Handelns. An diesen Orten sozialer Bindung und sozialen Austauschs entstehen und gedeihen moralische Handlungsressourcen.[26] Sie kommen zum Ausdruck in politischen Reflexionen und Handlungen, die das Gemeinwohl zum Maßstab nehmen. Die unterschiedlichen Klimabewegungen sind ein Beispiel hierfür, aber auch und nicht zuletzt die unzähligen lokalen Initiativen, in denen Menschen sich aktiv für den Klima- und Umweltschutz einsetzen.

Diese zivilgesellschaftlichen Ressourcen sind aber nicht einfach vorauszusetzen, sondern basieren auf den Erfahrungen sozialer Beziehungen und Praktiken und werden in Sozialisationsprozessen eingeübt. Sie gedeihen im Kontakt zu formalen und informellen Institutionen, die Wertüberzeugungen stützen und einen sittlichen Druck auf das Handeln von Individuen und Organisationen ausüben. Die moralischen Handlungsorientierungen der Lebenswelt sind für Wirtschaft und Politik durchaus relevant. Denn beide sind auf gesellschaftliche Legitimation angewiesen und können daher die Wertüberzeugungen der Bürgerinnen und Bürger nicht einfach ignorieren. Das führt zu der Frage, wie sich Wertorientierungen, die der Unterstützung von Klimaschutz in die Hände spielen, politisch stärken lassen.

Der Ort der Entstehung moralischer Handlungsstrukturen sind die sozialen Beziehungsgeflechte im Gemeinwesen, in den Familien und den Freundschaften sowie im bürgerschaftlichen Engagement. Klimaschutzpolitik müsste daher gerade auf dem sozialen Nahbereich der demokratischen Zivilgesellschaft aufbauen.[27] Dies würde eine viel stärkere Einbeziehung von Bürgern vor Ort in Entscheidungen zum Klimaschutz und bei Anpassungsmaßnahmen nahelegen und betont die Ebene lokaler Politik – *obwohl* der Klimawandel zweifelsohne ein globales Problem ist. Doch daraus folgt eben nicht, dass widerstandsfähige Überzeugungen, die politische Unterstützung für eine angemessene politische Reaktion auf den Klimawandel befördern könnten, aus den Verlautbarungen internationaler Klimakonferenzen entstünden.

Viel eher entstehen sie aus Begegnungen, die sich im Handeln als Staatsbürger, Arbeitnehmer und Konsument ergeben und die auch Grundlage für soziale Bewegungen werden können, die Klimaschutzanliegen politisch gegenüber Staat und Wirtschaft vertreten. Wir beobachten das auch längst, sei es in lokalen Umweltschutzinitiativen zum Stopp des Kohleabbaus in Südafrika, sei es in Klimastreiks von Schülern und Studierenden in Schweden, sei es in lokalen Initiativen an der Ahr, in denen Bürger darum ringen, den Wiederaufbau der Region nach den Überflutungen im Sommer 2021 vorausschauend zu gestalten. In solchen sozialen Strukturen werden kulturelle Einstellungen zu umweltgerechtem Verhalten geformt. Das ist nicht deshalb wichtig, weil von diesen Initiativen politische Entscheidungen getroffen würden, sondern weil hier Einsichten wachsen können, die anerkennen, dass es sich beim Klimawandel um ein bedeutendes Thema handelt, das einschneidende politische Maßnahmen erfordert, für die es sich lohnt, Ressourcen einzusetzen. Es kann eine klimaorientierte Haltung entstehen, an der auch Wirtschaft und Politik nicht völlig vorbeischauen können und die auch andere Ebenen politischen Handelns beeinflusst. Sighard Neckel bringt diesen Gedanken unter Bezugnahme auf den amerikanischen Philosophen und Sozialreformer John Dewey auf den Punkt:

> Akteure [sind] in selbstreflexiver Weise in der Lage [...], sich von ihren Eigeninteressen zu distanzieren, um diese mit den Interessen derer in Einklang zu bringen, mit denen sie den politischen Raum teilen. Demokratie ist somit tief im kooperativen Charakter des menschlichen Gemeinschaftslebens verwurzelt.[28]

Solche sozialen Einbettungen können im besten Fall kognitive und moralische Rahmungen in der Gesellschaft insgesamt beeinflussen, wenn sie auf weitere Menschen ausstrahlen. Die gemeinschaftsorientierten Handlungsressourcen sind zu unterstützen in der Hoffnung auf Diffusionsprozesse, die auf »moralischer Ansteckung«[29] beruhen. Wenn überhaupt, ist die Bereitschaft zur Unterstützung von Maßnahmen gegen die Übernutzung natürlicher Ressourcen nur unter Beteiligung der Zivilgesellschaft zu erreichen, also »von unten« und nicht »von oben«. Für die Durchführung, Finanzierung und Koordinierung klimapolitischer Maßnahmen bedarf es selbstredend der gesetzgeberischen Macht der Politik, allein: Diese benötigt Unterstützung in den Einstellungen und Handlungsorientierungen der Bürger.

Natürlich kann das Wachsen solcher Einstellungen auch politisch unterstützt werden, etwa durch die Förderung beispielhafter Projekte, die als Lernorte wirken.[30] Der amerikanische Soziologe Erik Olin Wright hatte einst für »reale Utopien« geworben, das heißt für lokale Initiativen, wie etwa Reallabore, die praktisch erfahrbare Beispiele für veränderte soziale Lebensformen umsetzen und als Modelle einer gewandelten Sozialordnung weitere Menschen überzeugen können.[31] Wie schon erwähnt, scheint gerade die konkrete Erfahrbarkeit geänderter Lebensformen für die Unterstützung von sozialen Veränderungsprozessen bedeutsam. In beispielhaften Projekten sammeln die Menschen womöglich Erfahrungen, die im politischen Raum geteilt werden können. Wenn sie zu funktionierenden materiellen Infrastrukturen ausgebaut werden, können sich unter den veränderten Rahmenbedingungen neue Routinen umweltverträglichen Handelns ausbilden.[32]

Zu solchen Infrastrukturen gehören auch positiv besetzte Zukunftsbilder einer an die Erhaltensbedingungen der natürlichen Umwelt angepassten Gesellschaft.[33] Wie sieht eine solche Gesellschaft aus? Wie lebt es sich darin? Welche Gewinne an Lebensqualität entstehen? Hier spielen die zuvor angeführten Vorstellungen einer Postwachstumsgesellschaft durchaus eine wichtige Rolle, weil sie die bestehenden, als selbstverständlich wahrgenommenen Lebensformen mit möglichen Alternativen konfrontieren, die vielleicht zunehmend attraktiv erscheinen. Die Orientierung an Zukunftsbildern, die zugleich in Teilen bereits ausprobiert werden können und so neue Erfahrungen ermöglichen, könnte eine Motivationsquelle für die politische Unterstützung von Veränderungen und den Aufbau zivilgesellschaftlichen Drucks gegenüber Wirtschaft und Staat sein. Ebenso gehört hierzu das öffentliche Betrauern von mit der Klimakrise einhergehenden Verlusten – sei es der Verlust des eigenen Hauses durch Überschwemmung oder einen Waldbrand, der Verlust der Lebensgrundlage weit entfernt lebender Menschen aufgrund des Schmelzens von arktischem Eis oder der Erhöhung des Meeresspiegels. Auch die Zerstörung intakter Natur, wie sie in der Schilderung des Autors Tom Kizzia zum Ausdruck kommt, mit der ich dieses Buch begonnen habe, sollten wir betrauern. Und auch die Tatsache, dass bisher gepflegte und als wertvoll erachtete Lebensformen sich schlicht so nicht werden fortsetzen lassen. Solches Trauern zeugt von der emotionalen Verbundenheit, die wir mit unseren natürlichen Lebensgrundlagen im Moment des Verlustes spüren. Wenn dieser Gram in der Sphäre der Öffentlichkeit Ausdruck und Gehör findet, kann dies möglicherweise die Bereitschaft auch zu zugreifenden Entscheidungen befördern.[34]

Staatliche Politik und unternehmerisches Handeln werden zwar auch weiterhin ihren systemischen Logiken folgen und dem Schutz der natürlichen Lebensgrundlagen nur dann Raum geben, wenn dies mit den Prinzipien des Profits und der Macht kompatibel ist. Vielleicht aber können die Parameter dieser Logiken durch das Handeln der Bürger zumindest ein wenig verschoben werden. Das wäre keine Kleinigkeit, auch wenn das nicht zu einer hinreichenden Reaktion auf den Klimawandel führen wird. Denn die Folgen des Klimawandels könnten zumindest ein wenig weiter abgefedert werden, und ein gesellschaftlicher Umbau, der dazu beiträgt, den Anstieg der Temperaturen zu verlangsamen und Gesellschaften an die neuen klimatischen Bedingungen anzupassen, könnte besser in Gang kommen, als dies aktuell geschieht. Nichts davon ist einfach, nichts davon ist wahrscheinlich, denn all dies muss sich gegen Strukturen behaupten, die solchen Veränderungen entgegenarbeiten. Doch schon die schwache Hoffnung auf Verzögerung und weitere Abmilderung des Klimawandels macht ein Engagement mit diesem Ziel folgerichtig und begründet auch eine moralische Pflicht dazu. Inwieweit dies tatsächlich gelingt, wird darüber entscheiden, wie unsere Kinder und Enkelkinder leben und über uns urteilen.

ANMERKUNGEN

1 Valencia ist Professor für Botanik und Pflanzenökologie an der Pontificia Universidad Católica del Ecuador in Quito. Zit. nach: Catrin Einhorn, Manuela Andreoni, »Ecuador Tried to Curb Drilling and Protect the Amazon. The Opposite Happened«, in: *The New York Times*, 14.01.2023, S. 13.

1 WISSEN OHNE WANDEL

1 Tom Kizzia, »End-Times Tourism in the Land of Glaciers«, in: *The New York Times*, 22.11.2022, online unter ⟨https://www.nytimes.com/2022/11/22/opinion/glaciers-alaska-climate-change.html⟩, letzter Zugriff 02.03.2023.

2 Our World in Data, »Cumulative CO2 Emissions«, online unter ⟨https://ourworldindata.org/grapher/cumulative-co-emissions⟩, letzter Zugriff 04.04.2023.

3 UN Environment Programme, *Emissions Gap Report 2022: The Closing Window – Climate Crisis Calls for Rapid Transformation of Societies*, United Nations Environment Programme, Nairobi 2022, online unter ⟨https://www.unep.org/resources/emissions-gap-report-2022⟩, letzter Zugriff 21.03.2023.

4 Luke Kemp u.a., »Climate Endgame: Exploring Catastrophic Climate Change Scenarios«, in: *Proceedings of the National Academy of Sciences* 119:34, 01.08.2022, S. 1-9, hier S. 3, ⟨https://www.pnas.org/doi/abs/10.1073/pnas.2108146119⟩, letzter Zugriff 06.06.2023. Timothy M. Lenton u.a., »Quantifying the Human Cost of Global Warming«, in: *Nature Sustainability* 6, 1237-1247 (2023), ⟨https://doi.org/10.1038/s41893-023-01132-6⟩, letzter Zugriff 06.06.2023.

5 Dies bedeutet, dass ich mich auf die demokratischen Länder des globalen Nordens konzentriere. Gerechtfertigt ist dies, weil diese Länder den bisherigen Anstieg der CO_2-Konzentration in der Atmosphäre fast vollständig zu verantworten haben und gemessen an der Bevölkerungszahl auch heute noch die größten Emittenten sind. Lediglich in Kap. 5 wende ich mich der Problematik aus der Perspektive des globalen Südens zu.

6 Dipesh Chakrabarty, *Das Klima der Geschichte im planetarischen Zeitalter*, Berlin 2022, S. 28.

7 Zu dem Problem der Kurzfristigkeit von Unternehmensentscheidungen siehe etwa Natalie Slawinski u.a., »The Role of Short-Termism and Uncertainty Avoidance in Organizational Inaction on Climate Change: A Multi-Level Framework«, in: *Business & Society* 56:2 (2017), S. 253-282. Zu der Frage, un-

ter welchen Voraussetzungen Organisationen extrem langfristige Zeithorizonte institutionalisieren, siehe Frederic Hanusch, Frank Biermann, »Deep-Time Organizations: Learning Institutional Longevity from History«, in: *The Anthropocene Review* 7:1 (2020), S. 19-41.

8 Die besondere zeitliche wie auch räumliche Struktur des Klimawandels erklärt auch ein Stück weit, warum die Reaktionen auf den Klimawandel sich so deutlich von denen auf andere Krisen unterscheiden, etwa auf die Coronapandemie oder den Kriegsausbruch in der Ukraine. In beiden Fällen wurden ja einschneidende Maßnahmen getroffen, und zwar umgehend und in Erwartung schneller Wirkungen.

9 Dies ist der Ansatz und ein Problem des von William Nordhaus entwickelten *Dynamic Integrated Climate-Economy Model* (DICE), das eine ökonomisch optimale Klimaerwärmung zu bestimmen versucht (William D. Nordhaus, »Rolling the ›DICE‹. An Optimal Transition Path for Controlling Greenhouse Gases«, in: *Resource and Energy Economics* 15:1 [1993], S. 27-50).

10 Wissenschaftliche Studien hierzu: Anita Engels u. a. (Hg.), *Hamburg Climate Futures Outlook 2023. The Plausibility of a 1.5 °C Limit to Global Warming – Social Drivers and Physical Processes*, Hamburg 2023. Joost de Moor, Jens Marquardt, »Deciding Whether It's Too Late: How Climate Activists Coordinate Alternative Futures in a Postapocalyptic Present«, in: *Geoforum* 138, 103666 (2023). Journalistisch: »Goodbye 1.5 °C«, in: *The Economist*, 5.-11. 11. 2022, S. 13.

11 Siehe Climate Action Tracker, ⟨https://climateactiontracker.org/⟩, letzter Zugriff 14. 01. 2023. Dass Klimaschutzziele ausnahmslos verfehlt und auch andere politische Versprechen gebrochen werden, zeigt, dass vieles an den Gipfeldramen zum Klimaschutz reine Symbolpolitik ist. Doch ähnlich der Deklaration der Menschenrechte im späten 18. Jahrhundert schaffen Klimaziele eine normative Grundlage, von der aus bestehende Praktiken und Regulationen kritisiert werden können und sich Druck zum Handeln aufbauen kann.

12 McKinsey & Company, »Global Energy Perspective 2021«, online unter ⟨https://www.mckinsey.com/~/media/McKinsey/Industries/OilandGas/OurInsights/GlobalEnergyPerspective/Global-Energy-Perspective-2021-final.pdf⟩, letzter Zugriff 14. 02. 2023.

13 Zu dem wichtigen Begriff der plausiblen Klimaerwartungen siehe Engels u. a. (Hg.), *Hamburg Climate Futures Outlook 2023*.

14 IEA, *World Energy Outlook 2022*, IEA, Paris 2022, online unter ⟨https://www.iea.org/reports/world-energy-outlook-2022/key-findings⟩, letzter Zugriff 08. 05. 2023. Der Ölmulti ExxonMobil sieht dies ähnlich und erwartet in seinem Global Outlook, dass die energiebedingten CO_2-Emissionen bis 2050 um 25 Prozent zurückgehen werden, was einem jährlichen Ausstoß von knapp 28 Milliarden Tonnen entspräche. ExxonMobil, »ExxonMobil Global Outlook: Our View to 2050«, 2023, ⟨https://corporate.exxonmobil.com/what-

we-do/energy-supply/global-outlook#Keyinsights⟩, letzter Zugriff 14.11.2023. Selbst die optimistischsten Szenarien rechnen nicht damit, dass in den nächsten 25 Jahren die Entnahme von Treibhausgasen aus der Atmosphäre in einem Ausmaß stattfindet, dass die dann noch erwarteten neuen Emissionen aus der Verbrennung fossiler Energieträger neutralisiert würden.

15 Selbst wenn dies gelingt: Mit den nach hiesigem Klimaschutzgesetz zugelassenen Emissionen würde der Temperaturanstieg nicht auf 1,5 Grad beschränkt, sondern mit einer Wahrscheinlichkeit von 67 Prozent auf 1,75 Grad ansteigen. Siehe Mario Ragwitz u. a., *Szenarien für ein klimaneutrales Deutschland. Technologieumbau, Verbrauchsreduktion und Kohlenstoffmanagement*, München 2023.

16 IEA, *World Energy Outlook 2022*.

17 Walter Benjamin, »Der Sürrealismus. Die letzte Momentaufnahme der europäischen Intelligenz«, in: ders., *Gesammelte Schriften*, hg. von Rolf Tiedemann und Hermann Schweppenhäuser, Bd. II: *Aufsätze, Essays, Vorträge*, Frankfurt/M. 1977, S. 295-310.

18 Zu ökologischer Trauer siehe etwa Rebecca Elliott, »The Sociology of Climate Change as a Sociology of Loss«, in: *European Journal of Sociology* 59:3 (2018), S. 301-337. Ashlee Cunsolo, Karen Landman (Hg.), *Mourning Nature. Hope at the Heart of Ecological Loss and Grief*, Montreal 2017. Carl Cassegård, Håkan Thörn, »Toward a Postapocalyptic Environmentalism? Responses to Loss and Visions of the Future in Climate Activism«, in: *Environment and Planning E: Nature and Space* 1:4 (2018), S. 561-578.

19 So etwa die Journalistin Ulrike Herrmann, *Das Ende des Kapitalismus. Warum Wachstum und Klimaschutz nicht vereinbar sind – und wie wir in Zukunft leben werden*, Köln 2022.

20 Reiner Grundmann, »Climate Change as Wicked Social Problem«, in: *Nature Geoscience* 9 (2016), S. 562-563. Dominic Duckett u. a., »Tackling Wicked Environmental Problems. The Discourse and Its Influence on Praxis in Scotland«, in: *Landscape and Urban Planning* 154 (2016), S. 44-56. Peter J. Balint u. a., *Wicked Environmental Problems. Managing Uncertainty and Conflict*, Washington, D.C. 2011.

21 Die reale Lage bei den FCKW ist natürlich komplexer. Mir geht es hier aber allein um die Struktur des Problems »Ozonloch«.

22 Brad Plumer, Nadja Popovich, »Yes, There Has Been Progress on Climate. No, It's Not Nearly Enough«, in: *The New York Times*, 25.10.2021, online unter ⟨https://www.nytimes.com/interactive/2021/10/25/climate/world-climate-pledges-cop26.html⟩, letzter Zugriff 14.02.2023.

23 David I. Armstrong McKay u. a., »Exceeding 1.5 °C Global Warming Could Trigger Multiple Climate Tipping Points«, in: *Science* 377, eabn7950, 09.09.2022, ⟨https://www.science.org/doi/abs/10.1126/science.abn7950⟩, letzter Zugriff 06.06.2023.

24 Insofern besteht auch kein Widerspruch zwischen dem Befund des Scheiterns am Erreichen verkündeter Klimaziele und dem weiteren Bemühen der Eindämmung des Klimawandels. Siehe hierfür auch de Moor, Marquardt, »Deciding Whether It's Too Late«.

2 KAPITALISTISCHE MODERNE

1 Fernand Braudel, *Die Dynamik des Kapitalismus*, Stuttgart 1997. Jürgen Kocka, *Geschichte des Kapitalismus*, München 2013. Jason W. Moore, *Kapitalismus im Lebensnetz. Ökologie und die Akkumulation des Kapitals*, Berlin 2019.

2 Zum Begriff »kapitalistische Moderne« siehe Paul Kennedy, *Vampire Capitalism. Fractured Societies and Alternative Futures*, London 2017. Bei der Verwendung des Begriffs geht es mir um die Hervorhebung des Zusammenhangs zwischen wirtschaftlichen, politischen und kulturellen Entwicklungen, die zugleich irreduzibel sind. Der etwa von Karl Polanyi verwendete Begriff »Marktgesellschaft« birgt ebenso wie »kapitalistische Gesellschaft« die Gefahr, die historischen Entwicklungen der letzten 500 Jahre allein dem ökonomischen System zuzurechnen.

3 Karl Polanyi, *The Great Transformation. Politische und ökonomische Ursprünge von Gesellschaften und Wirtschaftssystemen*, Frankfurt/M. 1978.

4 Jason Hickel, *Weniger ist mehr. Warum der Kapitalismus den Planeten zerstört und wir ohne Wachstum glücklicher sind*, München 2022.

5 Siehe hierzu auch Pierre Charbonnier, *Überfluss und Freiheit. Eine ökologische Geschichte der politischen Ideen*, Frankfurt/M. 2022.

6 Polanyi, *The Great Transformation*, S. 87.

7 Max Weber, *Wirtschaft und Gesellschaft. Grundriss der verstehenden Soziologie* [1922], Tübingen 1985, S. 21.

8 Der globale Kapitalismus ist ein hierarchisches System mit einigen Ländern im Zentrum und anderen Ländern in der Peripherie, die zwar in das System einbezogen, dabei aber in besonderer Weise von Ausbeutung betroffen sind. Die Folgen des Klimawandels zeigen sich vor allem in den peripheren Ländern des globalen Südens, die selbst zumeist keine Verursacher der Klimakrise sind.

9 Katharina Pistor, *Der Code des Kapitals. Wie das Recht Reichtum und Ungleichheit schafft*, Berlin 2020.

10 Joseph A. Schumpeter, *Theorie der wirtschaftlichen Entwicklung*, Berlin 1952.

11 Neil Fligstein, *The Architecture of Markets. An Economic Sociology of Twenty-First-Century Capitalist Societies*, Princeton 2001.

12 Sozialwissenschaftler sprechen von einem »Entwicklungsstaat«, der durch makroökonomische Planung und Einflussnahme auf die privaten Unternehmen eine kapitalistische Wirtschaft überhaupt erst in Gang bringt. Pe-

ter B. Evans, *Embedded Autonomy. States and Industrial Transformation*, Princeton 1995.

13 Christoph Deutschmann, *Disembedded Markets. Economic Theology and Global Capitalism*, London, New York 2019.

14 Sozialstaatliche Arrangements haben im 20. Jahrhundert zumindest in den meisten Ländern des globalen Nordens gerechtere Einkommensverteilungen und soziale Absicherungen etabliert. Infolgedessen konnte sich dort eine stabile Mittelschicht entwickeln, wodurch soziale Konflikte entschärft wurden. Durch die Ausweitung von Konsummöglichkeiten auf breite Bevölkerungsschichten kam es zwar nicht zum Wohlstand für alle, wohl aber zu einer enormen Hebung des Lebensstandards der allermeisten.

15 Siehe jüngst zum Beispiel Nancy Fraser, *Der Allesfresser. Wie der Kapitalismus seine eigenen Grundlagen verschlingt*, Berlin 2023.

16 Dies heißt nicht, dass etwa von planwirtschaftlichen Systemen ein besserer Umgang mit der Natur zu erwarten wäre. Die Geschichte des real existierenden Sozialismus hat das zur Genüge bewiesen. Diesen gibt es heute aber nicht mehr, der Kapitalismus in seinen verschiedenen Spielarten ist daher das einzige zurzeit relevante Wirtschaftssystem, dessen Funktionsweise den Umgang mit der natürlichen Umwelt global bestimmt.

17 Siehe hierzu auch Hickel, *Weniger ist mehr*, S. 122f.

18 Jean-Marie Martin-Amouroux, »World Energy Consumption 1800-2000: The Results«, 14.03.2022, ⟨https://www.encyclopedie-energie.org/en/world-energy-consumption-1800-2000-results/⟩, letzter Zugriff 05.06.2023.

19 Will Steffen u.a., »Planetary Boundaries: Guiding Human Development on a Changing Planet«, in: *Science* 347:6223 (2015).

20 Niklas Luhmann, *Ökologische Kommunikation. Kann die moderne Gesellschaft sich auf ökologische Gefährdungen einstellen?*, Opladen 1986, S. 122.

21 Martin Hock, »›Die Finanzbranche sollte ein Beispiel geben‹«, in: *Frankfurter Allgemeine Zeitung*, 14.01.2023, online unter ⟨https://www.faz.net/aktuell/finanzen/fondsgesellschaft-brauchen-ein-klima-bretton-woods-18591986.html⟩, letzter Zugriff 04.04.2023.

22 Für eine Übersicht über die Entwicklung des Wissens zum Klimawandel siehe Marie-Luise Beck, Jochem Marotzke, »Sehenden Auges ins Treibhaus geraten. Ein Streifzug durch die erstaunliche Geschichte der Klimaforschung«, in: Martin Lohse (Hg.), *Wenn der Funke überspringt – 200 Jahre Gesellschaft Deutscher Naturforscher und Ärzte*, Leipzig 2022, S. 104-107.

23 Donella Meadows u.a., *Die Grenzen des Wachstums. Bericht des Club of Rome zur Lage der Menschheit*, Stuttgart 1972. Klimawandel als zentrales Problem nachhaltiger Entwicklung drang erst ungefähr 15 Jahre später in das breite öffentliche Bewusstsein, vor allem durch die Aussagen von Jim Hansen, einem Direktor der NASA, vor dem US-Senat.

24 Jens Beckert, »Sind Unternehmen sozial verantwortlich?«, in: Olaf J. Schumann u.a. (Hg.), *Unternehmensethik. Forschungsperspektiven zur Verhältnisbestimmung von Unternehmen und Gesellschaft*, Marburg 2010, S. 109-124.

25 Milton Friedman, »The Social Responsibility of Business Is to Increase Its Profits«, in: *The New York Times Magazine*, 13.09.1970, S. 1.

26 Karl Polanyi (*The Great Transformation*, S. 106) spricht von »Marktgesellschaft« und formuliert, dass »eine Marktwirtschaft [...] nur in einer Marktgesellschaft existieren« kann. Für Polanyi ist eine Marktgesellschaft dadurch charakterisiert, dass die »fiktiven Waren« Arbeit, Geld und Land so institutionalisiert werden, *als ob* es sich um echte Waren handele. Polanyi zufolge ist dies jedoch nur ein instabiler Grenzfall, auf den Gesellschaften mit sozialen Gegenbewegungen reagieren. Mir scheint es konzeptionell sinnvoller, nicht von einer Marktgesellschaft zu sprechen, sondern das Spannungsverhältnis zwischen Wirtschaft, Staat und Bevölkerung in einer typologischen Unterscheidung zwischen den drei Handlungssphären zu fassen, dabei aber zugleich die dominierende Rolle des Wirtschaftssystems in der kapitalistischen Moderne hervorzuheben. Der Begriff der Bevölkerung meint dabei auf der Ebene von Akteuren Staatsbürger und Konsumenten.

27 Niklas Luhmann, *Soziale Systeme*, Frankfurt/M. 1984. Talcott Parsons, Neil J. Smelser, *Economy and Society. A Study in the Integration of Economic and Social Theory* [1956], London 1984. Jürgen Habermas, *Theorie des kommunikativen Handelns*, Frankfurt/M. 1981, Bd. 2. David Lockwood, »Soziale Integration und Systemintegration«, in: Wolfgang Zapf (Hg.), *Theorien des sozialen Wandels*, Köln 1970, S. 124-137.

28 Fritz W. Scharpf, »Economic Integration, Democracy and the Welfare State«, in: *Journal of European Public Policy* 4:1 (1997), S. 18-36.

29 Jens Beckert, »Wirtschaftssoziologie als Gesellschaftstheorie«, in: *Zeitschrift für Soziologie* 38:3 (2009), S. 182-197. Christoph Deutschmann, *Kapitalistische Dynamik. Eine gesellschaftstheoretische Perspektive*, Wiesbaden 2008. Uwe Schimank, »Die Moderne: eine funktional differenzierte kapitalistische Gesellschaft«, in: *Berliner Journal für Soziologie* 19 (2009), S. 327-351.

30 Fred Block, »The Ruling Class Does Not Rule: Notes on the Marxist Theory of the State«, in: Thomas Ferguson, Joel Rogers (Hg.), *The Political Economy. Readings in the Politics and Economics of American Public Policy*, London 1984, S. 32-46. Charles E. Lindblom, »The Market as Prison«, in: *The Journal of Politics* 44 (1982), S. 324-336.

31 Das Gegenteil ist sogar der Fall: Der für die Behebung von Klimaschäden betriebene Aufwand geht positiv in das Bruttosozialprodukt ein. Siehe dazu auch Timothy Mitchell, »Carbon Democracy«, in: *Economy and Society* 38:3 (2009), S. 399-432, hier S. 418.

32 Hickel, *Weniger ist mehr*. Siehe aber auch Dipesh Chakrabarty, *Das Klima der*

Geschichte im planetarischen Zeitalter, Berlin 2022, und Charbonnier, *Überfluss und Freiheit*. Umfassend dazu auch: Philippe Descola, *Jenseits von Natur und Kultur*, Berlin 2011.

33 Auch für Karl Marx ist Natur die stoffliche Basis, von der aus die Transformationen im Arbeitsprozess ausgehen. Hier besteht kein Widerspruch zu den Denkern des Liberalismus. Später hat die Frankfurter Schule die Kritik an einer rein instrumentellen Verfügung über die Natur zu einem wichtigen Ausgangspunkt ihrer Analyse der kapitalistischen Moderne gemacht. Siehe Max Horkheimer, *Zur Kritik der instrumentellen Vernunft. Aus den Vorträgen und Aufzeichnungen seit Kriegsende*, Frankfurt/M. 1985.

34 Pierre Bourdieu, *Algérie 60. Structures économiques et structures temporelles*, Paris 1977.

35 Reinhart Koselleck, *Vergangene Zukunft. Zur Semantik geschichtlicher Zeiten*, Frankfurt/M. 1979.

36 Jens Beckert, *Imaginierte Zukunft. Fiktionale Erwartungen und die Dynamik des Kapitalismus*, Berlin 2018.

37 Max Weber, *Die protestantische Ethik I. Eine Aufsatzsammlung*, Gütersloh 1984. Zur Idee des Fortschritts siehe auch Peter Wagner, *Fortschritt. Zur Erneuerung einer Idee*, Frankfurt/M., New York 2018.

38 Mit dem Begriff »Anthropozän« wird bekanntlich umschrieben, dass der Einfluss des Menschen auf biologische, geologische und klimatische Prozesse des Planeten Erde heute so bedeutend geworden ist, dass sich hier von einer eigenen geochronologischen Epoche sprechen lässt. Ich verwende im Folgenden das Konzept des Anthropozäns nicht weiter, weil es meines Erachtens zu unspezifisch ist im Hinblick auf die konkreten gesellschaftlichen Strukturen, die das Verhältnis von Mensch und Natur in der kapitalistischen Moderne prägen. Siehe hierzu auch Moore, *Kapitalismus im Lebensnetz*.

39 Siehe auch Charbonnier, *Überfluss und Freiheit*.

40 Siehe Philipp Lepenies, *Verbot und Verzicht. Politik aus dem Geiste des Unterlassens*, Berlin 2022.

41 Michael J. Sandel, *Vom Ende des Gemeinwohls. Wie die Leistungsgesellschaft unsere Demokratien zerreißt*, Frankfurt/M. 2020.

42 Adam Smith, *Der Wohlstand der Nationen. Eine Untersuchung seiner Natur und seiner Ursachen*, München 1999.

43 Polanyi, *The Great Transformation*, S. 330.

3 BIG OIL

1 Nathan Reiff, »10 Biggest Companies in the World«, aktualisiert am 10.07.2023, ⟨https://www.investopedia.com/articles/active-trading/111115/why-all-worlds-top-10-companies-are-american.asp⟩, letzter Zugriff 08.08.2023.

2 Allerdings entweichen bei der Erdöl-, Erdgas- und Kohleförderung jährlich geschätzte 125 Millionen Tonnen Methan in die Atmosphäre. Methan gilt als 30-mal klimaschädlicher als Kohlendioxid. Siehe IEA, *Global Methane Tracker 2023*, Paris 2023, ⟨https://www.iea.org/reports/global-methane-tracker-2023⟩, letzter Zugriff 14.11.2023.

3 IEA, *Net Zero by 2050*, Paris 2021, online unter ⟨https://www.iea.org/reports/net-zero-by-2050⟩, letzter Zugriff 16.03.2023. Dan Welsby u.a., »Unextractable Fossil Fuels in a 1.5 °C World«, in: *Nature* 597 (2021), S. 230-234, online unter ⟨https://doi.org/10.1038/s41586-021-03821-8⟩, letzter Zugriff 15.06.2023.

4 Kelly Trout u.a., »Existing Fossil Fuel Extraction Would Warm the World Beyond 1.5°C«, in: *Environmental Research Letters* 17, 064010, 17.05.2022, ⟨https://dx.doi.org/10.1088/1748-9326/ac6228⟩, letzter Zugriff 04.10.2023.

5 Damian Carrington, »Revealed: Oil Sector's ›Staggering‹ $ 3bn-a-day Profits for Last 50 Years«, in: *The Guardian*, 21.07.2022, online unter ⟨https://www.theguardian.com/environment/2022/jul/21/revealed-oil-sectors-staggering-profits-last-50-years⟩, letzter Zugriff 23.03.2023.

6 IEA, »World Energy Investment 2023: Overview and Key Findings«, ⟨https://www.iea.org/reports/world-energy-investment-2023/overview-and-key-findings⟩, letzter Zugriff 21.08.2023.

7 Saudi Aramco, »Aramco Announces Record Full-Year 2022 Results«, 12.03.2023, ⟨https://www.aramco.com/en/news-media/news/2023/aramco-announces-full-year-2022-results⟩, letzter Zugriff 14.11.2023.

8 Luuk Schmitz, Timur Ergen, *The Sunshine Problem. Climate Change and Managed Reallocation in the European Union*. MPIfG Discussion Paper, Max-Planck-Institut für Gesellschaftsforschung, Köln 2023 (im Erscheinen).

9 Sabrina Valle, »Exxon CEO's Pay Rose 52 % in 2022, Highest among Oil Peers«, in: *Reuters*, 13.04.2023, ⟨https://www.reuters.com/business/energy/exxon-paid-ceo-woods-359-million-2022-sec-filing-2023-04-13/⟩, letzter Zugriff 08.08.2023.

10 ExxonMobil, »Notice of 2022 Annual Meeting and Proxy Statement«, 07.04.2022 online unter ⟨https://d1io3yog0oux5.cloudfront.net/_ff99020d563b1c72d677411b93e350f.1/exxonmobil/db/2301/21384/proxy_statement/2022-proxy-statement.pdf⟩, letzter Zugriff 04.10.2023.

11 Brett Christophers, »Fossilised Capital: Price and Profit in the Energy Transition«, in: *New Political Economy* 27:1 (2022), S. 146-159. Dieses Renditegefälle konstatiert auch der Ölkonzern ConocoPhillips 2022 in einem Plan zur »Net-Zero Energy Transition«, online unter ⟨https://static.conocophillips.com/files/resources/plan-for-the-net-zero-energy-transition.pdf⟩, letzter Zugriff 28.03.2023.

12 Anita Engels u.a., »A New Energy World in the Making: Imaginary Business Futures in a Dramatically Changing World of Decarbonized Energy Production«, in: *Energy Research & Social Science* 60, 101321 (2020).

13 OECD, »Renewable Energy«, ⟨https://data.oecd.org/energy/renewable-energy.htm⟩, letzter Zugriff 16.03.2023.

14 Our World in Data, »Global Direct Primary Energy Consumption«, ⟨https://ourworldindata.org/grapher/global-primary-energy⟩, letzter Zugriff 16.08.2023.

15 In Kosten-Nutzen-Rechnungen wird hierfür das Verfahren der Diskontierung zukünftiger Schäden und zukünftigen Nutzens verwendet. Herangezogen wird der Gegenwartswert zukünftiger Ereignisse. Das Ergebnis hängt vom betrachteten Zeitraum und von der gewählten Diskontierungsrate ab. Selbst dramatische zukünftige Schäden haben bei diesen Berechnungen fast keine Bedeutung für gegenwärtiges Handeln, wenn sie nur in einer weit genug entfernten Zukunft liegen. Siehe Liliana Doganova, *Discounting the Future. The Ascendancy of a Political Technology*, New York 2024.

16 Tyler A. Hansen, »Stranded Assets and Reduced Profits: Analyzing the Economic Underpinnings of the Fossil Fuel Industry's Resistance to Climate Stabilization«, in: *Renewable and Sustainable Energy Reviews* 158, 112144 (2022).

17 Niall McCarthy, »Oil and Gas Giants Spend Millions Lobbying to Block Climate Change Policies [Infographic]«, in: *Forbes*, 25.03.2019, ⟨https://www.forbes.com/sites/niallmccarthy/2019/03/25/oil-and-gas-giants-spend-millions-lobbying-to-block-climate-change-policies-infographic⟩, letzter Zugriff 23.03.2023.

18 Marco Grasso, *From Big Oil to Big Green: Holding the Oil Industry to Account for the Climate Crisis*, Cambridge, MA 2022.

19 Geoffrey Supran u.a., »Assessing ExxonMobil's Global Warming Projections«, in: *Science* 379:153 (2023), S. 1-9.

20 Hiroko Tabuchi, »Exxon Scientists Predicted Global Warming, Even as Company Cast Doubts, Study Finds«, in: *The New York Times*, 12.01.2023, online unter ⟨https://www.nytimes.com/2023/01/12/climate/exxon-mobil-global-warming-climate-change.html⟩, letzter Zugriff 29.08.2023.

21 Greenpeace, »Exxon's Climate Denial History: A Timeline«, ⟨https://www.greenpeace.org/usa/fighting-climate-chaos/exxon-and-the-oil-industry-knew-about-climate-crisis/exxons-climate-denial-history-a-timeline/⟩, letzter Zugriff 17.01.2023.

22 Christopher Leonard, *Kochland. The Secret History of Koch Industries and Corporate Power in America*, New York 2019. Campaign against Climate Change, »The Funders of Climate Disinformation«, ⟨https://www.campaigncc.org/climate_change/sceptics/funders⟩, letzter Zugriff 14.11.2023.

23 Robert J. Brulle, »Institutionalizing Delay: Foundation Funding and the Creation of U.S. Climate Change Counter-Movement Organizations«, in: *Climatic Change* 122:4 (2014), S. 681-694.

24 »City of New York v. Exxon Mobil Corp.«, 2021, online unter ⟨https://climate

casechart.com/case/city-of-new-york-v-exxon-mobil-corp/⟩, letzter Zugriff 14.11.2023.

25 Neil Fligstein, *The Transformation of Corporate Control*, Cambridge, MA 1990.

26 Our World in Data, »Primary Energy Consumption«, ⟨https://ourworldindata.org/grapher/primary-energy-cons?tab=table⟩, letzter Zugriff 25.07.2023.

27 Hannah Ritchie u.a., »Renewable Energy«, 17.12.2020, ⟨https://ourworldindata.org/renewable-energy⟩, letzter Zugriff 25.07.2023.

28 IEA, *World Energy Investment 2022*, Paris 2022, online unter ⟨https://www.iea.org/reports/world-energy-investment-2022⟩, letzter Zugriff 13.12.2023.

29 Damian Carrington, Matthew Taylor, »Revealed: The ›Carbon Bombs‹ Set to Trigger Catastrophic Climate Breakdown«, in: *The Guardian*, 11.05.2022, online unter ⟨https://www.theguardian.com/environment/ng-interactive/2022/may/11/fossil-fuel-carbon-bombs-climate-breakdown-oil-gas⟩, letzter Zugriff 29.08.2023.

30 Kjell Kühne u.a., »›Carbon Bombs‹ – Mapping Key Fossil Fuel Projects«, in: *Energy Policy* 166, 112950, Juli 2022, ⟨https://doi.org/10.1016/j.enpol.2022.112950⟩, letzter Zugriff 26.07.2023.

31 Lisa Friedman, »Biden Administration Approves Huge Alaska Oil Project«, in: *The New York Times*, 12.03.2023, online unter ⟨https://www.nytimes.com/2023/03/12/climate/biden-willow-arctic-drilling-restrictions.html⟩, letzter Zugriff 20.02.2023.

32 Christophers, »Fossilised Capital«, S. 153.

33 Carrington, Taylor, »Revealed«.

34 »Shell will das Solarunternehmen Sonnen schon wieder verkaufen«, in: *Frankfurter Allgemeine Zeitung*, 09.09.2023, S. 21.

35 Nick Edser u.a., »BP Scales Back Climate Targets as Profits Hit Record«, in: *BBC*, 07.02.2023, online unter ⟨https://www.bbc.com/news/business-64544110⟩, letzter Zugriff 16.03.2023.

36 Trout u.a., »Existing Fossil Fuel Extraction Would Warm the World Beyond 1.5°C«.

37 Banking on Climate Chaos, »Fossil Fuel Finance Report 2023«, online unter ⟨https://www.bankingonclimatechaos.org/wp-content/uploads/2023/06/BOCC_2023_06-27.pdf⟩, letzter Zugriff 25.07.2023.

38 IEA, »World Energy Investment 2023«.

39 Mei Li u.a., »The Clean Energy Claims of BP, Chevron, ExxonMobil and Shell: A Mismatch between Discourse, Actions and Investments«, in: *PLOS ONE* 17:2, e0263596 (2022), ⟨https://doi.org/10.1371/journal.pone.0263596⟩, letzter Zugriff 08.11.2023. Siehe auch speziell zu ExxonMobil: Geoffrey Supran, Naomi Oreskes, »Rhetoric and Frame Analysis of ExxonMobil's Climate Change Communications«, in: *One Earth* 4:5 (2021), S. 696-719.

40 Carrington, Taylor, »Revealed«.

41 Sabrina Valle, Rithika Krishna, »Exxon Shareholders Back Board, Vote against Faster Carbon Emission Cuts«, in: *Reuters*, 25.05.2022, ⟨https://www.reuters.com/business/energy/exxon-shareholders-back-board-vote-against-accelerating-carbon-emission-cuts-2022-05-25/⟩, letzter Zugriff 26.01.2023.

42 BP, »BP Brand and Logo«, ⟨https://web.archive.org/web/20140830080553/http://www.bp.com/en/global/corporate/about-bp/our-history/history-of-bp/special-subject-histories/bp-brand-and-logo.html⟩, letzter Zugriff, 08.11.2023.

43 BP, »Our Transformation«, ⟨https://www.bp.com/en/global/corporate/who-we-are/our-transformation.html⟩, letzter Zugriff 08.08.2023.

44 Zu den rhetorischen Strategien von BP siehe George Ferns, Kenneth Amaeshi, »Fueling Climate (In) Action: How Organizations Engage in Hegemonization to Avoid Transformational Action on Climate Change«, in: *Organization Studies* 42:7 (2021), S. 1005-1029. Philipp Krohn, Roland Lindner, »Die Widersprüche von Shell, Exxon & Co.«, in: *Frankfurter Allgemeine Zeitung*, 26.01.2023, online unter ⟨https://www.faz.net/aktuell/wirtschaft/shell-exxon-co-erdoel-und-nachhaltigkeit-vertragen-sich-schlecht-18631824/stillgelegte-oelplattform-gyda-18643336.html⟩, letzter Zugriff 05.06.2023.

45 Alex Lawson, »Shell Consultant Quits, Accusing Firm of ›Extreme Harms‹ to Environment«, in: *The Guardian*, 23.05.2022, online unter ⟨https://www.theguardian.com/business/2022/may/23/shell-consultant-quits-environment-caroline-dennett⟩, letzter Zugriff 05.06.2023. OGV Energy, »Shell Executives Quit amid Discord over Green Push«, online unter ⟨https://www.ogv.energy/news-item/shell-executives-quit-amid-discord-over-green-push⟩, letzter Zugriff 02.10.2023.

46 Zum Bankensektor siehe Markus Frühauf u. a., »Das große Null-Versprechen der Banken«, in: *Frankfurter Allgemeine Zeitung*, 19.11.2022, online unter ⟨https://www.faz.net/aktuell/finanzen/klimaschutz-so-blauaeugig-sind-die-versprechen-von-banken-18468247.html⟩, letzter Zugriff 01.08.2023.

47 Zum Begriff »Politik der Erwartungen« siehe Jens Beckert, *Imaginierte Zukunft. Fiktionale Erwartungen und die Dynamik des Kapitalismus*, Berlin 2018.

48 Inyova, »Die Werbeindustrie als Steigbügelhalter der Öl-Industrie«, 2022, ⟨https://www.altii.de/die-werbeindustrie-als-steigbugelhalter-der-ol-industrie/⟩, letzter Zugriff 17.01.2023.

49 Mark Kaufman, »The Carbon Footprint Sham«, in: *Mashable*, ⟨https://mashable.com/feature/carbon-footprint-pr-campaign-sham⟩, letzter Zugriff 14.11.2023. Erfunden wurde das Konzept des ökologischen Fußabdrucks von William Rees und Mathis Wackernagel. Siehe Mathis Wackernagel, William E. Rees, *Our Ecological Footprint. Reducing Human Impact on the Earth*, Gabriola Island u. a. 1996.

50 Viola Kiel, »Denn sie wussten, was sie tun«, in: *Zeit Online*, 07.12.2022, online unter ⟨https://www.zeit.de/green/2022-12/oelkonzern-bp-klimakrise-internationaler-strafgerichtshof-big-oil⟩, letzter Zugriff 28.02.2023.

51 Markus Fasse, Franz Hubik, »Die Verbrenner-Wette«, in: *Handelsblatt*, 08.03.2023, S. 1 und 4.

52 Ebd.

53 Ebd.

54 Caspar Busse, »Porsche macht weiter Stimmung für E-Fuels«, in: *Süddeutsche Zeitung*, 13.03.2023, online unter ⟨https://www.sueddeutsche.de/wirtschaft/porsche-vw-e-fuels-autoindustrie-wissing-eu-1.5767865⟩, letzter Zugriff 23.03.2023.

55 Agora Verkehrswende, GIZ, »Towards Decarbonising Transport 2023. A Stocktake on Sectoral Ambition in the G20«, 2023, online unter ⟨https://www.agora-verkehrswende.de/en/publications/towards-decarbonising-transport-2023/⟩, letzter Zugriff 16.08.2023.

56 Engels u.a., *Hamburg Climate Futures Outlook 2023*, S. 115.

57 Niklas Luhmann, *Ökologische Kommunikation. Kann die moderne Gesellschaft sich auf ökologische Gefährdungen einstellen?*, Opladen 1986, S. 122.

4 DER ZÖGERNDE STAAT

1 Charles E. Lindblom, »The Market as Prison«, in: *The Journal of Politics* 44 (1982), S. 324-336.

2 Presse- und Informationsamt der Bundesregierung, »Pressestatements von Bundeskanzlerin Angela Merkel und dem Ministerpräsidenten der Republik Portugal, Pedro Passos Coelho«, 01.09.2011, online unter ⟨https://www.bundesregierung.de/breg-de/service/archiv/alt-inhalte/pressestatements-von-bundeskanzlerin-angela-merkel-und-dem-ministerpraesidenten-der-republik-portugal-pedro-passos-coelho-848964⟩, letzter Zugriff 29.03.2023.

3 Im Auftrag von Lobbycontrol e.V. haben Christina Deckwirth und Nina Katzemich eine Studie zur Macht der Gasindustrie in der deutschen Politik vorgelegt: *Pipelines in die Politik. Die Macht der Gaslobby in Deutschland*, Köln 2023.

4 Ebd., S. 43.

5 Srijita Datta, Jorja Siemons, »Joe Manchin Cuts Climate Deal with Democrats But Remains Backed by Family Orbit of Oil and Gas«, 05.08.2022, ⟨https://www.opensecrets.org/news/2022/08/joe-manchin-cuts-climate-deal-with-democrats-but-remains-backed-by-family-orbit-of-oil-and-gas⟩, letzter Zugriff 08.08.2023.

6 Scott Waldman, »How Manchin Used Politics to Protect His Family Coal Company«, in: *Politico*, 02.08.2022, online unter ⟨https://www.politico.com/

news/2022/02/08/manchin-family-coal-company-00003218⟩, letzter Zugriff 08.08.2023.

7 Jonathan Mingle, »Congress is Turning Climate Gaslighting into Law«, in: *The New York Times*, 01.06.2023, online unter ⟨https://www.nytimes.com/2023/06/01/opinion/debt-ceiling-mountain-valley-pipeline-joe-manchin.html⟩, letzter Zugriff 19.06.2023.

8 Christian Stöcker, »Warum RWE jeden Argwohn verdient hat«, in: *Der Spiegel*, 15.01.2023, online unter ⟨https://www.spiegel.de/wissenschaft/mensch/luetzerath-warum-rwe-nicht-zu-trauen-ist-kolumne-a-5e8e3254-1665-4bc3-8d84-d402901d89ee⟩, letzter Zugriff 29.03.2023.

9 Sam Meredith, »›A Twisted Joke‹: UN's Flagship Climate Summit Sees Sharp Jump in Fossil Fuel Industry Delegates«, 10.11.2022, ⟨https://www.cnbc.com/2022/11/10/cop27-sharp-jump-in-fossil-fuel-delegates-at-un-climate-talks.html⟩, letzter Zugriff 24.05.2023. Die Beteiligung der fossilen Energiewirtschaft an internationalen Klimaverhandlungen hat eine lange und unrühmliche Geschichte. Siehe dazu Marten Boon, »A Climate of Change? The Oil Industry and Decarbonization in Historical Perspective«, in: *Business History Review* 93:1 (2019), S. 101-125.

10 Wolfgang Streeck, *Gekaufte Zeit. Die vertagte Krise des demokratischen Kapitalismus*, Berlin 2013.

11 Sebastian Levi u.a., *Geographische und zeitliche Unterschiede in der Zustimmung zu Klimaschutzpolitik in Deutschland im Zeitverlauf*, Kopernikus-Projekt Ariadne, Potsdam-Institut für Klimafolgenforschung, Potsdam 2023. Europäische Kommission, »Neue Eurobarometer-Umfrage: Umwelt- und Klimaschutz sind für mehr als 90 % der europäischen Bürgerinnen und Bürger wichtig«, Pressemitteilung, 03.03.2020, online unter ⟨https://ec.europa.eu/commission/presscorner/detail/de/ip_20_331⟩, letzter Zugriff 04.10.2023. Dabei zeigen sich allerdings erhebliche Differenzen zwischen den Anhängern unterschiedlicher Parteien. In den USA etwa bezeichnen zwei Drittel der Wähler der Demokratischen Partei den Klimawandel als wichtiges Thema. Bei den Republikanern sind hingegen nur 16 Prozent der Wähler dieser Auffassung (Lisa Friedman, Jonathan Weisman, »Delay as the New Denial: The Latest Republican Tactic to Block Climate Action«, in: *The New York Times*, 20.07.2022, online unter ⟨https://www.nytimes.com/2022/07/20/us/politics/climate-change-republicans-delay.html⟩, letzter Zugriff 29.03.2023).

12 BMUV, Umweltbundesamt, *Umweltbewusstsein in Deutschland 2022. Ergebnisse einer repräsentativen Bevölkerungsumfrage*, Berlin 2023.

13 Silke Kersting, Dietmar Neuerer, »Die Klimakrise könnte Deutschland 900 Milliarden Euro kosten«, in: *Handelsblatt*, 07.03.2023, online unter ⟨https://www.handelsblatt.com/politik/deutschland/klimawandel-die-klimakrise-koennte-deutschland-900-milliarden-euro-kosten/29015520.html⟩, letzter Zugriff 29.03.2023.

14 Siehe dazu auch die Metastudie von Lena Klaaßen, Bjarne Steffen, »Meta-Analysis on Necessary Investment Shifts to Reach Net Zero Pathways in Europe«, in: *Nature Climate Change* 13 (2023), S. 58-66.

15 McKinsey Global Institute, »The Net-Zero Transition: What It Would Cost, What It Could Bring«, online unter ⟨https://www.mckinsey.com/capabilities/sustainability/our-insights/the-net-zero-transition-what-it-would-cost-what-it-could-bring⟩, letzter Zugriff 29.03.2023. Die in der Studie genannten Zahlen wurden allerdings auch als stark übertrieben kritisiert. Siehe Karl Burkart, »No McKinsey, It Will Not Cost $ 9 Trillion per Year to Solve Climate Change«, 01.02.2022, ⟨https://medium.com/oneearth/no-mckinsey-it-will-not-cost-9-trillion-per-year-to-solve-climate-change-3d0e20af52a⟩, letzter Zugriff 07.03.2023.

16 Klaaßen, Steffen, »Meta-Analysis on Necessary Investment Shifts to Reach Net Zero Pathways in Europe«.

17 Daniel Römer, Johannes Salzgeber, *KfW-Energiewendebarometer 2023. Energiewende im Spannungsfeld zwischen Handlungsbedarfen und finanziellen Möglichkeiten*, Frankfurt/M. 2023, online unter ⟨https://www.kfw.de/PDF/Download-Center/Konzernthemen/Research/PDF-Dokumente-KfW-Energiewendebarometer/KfW-Energiewendebarometer-2023.pdf⟩, letzter Zugriff 02.10.2023.

18 Dagmar Röhrlich, »Warum der Umbau des Stromnetzes kompliziert ist«, in: *Deutschlandfunk*, 07.09.2023, online unter ⟨https://www.deutschlandfunk.de/energiewende-umbau-der-stromnetze-100.html⟩, letzter Zugriff 02.10.2023.

19 Klaus Stratmann, »›Mehr Tempo bei Investitionen‹ – Habeck geht auf die Stahlbranche zu«, in: *Handelsblatt*, 04.02.2022, online unter ⟨https://www.handelsblatt.com/politik/deutschland/klimaneutralitaet-mehr-tempo-bei-investitionen-habeck-geht-auf-die-stahlbranche-zu/28039434.html⟩, letzter Zugriff 29.03.2023.

20 Um einen Eindruck von der Dimension dieses Umbaus zu geben: Man bräuchte 3600 moderne Windräder, um die 130 000 Tonnen Wasserstoff zu produzieren, die nötig sind, um die derzeit in Duisburg betriebenen Hochöfen von Thyssenkrupp durch mit Wasserstoff betriebene Direktreduktionsanlagen zu ersetzen. Ganz Nordrhein-Westfalen verfügt nicht über so viele Windanlagen. Siehe dazu Felicitas Boeselager, »50 Jahre ›Schwarzer Riese‹: Die Transformation des Ruhrgebiets«, in: *Deutschlandfunk*, 06.02.2023, online unter ⟨https://www.deutschlandfunk.de/50-jahre-hochofen-schwarzer-riese-die-transformation-des-ruhrgebiets-dlf-bc92c562-100.html⟩, letzter Zugriff 29.03.2023.

21 Julian Olk, »Klimaschutzverträge sollen versteigert werden«, in: *Handelsblatt*, 08.03.2023, S. 10.

22 Ben Coates, »Why Dutch Farmers Turned Their Flag Upside Down«, in: *The*

New York Times, 03.04.2023, online unter ⟨https://www.nytimes.com/2023/04/03/opinion/why-dutch-farmers-turned-their-flag-upside-down.html⟩, letzter Zugriff 25.04.2023.

23 Daniel Kahneman, Amos Tversky, »Prospect Theory: An Analysis of Decision under Risk«, in: *Econometrica* 47:2 (1979), S. 263-291.

24 Klassisch hierzu: Anthony Downs, *Ökonomische Theorie der Demokratie*, Tübingen 1968.

25 Untersuchungen zeigen allerdings, dass die Bereitschaft zur Unterstützung von Klimaabkommen von dem konkreten Design der Vereinbarungen abhängt. Siehe dazu Michael M. Bechtel, Kenneth F. Scheve, »Mass Support for Global Climate Agreements Depends on Institutional Design«, in: *Proceedings of the National Academy of Sciences* 110:34 (2013), S. 13763-13768.

26 Die Bewegung hatte auch viele andere Auslöser und steht insgesamt für den Protest gegen eine Umverteilung von unten nach oben.

27 Roland Czada, »Energiewendepolitik. Aufgaben, Probleme und Konflikte«, in: *GWP – Gesellschaft. Wirtschaft. Politik* 69:2 (2020), S. 169-181.

28 BMUV, Umweltbundesamt, *Umweltbewusstsein in Deutschland 2022. Ergebnisse einer repräsentativen Bevölkerungsumfrage*, Berlin 2023.

29 »Sunak will ›neuen Realismus‹ in britischer Klimapolitik«, in: *Frankfurter Allgemeine Zeitung*, 21.09.2023, S. 5.

30 Paolo Agnolucci u.a., »Declining Coal Prices Reflect a Reshaping of Global Energy Trade«, ⟨https://blogs.worldbank.org/opendata/declining-coal-prices-reflect-reshaping-global-energy-trade⟩, letzter Zugriff 29.08.2023.

31 Julian Wettengel, »›Klimageld‹ to Return CO2 Price Revenues to Citizens Not before 2025 – Econ Min Habeck«, ⟨https://www.cleanenergywire.org/news/klimageld-return-co2-price-revenues-citizens-not-2025-econ-min-habeck⟩, letzter Zugriff 27.07.2023.

32 Michaël Aklin, Matto Mildenberger, »Prisoners of the Wrong Dilemma: Why Distributive Conflict, Not Collective Action, Characterizes the Politics of Climate Change«, in: *Global Environmental Politics* 20:4 (2020), S. 4-27.

33 Roland Czada, *Transformative Klimapolitik in der Zeitenwende. Konfliktlinien und Handlungsrestriktionen eines Jahrhundertprojektes*, unpubl. Vortragsmanuskript für den Institutstag des Max-Planck-Instituts für Gesellschaftsforschung am 3. und 4.11.2022 in Köln.

34 Daniel Albalate u.a., »The Influence of Population Aging on Global Climate Policy«, in: *Population and Environment* 45:3 (2023), S. 12-34.

35 Andreas Reckwitz, *Das Ende der Illusionen. Politik, Ökonomie und Kultur in der Spätmoderne*, Berlin 2019. Robert Ford, William Jennings, »The Changing Cleavage Politics of Western Europe«, in: *Annual Review of Political Science* 23 (2020), S. 295-314.

36 Angebracht ist jedoch die Warnung, dass es sich bei der staatlichen Unterstüt-

zung für Unternehmen auch um eine Form der »Sozialhilfe« handeln kann. Dies gilt vor allem, wenn die Unterstützung nicht an klare Bedingungen geknüpft ist, die einen »Gewinn« für den Staat bewirken. Wenn dem nicht so ist, zeigen die Subventionen lediglich die schwache und untergeordnete Position des Staates an. Fabio Bulfone u. a., »No Strings Attached: Corporate Welfare, State Intervention, and the Issue of Conditionality«, in: *Competition & Change* 27:2 (2023), S. 253-276.

37 Siehe hierfür Lukas Haffert, *Die schwarze Null. Über die Schattenseiten ausgeglichener Haushalte*, Berlin 2016.

38 Hierzu einflussreich: Mariana Mazzucato, *Wie kommt der Wert in die Welt? Von Schöpfern und Abschöpfern*, Frankfurt/M. 2019. Aus Mazzucatos Sicht ist höheres Wachstum an stärkere staatliche Eingriffe in Marktprozesse gebunden.

39 Vgl. Philipp Lepenies, *Verbot und Verzicht. Politik aus dem Geiste des Unterlassens*, Berlin 2022.

40 Mary Harrington, »The Failure of Lockdown Localism«, 10. 05. 2022, ⟨https://unherd.com/2023/05/how-egg-politics-failed-britain/⟩, letzter Zugriff 12. 06. 2023.

41 Claas Tatje, »›Verzicht macht die Welt nicht besser‹«, in: *Zeit Online*, 19. 09. 2022, online unter ⟨https://www.zeit.de/2022/38/kreuzfahrten-tui-cruises-klimaschutz-interview⟩, letzter Zugriff 29. 03. 2023.

42 Christopher Wright, Daniel Nyberg, *Climate Change, Capitalism, and Corporations. Processes of Creative Self-Destruction*, Cambridge 2015.

43 Unter anderem: Fritz W. Scharpf, »Regieren im europäischen Mehrebenensystem: Ansätze zu einer Theorie«, in: *Leviathan* 30:1 (2002), S. 65-92.

44 Fritz W. Scharpf, »Die Politikverflechtungsfalle: Europäische Integration und deutscher Föderalismus im Vergleich«, in: *Politische Vierteljahresschrift* 26:4 (1985), S. 323-356.

45 Till Ganswindt, »Warum dauert es so lange, Windkraftanlagen zu bauen?«, in: *MDR*, 14. 11. 2022, ⟨https://www.mdr.de/nachrichten/deutschland/politik/windkraft-anlagen-planung-dauer-sachsen-100.html⟩, letzter Zugriff 30. 03. 2023.

46 Czada, »Energiewendepolitik«.

47 Hierzu gehört auch, dass Klimaaktivisten immer wieder von Autofahrern und Passanten angegriffen werden. Dies verweist auch auf den hohen »sozialen Stress«, den der Klimawandel mittlerweile bewirkt.

48 Dieter Rucht, *Die Letzte Generation. Beschreibung und Kritik*, Berlin 2023.

49 Nils C. Kumkar, *Alternative Fakten. Zur Praxis der kommunikativen Erkenntnisverweigerung*, Berlin 2022.

50 Siehe auch Juan Telleria, Jorge Garcia-Arias, »The Fantasmatic Narrative of ›Sustainable Development‹. A Political Analysis of the 2030 Global Develop-

ment Agenda«, in: *Environment and Planning C: Politics and Space* 40:1 (2022), S. 241-259.

51 Forest Information System for Europe, »3 Billion Trees«, ⟨https://forest.eea.europa.eu/3-billion-trees/introduction⟩, letzter Zugriff 28.09.2023.

52 Frank Adloff, Sighard Neckel, »Futures of Sustainability as Modernization, Transformation, and Control: A Conceptual Framework«, in: *Sustainability Science* 14 (2019), S. 1015-1025. Sighard Neckel, »Der Streit um die Lebensführung. Nachhaltigkeit als sozialer Konflikt«, in: *Mittelweg 36* 6 (2020), S. 82-100, hier S. 87. Siehe hierzu auch Joel Wainwright, Geoff Mann, *Climate Leviathan. A Political Theory of Our Planetary Future*, London, New York 2018. Die Autoren bezeichnen ein solches autoritäres Klimaregime als »Climate Mao«.

53 Joel Millward-Hopkins, »Why the Impacts of Climate Change May Make Us Less Likely to Reduce Emissions«, in: *Global Sustainability* 5, e21, 07.12.2022, ⟨https://doi.org/10.1017/sus.2022.20⟩, letzter Zugriff 19.06.2023. Ross Mittiga, »Political Legitimacy, Authoritarianism, and Climate Change«, in: *American Political Science Review* 116:3 (2022), S. 998-1011.

5 WOHLSTAND WELTWEIT

1 Jens Beckert, Wolfgang Vortkamp, »Westlicher Universalismus?«, in: *Neue Gesellschaft/Frankfurter Hefte* 43:5 (1996), S. 410-415.

2 Walt Rostow, *The Stages of Economic Growth. A Non-Communist Manifesto*, Cambridge 1960.

3 Die Pro-Kopf-Emissionen liegen in beiden Ländern noch immer weit hinter denen der USA, doch es handelt sich eben um die beiden bevölkerungsreichsten Länder der Welt. Chinas Pro-Kopf-Emissionen haben mittlerweile die in der Europäischen Union überholt. Dahinter steht auch die globale Arbeitsteilung. Große Teile der weltweiten industriellen Produktion finden in China statt.

4 Harald Fuhr, »The Rise of the Global South and the Rise in Carbon Emissions«, in: *Third World Quarterly* 42:11 (2021), S. 2724-2746.

5 Klaus Hubacek u.a., »Global Carbon Inequality«, in: *Energy, Ecology and Environment* 2:6 (2017), S. 361-369.

6 World Resources Institute, »Forest Pulse: The Latest on the World's Forests«, ⟨https://research.wri.org/gfr/latest-analysis-deforestation-trends⟩, letzter Zugriff 25.07.2023.

7 Alex Cuadros, »Has the Amazon Reached Its ›Tipping Point‹?«, in: *The New York Times Magazine*, 04.01.2023, online unter ⟨https://www.nytimes.com/2023/01/04/magazine/amazon-tipping-point.html⟩, letzter Zugriff 13.02.2023.

8 Ruth Maclean, Dionne Searcey, »Congo to Auction Land to Oil Companies:

›Our Priority Is Not to Save the Planet‹«, in: *The New York Times*, 24.07.2022, online unter ⟨https://www.nytimes.com/2022/07/24/world/africa/congo-oil-gas-auction.html⟩, letzter Zugriff 08.08.2023.

9 Sonia Rolley, »Congo Rejects U.S. Request to Pull Oil Blocks from Auction«, in: *Reuters*, 05.10.2022, ⟨https://www.reuters.com/world/africa/congo-rejects-us-request-pull-oil-blocks-auction-2022-10-05/⟩, letzter Zugriff 28.08.2023.

10 Maclean, Searcey, »Congo to Auction Land to Oil Companies«.

11 David Bieber, »Gasdeal mit Senegal: ›Eine Partnerschaft auf Augenhöhe‹«, aktualisiert am 15.03.2023, ⟨https://web.de/magazine/politik/gasdeal-senegal-partnerschaft-augenhoehe-37911330⟩, letzter Zugriff 25.07.2023.

12 M. Graziano Ceddia, »The Super-Rich and Cropland Expansion via Direct Investments in Agriculture«, in: *Nature Sustainability* 3:4 (2020), S. 312-318.

13 Corey Ross, *Ecology and Power in the Age of Empire. Europe and the Transformation of the Tropical World*, Oxford, New York 2017, S. 407f.

14 Jeffrey D. Sachs, Andrew M. Warner, *Natural Resource Abundance and Economic Growth*, NBER Working Paper 5398, National Bureau of Economic Research, Cambridge, MA 1995.

15 Ross, *Ecology and Power in the Age of Empire*, S. 407f.

16 Abdi Latif Dahir, »An Oil Rush Threatens Natural Splendors across East Africa«, in: *The New York Times*, 14.03.2023, online unter ⟨https://www.nytimes.com/2023/03/14/world/africa/oil-pipeline-uganda-tanzania.html⟩, letzter Zugriff 25.07.2023.

17 Jennifer Holleis, Martina Schwikowski, »Erdgas für Europa: Afrika rückt nach«, in: *Deutsche Welle*, 04.04.2022, online unter ⟨https://www.dw.com/de/erdgas-für-europa-afrika-rückt-nach/a-61006246⟩, letzter Zugriff 28.03.2023. Dieses Argument wird übrigens auch von multinationalen Ölkonzernen zur Verteidigung ihrer hohen Profite vorgebracht.

18 Gleichzeitig gilt, dass sinkende Preise für fossile Energieträger diese ökonomisch attraktiver machen und so die Nachfrage danach (im globalen Süden) erhöhen würden.

19 Hans-Werner Sinn, *Das grüne Paradoxon. Plädoyer für eine illusionsfreie Klimapolitik*, Dresden 2020.

20 Vivian Yee, »Even as Egypt Hosts Climate Summit, Selling Fossil Fuels Is a Priority«, in: *The New York Times*, 07.11.2022, online unter ⟨https://www.nytimes.com/2022/11/07/world/middleeast/egypt-climate-cop27-natural-gas.html⟩, letzter Zugriff 25.01.2023.

21 Die Verbindung zwischen hohen Weltmarktpreisen für Gas und der Steigerung von CO_2-Emissionen lässt sich verallgemeinern. Je höher der Gaspreis, desto höher der Anreiz, verstärkt auf Kohle zu setzen.

22 EIA, »Total Primary Energy Consumption in Egypt from 2005 to 2021 (in

quadrillion Btu)«, Chart, 20.06.2023, online unter *Statista*, ⟨https://www.statista.com/statistics/994451/egypt-total-primary-energy-consumption/⟩, letzter Zugriff 15.11.2023.

23 IEA, *The Future of Cooling. Opportunities for Energy-efficient Air Conditioning*, Paris 2018, online unter ⟨https://iea.blob.core.windows.net/assets/0bb45525-277f-4c9c-8d0c-9c0cb5e7d525/The_Future_of_Cooling.pdf⟩, letzter Zugriff 25.07.2023. Christoph Hein, »Der Klimaanlagen-Teufelskreis«, in: *Frankfurter Allgemeine Zeitung*, 20.05.2023, online unter ⟨https://www.faz.net/aktuell/wirtschaft/klima-nachhaltigkeit/hitze-in-asien-der-klimaanlagen-teufelskreis-18905813.html⟩, letzter Zugriff 05.06.2023.

24 Alfred Hackensberger, »Afrikas grüner Wasserstoff«, in: *Die Welt*, 27.04.2023, S. 6.

25 Siehe hierfür auch Diana Vela Almeida u.a., »The ›Greening‹ of Empire: The European Green Deal as the EU *first* agenda«, in: *Political Geography* 105, 102925 (2023).

26 Galina Alova u.a., »A Machine-Learning Approach to Predicting Africa's Electricity Mix Based on Planned Power Plants and Their Chances of Success«, in: *Nature Energy* 6:2 (2021), S. 158-166.

27 Anna Osius, »Wie Ägypten erneuerbare Energien ausbaut«, in: *Deutschlandfunk*, 01.11.2022, online unter ⟨https://www.deutschlandfunk.de/erneuerbare-energien-aegypten-100.html⟩, letzter Zugriff 28.03.2023.

28 Yee, »Even as Egypt Hosts Climate Summit, Selling Fossil Fuels Is a Priority«.

29 Enerdata, »Ägypten gibt die Entdeckung eines Gasfeldes mit geschätzten Reserven von 99 Mrd. m³ bekannt«, 19.12.2022, ⟨https://germany.enerdata.net/publikationen/energie-nachrichten/Ägypten-gasreserven-entdeckung.html⟩, letzter Zugriff 30.03.2023.

30 IEA, »World Energy Investment 2023«.

31 IEA, *Financing Clean Energy Transitions in Emerging and Developing Economies*, Paris 2021.

32 Catrin Einhorn, Manuela Andreoni, »Ecuador Tried to Curb Drilling and Protect the Amazon. The Opposite Happened«, in: *The New York Times*, 14.01.2023, online unter ⟨https://www.nytimes.com/2023/01/14/climate/ecuador-drilling-oil-amazon.html⟩, letzter Zugriff 25.01.2023.

33 2023 votierte eine Mehrheit der Wähler Ecuadors in einem Referendum für die Beendigung der Förderung in einem der Ölfelder im Yasuní-Nationalpark binnen eines Jahres. Für den Förderstopp kämpfte die indigene Bevölkerung seit über einem Jahrzehnt. Sollte dieser Plan auch tatsächlich umgesetzt werden, würde Ecuador seine Ölförderung um 12 Prozent reduzieren. Ob es dazu kommt, bleibt abzuwarten, nicht zuletzt wegen des Drucks der Finanzmärkte. Siehe Dan Collyns, »Ecuadorians Vote to Halt Oil Drilling in Biodiverse Amazonian National Park«, in: *The Guardian*, 21.08.2023, online unter ⟨https://

www.theguardian.com/world/2023/aug/21/ecuador-votes-to-halt-oil-drilling-in-amazonian-biodiversity-hotspot⟩, letzter Zugriff 28.08.2023.

34 Susanne Götze, »Klimafinanzierung in kleinen Schritten«, in: *Der Spiegel*, 14.04.2023, online unter ⟨https://www.spiegel.de/wissenschaft/mensch/klimabericht-klimafinanzierung-in-kleinen-schritten-a-16c9e482-ce91-4b42-a367-df6f.35449328⟩, letzter Zugriff 16.05.2023.

35 OECD, *Climate Finance Provided and Mobilised by Developed Countries in 2016-2020: Insights from Disaggregated Analysis*, Paris 2022.

36 Fritz Schaap, »Nigeria vor den Wahlen: Wie sich der afrikanische Gigant zum ›failed state‹ entwickelt«, in: *Der Spiegel*, 29.01.2023, online unter ⟨https://www.spiegel.de/ausland/nigeria-wie-sich-der-afrikanische-gigant-zum-failed-state-entwickelt-a-84ab0314-3015-4f.1b-9178-00525496c154⟩, letzter Zugriff 25.04.2023.

37 Nicola D. Coniglio, Giovanni Pesce, »Climate Variability and International Migration: An Empirical Analysis«, in: *Environment and Development Economics* 20:4 (2015), S. 434-468.

38 Jason Hickel, *Weniger ist mehr. Warum der Kapitalismus den Planeten zerstört und wir ohne Wachstum glücklicher sind*, München 2022, S. 138.

39 Heiner von Lüpke u.a., *Internationale Partnerschaften für eine gerechte Energiewende: Erkenntnisse aus der Zusammenarbeit mit Südafrika*, DIW Wochenbericht 90:5, Deutsches Institut für Wirtschaftsforschung, Berlin 2023.

40 Europäische Kommission, »Joint Statement: South Africa Just Energy Transition Investment Plan«, 07.11.2022, online unter ⟨https://ec.europa.eu/commission/presscorner/detail/en/STATEMENT_22_6664⟩, letzter Zugriff 25.07.2023.

41 Somini Sengupta, »How Africa Can Help the World«, in: *The New York Times*, 16.06.2023, online unter ⟨https://www.nytimes.com/2023/06/16/climate/africa-renewable-energy.html⟩, letzter Zugriff 20.06.2023.

42 Anita Engels u.a. (Hg.), *Hamburg Climate Futures Outlook 2023. The Plausibility of a 1.5 °C Limit to Global Warming – Social Drivers and Physical Processes*, Hamburg 2023, S. 121.

43 Daniela Gabor, »The Wall Street Consensus«, in: *Development and Change* 52:3 (2021), S. 429-459.

44 Daniela Gabor, Ndongo Samba Sylla, »Planting Budgetary Time Bombs in Africa: The Macron Doctrine En Marche«, 23.12.2020, ⟨https://geopolitique.eu/en/2020/12/23/planting-budgetary-time-bombs-in-africa-the-macron-doctrine-en-marche⟩, letzter Zugriff 29.08.2023.

45 FitchRatings, »Fitch Downgrades Ecuador's Long-Term IDR to ›CCC+‹«, 16.08.2023, ⟨https://www.fitchratings.com/research/sovereigns/fitch-downgrades-ecuador-long-term-idr-to-ccc-16-08-2023⟩, letzter Zugriff 29.08.2023.

46 Llewellyn Leonard, »Climate Change, Mining Development and Residential

Water Security in the uMkhanyakude District Municipality, KwaZulu-Natal, South Africa: A Double Catastrophe for Local Communities«, in: *Local Environment* 28:3 (2023), S. 331-346.

47 von Lüpke u. a., *Internationale Partnerschaften für eine gerechte Energiewende: Erkenntnisse aus der Zusammenarbeit mit Südafrika*, S. 50.

6 KONSUM OHNE GRENZE

1 Uwe Jean Heuser, Marc Widmann, »›Die Gewalt in der Auseinandersetzung ist absolut unakzeptabel‹, Interview mit RWE-Chef Markus Krebber«, in: *Die Zeit*, 09.02.2023, S. 26 f.

2 Jean-Marie Martin-Amouroux, »World Energy Consumption 1800-2000: The Results«, 14.03.2022, ⟨https://www.encyclopedie-energie.org/en/world-energy-consumption-1800-2000-results/⟩, letzter Zugriff 05.06.2023. Enerdata, »World Energy & Climate Statistics – Yearbook 2022«, ⟨https://yearbook.enerdata.net/total-energy/world-consumption-statistics.html⟩, letzter Zugriff 05.06.2023.

3 Siehe zur Berechnung: Eurostat, »Energy Statistics – An Overview«, Mai 2023, ⟨https://ec.europa.eu/eurostat/statistics-explained/index.php?title=Energy_statistics_-_an_overview#Final_energy_consumption%E2%8C%AA⟩, letzter Zugriff 13.11.2023, und OECD, »Historical Population Sizes and Average Annual Growth Rates in Western Europe in Selected Years between 0 and 1998«, 14.04.2022, online unter *Statista*, ⟨https://www.statista.com/statistics/1303831/western-europe-population-development-historical/⟩, letzter Zugriff 15.11.2023.

4 Ralf Dahrendorf, *Inequality, Hope, and Progress*, Liverpool 1976, S. 14.

5 Dabei wurde von der Ölindustrie aus Gewinnmotiven sogar dafür gesorgt, dass der Ölverbrauch der amerikanischen Konsumenten besonders hoch ist. Timothy Mitchell, »Carbon Democracy«, in: *Economy and Society* 38:3 (2009), S. 399-432, hier S. 409. Zu der globalen Transformationskraft der schier unbegrenzten Verfügbarmachung von Öl in der Nachkriegszeit siehe auch Corey Ross, *Ecology and Power in the Age of Empire. Europe and the Transformation of the Tropical World*, Oxford 2019.

6 CEIC, »United States Private Consumption: % of GDP«, 2023, ⟨https://www.ceicdata.com/en/indicator/united-states/private-consumption--of-nominal-gdp⟩, letzter Zugriff 05.06.2023.

7 Zwar geht die ökonomische Theorie davon aus, dass der Wunsch der Konsumenten nach immer mehr Dingen konstant vorhanden ist. Für sie ist wohlstandsmaximierendes Handeln ein psychologisches Prinzip. Doch verschleiert sie damit die historische Sonderstellung dieses Handelns und dessen Verankerung in den spezifischen Gesellschaftsstrukturen der kapitalistischen Moderne.

8 Edward P. Thompson, *The Making of the English Working Class* [1963], Harmondsworth 1968. Max Weber, *Wirtschaft und Gesellschaft. Grundriß der verstehenden Soziologie* [1922], Tübingen 1985.

9 Ähnliches stellt man heute noch bei der Gestaltung von Arbeitszeiten bei Taxifahrern fest. Siehe Marcin Serafin, »Cabdrivers and Their Fares: Temporal Structures of a Linking Ecology«, in: *Sociological Theory* 37:2 (2019), S. 117-141.

10 Colin Campbell, *The Romantic Ethic and the Spirit of Modern Consumerism*, Oxford 1987, S. 18.

11 Daher mag es überraschen, dass die frühe ökonomische Theorie den privaten Konsum gar nicht als wichtigen Faktor ansah; jedes Angebot finde seine Nachfrage, befand der französische Wirtschaftswissenschaftler Jean-Baptiste Say im späten 18. Jahrhundert. Erst in den 1930er Jahren, unter dem Einfluss der Weltwirtschaftskrise, wurde die Aufmerksamkeit der Wirtschaftswissenschaften auf die Fragilität der privaten Nachfrage gelenkt. Geprägt von den Erfahrungen der Weltwirtschaftskrise, zeigt der britische Ökonom John Maynard Keynes, dass sich Unterauslastung der Produktion und Unterbeschäftigung von Arbeitern in Wirtschaftskrisen verfestigen können. In solchen Situationen müsse der Staat die fehlende Nachfrage durch schuldenfinanzierte Ausgabenprogramme schaffen.

12 Walt Rostow, *The Stages of Economic Growth. A Non-Communist Manifesto*, Cambridge 1960.

13 Lepenies baut auf den Arbeiten des Wirtschaftshistorikers Stefan Schwarzkopf auf, etwa: »The Political Theology of Consumer Sovereignty: Towards an Ontology of Consumer Society«, in: *Theory, Culture & Society* 28:3 (2011), S. 106-129. Siehe auch Sophie Dubuisson-Quellier, »How Does Affluent Consumption Come to Consumers? A Research Agenda for Exploring the Foundations and Lock-ins of Affluent Consumption«, in: *Consumption and Society* 1:1, 11. 08. 2022, S. 31-50, ⟨https://doi.org/10.1332/UHIW3894⟩, letzter Zugriff 21. 09. 2022.

14 Hiergegen hat etwa Émile Durkheim argumentiert, dass unbegrenzter Konsum nicht zur Ausweitung individueller Autonomie führt, sondern zu gesellschaftlichen Pathologien, weil die regulativen Funktionen der Moral unterlaufen werden. Siehe hierzu ausführlich Pierre Charbonnier, *Überfluss und Freiheit. Eine ökologische Geschichte der politischen Ideen*, Frankfurt/M. 2022, S. 185f.

15 Claas Tatje, Marc Widmann, »›Ich finde SUVs nicht massig, sondern schön‹«, in: *Zeit Online*, 24. 11. 2022, online unter ⟨https://www.zeit.de/2022/48/markus-duesmann-audi-chef-suv-klimaschutz⟩, letzter Zugriff 18. 03. 2023.

16 Samira El Ouassil, »Die Argumentationstricks der Klimabremser«, in: *Der Spiegel*, 27. 04. 2023, online unter ⟨https://www.spiegel.de/kultur/klimakrise-rhetorisches-greenwashing-kolumne-a-dd625c2d-c8df-4a76-85ad-5af9b69214d8⟩, letzter Zugriff 15. 05. 2023.

17 Sighard Neckel, »Infrastruktursozialismus. Die Bedeutung der Fundamentalökonomie«, in: ders. u. a. (Hg.), *Kapitalismus und Nachhaltigkeit*, Frankfurt/M., New York 2022, S. 161-176.

18 Ebd., S. 161.

19 Siehe hierfür etwa Pierre Bourdieu, *Die feinen Unterschiede. Kritik der gesellschaftlichen Urteilskraft*, Frankfurt/M. 1982. Don Slater, *Consumer Culture and Modernity*, Cambridge 1997. Andreas Reckwitz, *Die Gesellschaft der Singularitäten*, Berlin 2017.

20 Siehe hierzu Christoph Deutschmann, *Trügerische Verheißungen. Markterzählungen und ihre ungeplanten Folgen*, Wiesbaden 2020, bes. Kap. 7.

21 Zenith, »Advertising Spending Worldwide from 2000 to 2024 (in million U.S. dollars)«, 08.06.2022, online unter *Statista*, ⟨https://www.statista.com/statistics/1174981/advertising-expenditure-worldwide/⟩, letzter Zugriff 15.11.2023.

22 Gregor Brunner, »Konsumrausch ist nicht gefragt«, in: *Frankfurter Allgemeine Zeitung*, 23.12.2022, S. 22.

23 Claas Tatje, »›Verzicht macht die Welt nicht besser‹«, in: *Zeit Online*, 19.09.2022, online unter ⟨https://www.zeit.de/2022/38/kreuzfahrten-tui-cruises-klima-schutz-interview⟩, letzter Zugriff 29.03.2023.

24 Maximilian Pieper u.a., »Calculation of External Climate Costs for Food Highlights Inadequate Pricing of Animal Products«, in: *Nature Communications* 11, 6117, 15.12.2020, ⟨https://doi.org/10.1038/s41467-020-19474-6⟩, letzter Zugriff 04.04.2023.
Die Herstellung von einem Kilo Rindfleisch ist mit dem Ausstoß von 13,6 Kilogramm CO_2-Äquivalenten verbunden, vornehmlich durch das von den Rindern ausgestoßene Methangas. Siehe Hannah Krolle, »Der Klimasünder als wertvoller Werkstoff«, in: *Handelsblatt*, 08.03.2023, S. 28.

25 Klaus Stratmann, Martin Greive, »Klimageld: Liberale fremdeln mit Vorstoß von Arbeitsminister Heil«, in: *Handelsblatt*, 29.05.2022, online unter ⟨https://www.handelsblatt.com/politik/deutschland/ampelkoalition-klimageld-liberale-fremdeln-mit-vorstoss-von-arbeitsminister-heil/28381884.html⟩, letzter Zugriff 05.06.2023.

26 Genauer in Jens Beckert, *Imaginierte Zukunft. Fiktionale Erwartungen und die Dynamik des Kapitalismus*, Berlin 2018, Kap. 8. Campbell, *The Romantic Ethic and the Spirit of Modern Consumerism*.

27 Lieve Van Woensel, Sara Suna Lipp, *What If Fashion Were Good for the Planet?*, European Parliamentary Research Service, online unter ⟨https://www.europarl.europa.eu/RegData/etudes/ATAG/2020/656296/EPRS_ATA(2020)656296_EN.pdf⟩, letzter Zugriff 22.06.2023.

28 Tatje, Widmann, »›Ich finde SUVs nicht massig, sondern schön‹«.

29 Siehe hierzu insbesondere das Buch von Philipp Lepenies, *Verbot und Verzicht. Politik aus dem Geiste des Unterlassens*, Berlin 2022.

30 Ralf Fücks, »Mit grünem Wachstum aus der Klimakrise!«, in: *Wirtschaftswoche*, 13.01.2023, S. 42f.

31 UN Environment Programme, *Emissions Gap Report 2022: The Closing Window – Climate Crisis Calls for Rapid Transformation of Societies*, United Nations Environment Programme, Nairobi 2022, online unter ⟨https://www.unep.org/resources/emissions-gap-report-2022⟩, letzter Zugriff 21.03.2023. Siehe insbesondere auch Lucas Chancel u.a., *Climate Inequality Report 2023*, World Inequality Lab Study 2023/1.

32 Laura Cozzi u.a., »The World's Top 1% of Emitters Produce over 1000 Times More CO2 than the Bottom 1%«, ⟨https://www.iea.org/commentaries/the-world-s-top-1-of-emitters-produce-over-1000-times-more-co2-than-the-bottom-1⟩, letzter Zugriff 03.04.2023.

33 Beatriz Barros, Richard Wilk, »The Outsized Carbon Footprints of the Super-Rich«, in: *Sustainability. Science, Practice and Policy* 17:1 (2021), S. 316-322.

34 Joe Fassler, »The Superyachts of Billionaires Are Starting to Look a Lot Like Theft«, in: *The New York Times*, 10.04.2023, online unter ⟨https://www.nytimes.com/2023/04/10/opinion/superyachts-private-plane-climate-change.html⟩, letzter Zugriff 25.04.2023. Grégory Salle, *Superyachten. Luxus und Stille im Kapitalozän*, Berlin 2022.

35 Dieser Begriff wurde von dem amerikanischen Ökonomen Thorstein Veblen vor über 100 Jahren eingeführt. Thorstein Veblen, *Theorie der feinen Leute. Eine ökonomische Untersuchung der Institutionen* [1899], Frankfurt/M. 2011.

36 Chancel u.a., *Climate Inequality Report 2023*.

37 Siehe hierzu etwa Thomas Piketty, *Das Kapital im 21. Jahrhundert*, München 2014.

38 Lucas Chancel, »Global Carbon Inequality over 1990-2019«, in: *Nature Sustainability* 5:11 (2022), S. 931-938. Sighard Neckel, »Zerstörerischer Reichtum. Wie eine globale Verschmutzerelite das Klima ruiniert«, in: *Blätter für deutsche und internationale Politik* 4 (2023), S. 47-56, hier S. 49.

39 Neckel, »Zerstörerischer Reichtum«, S. 56.

40 Zum Beispiel die TUI-Chefin im Interview mit der *Zeit*, siehe Tatje, »›Verzicht macht die Welt nicht besser‹«.

41 Die Bundesregierung, »Nachhaltige Mobilität. Nicht weniger fortbewegen, sondern anders« 23.12.2022, ⟨https://www.bundesregierung.de/breg-de/themen/klimaschutz/eenergie-und-mobilitaet/nachhaltige-mobilitaet-2044132⟩, letzter Zugriff 13.03.2023.

42 Rüdiger Kiani-Kress, Thomas Stölzel, »Wolkenkuckucksflieger«, in: *Wirtschaftswoche*, 19.05.2023, S. 60-63.

43 Dipesh Chakrabarty, *Das Klima der Geschichte im planetarischen Zeitalter*, Berlin 2022, S. 28.

44 Die Erhöhung von Energieeffizienz heißt, dass die gleiche Anzahl Produkte mit weniger Energieaufwand produziert oder bereitgestellt wird.

45 DIHK, »Wohlstandsverluste durch das geplante Energieeffizienzgesetz?«, 30.03.2023, ⟨https://www.dihk.de/de/wohlstandsverluste-durch-das-geplante-energieeffizienzgesetz--93004⟩, letzter Zugriff 04.04.2023.

46 Carina Zell-Ziegler, Hannah Förster, *Mit Suffizienz mehr Klimaschutz modellieren. Relevanz von Suffizienz in der Modellierung, Übersicht über die aktuelle Modellierungspraxis und Ableitung methodischer Empfehlungen. Zwischenbericht zu AP 2.1 »Möglichkeiten der Instrumentierung von Energieverbrauchsreduktion durch Verhaltensänderung«*, Texte 55, Umweltbundesamt, Berlin 2018.

47 Nico Stehr, *Die Moralisierung der Märkte. Eine Gesellschaftstheorie*, Frankfurt/M. 2007.

48 Anthony Leiserowitz u.a., »Sustainability Values, Attitudes, and Behaviors: A Review of Multinational and Global Trends«, in: *Annual Review of Environment and Resources* 31:1 (2006), S. 413-444.

49 Roger Cowe, Simon Williams, *Who Are the Ethical Consumers?*, Manchester 2001.

50 Der globale Bekleidungsmarkt wird auf circa 1,9 Billionen US-Dollar geschätzt, der Markt für ethische Kleidung auf circa 7 Milliarden (Research and Markets, »Ethical Fashion Global Market Opportunities and Strategies to 2032«, ⟨https://www.researchandmarkets.com/reports/5568470/ethical-fashion-global-market-report-2022-by#src-pos-2⟩, letzter Zugriff 05.05.2022.)

51 Jannis Engel, Nora Szech, »A Little Good Is Good Enough: Ethical Consumption, Cheap Excuses, and Moral Self-Licensing«, in: *PLoS ONE* 15:1, e0227036, 15.01.2020, ⟨https://doi.org/10.1371/journal.pone.0227036⟩, letzter Zugriff 04.04.2023.

52 Andreas Diekmann, Peter Preisendörfer, »Green and Greenback: The Behavioral Effects of Environmental Attitudes in Low-Cost and High-Cost Situations«, in: *Rationality and Society* 15:4 (2003), S. 441-472.

53 Dingeman Wiertz, Nan Dirk de Graaf, »The Climate Crisis: What Sociology Can Contribute«, in: Klarita Gërxhani u.a. (Hg.), *Handbook of Sociological Science: Contributions to Rigorous Sociology*, Cheltenham 2022, S. 475-492.

54 Luise Land u.a., »100 Prozent Meeresplastik, 59 Prozent Wahrheit«, in: *Zeit Online*, 03.06.2022, ⟨https://www.zeit.de/green/2022-06/got-bag-greenwashing-plastikmuell-meer-recycling-nachhaltigkeit⟩, letzter Zugriff 02.03.2023.

55 »EU-Kommission plant Gesetz gegen Greenwashing«, in: *Zeit Online*, 22.03.2023, ⟨https://www.zeit.de/wirtschaft/2023-03/eu-werbung-greenwashing-mindeststandards-reparatur⟩, letzter Zugriff 16.08.2023.

56 Astrid Geisler, Hannah Knuth, »›Das Label ist im Grunde tot‹«, in: *Die Zeit*, 26.01.2023, online unter ⟨https://www.zeit.de/2023/05/klimaneutrale-produkte-rossmann-label-co2-zertifikate⟩, letzter Zugriff 04.04.2023.

57 Siehe Jürgen Schaefer, Malte Henk, »Emissionshandel: Die Luftnummer«, in: *Geo*, 16.12.2010, online unter ⟨https://www.geo.de/natur/oekologie/4896-rtkl-klimawandel-emissionshandel-die-luftnummer⟩, letzter Zugriff 07.03.2023. Hans-Josef Fell, »Emissionshandel mit null Wirkung«, 23.04.2022, ⟨https://www.klimareporter.de/verkehr/emissionshandel-mit-null-wirkung⟩, letzter Zugriff 05.04.2023.

58 Martin Cames u. a., *How Additional Is the Clean Development Mechanism? Analysis of the Application of Current Tools and Proposed Alternatives*, Berlin 2016. Bestätigt wird dies auch von einer jüngeren Studie: Thales A. P. West u. a., »Action Needed to Make Carbon Offsets from Forest Conservation Work for Climate Change Mitigation«, in: *Science* 381:6660 (2023), S. 873-877.

59 Der Wert der größten dieser Firmen, des Schweizer Unternehmens South Pole, betrug Anfang 2023 mehr als eine Milliarde Euro. Es beschäftigt 1500 Mitarbeiter weltweit und hat über 700 Kompensationsprojekte entwickelt. Recherchen der niederländischen Investigativ-Plattform *Follow the Money* ergaben, dass das Unternehmen »wissentlich wertlose CO_2-Zertifikate« aus einem Projekt in Simbabwe verkauft hatte. Siehe Tin Fischer, Hannah Knuth, »Taumelndes Einhorn«, in: *Die Zeit*, 02.02.2023, S. 24.

60 Sighard Neckel, »Die Klimakrise und das Individuum: Über selbstinduziertes Scheitern und die Aufgaben der Politik«, in: *Soziopolis*, 17.06.2021, hier S. 4, ⟨https://nbn-resolving.org/urn:nbn:de:0168-ssoar-80379-4⟩, letzter Zugriff 04.04.2023.

61 Dubuisson-Quellier, »How Does Affluent Consumption Come to Consumers?«. Siehe auch Nick Chater, George Loewenstein, »The I-Frame and the S-Frame: How Focusing on Individual-Level Solutions Has Led Behavioral Public Policy Astray«, in: *Behavioral and Brain Sciences* 46:e147, 05.09.2022, doi:10.1017/S 0140525X22002023.

62 Sighard Neckel, »Der Streit um die Lebensführung. Nachhaltigkeit als sozialer Konflikt«, in: *Mittelweg 36* 6 (2020), S. 82-100. Siehe auch zu diesem Typus des Protestverhaltens: Carolin Amlinger, Oliver Nachtwey, *Gekränkte Freiheit. Aspekte des libertären Autoritarismus*, Berlin 2022.

63 Daher wird erwartet, dass zukünftig vor allem Menschen mit niedrigerem Einkommen weiterhin Verbrenner fahren werden. Auch dies spricht für die gezielte Förderung unterer Einkommensschichten bei der Wende zur Elektromobilität. Siehe Anna Gauto, »Das sind die neuen Strategien der Klimaschutzbremser«, in: *Handelsblatt*, 04.04.2023, online unter ⟨https://www.handelsblatt.com/politik/deutschland/desinformation-das-sind-die-neuen-strategien-der-klimaschutzbremser/29074922.html⟩, letzter Zugriff 19.06.2023.

1 Siehe unter anderen Jason Hickel, *Weniger ist mehr. Warum der Kapitalismus den Planeten zerstört und wir ohne Wachstum glücklicher sind*, München 2022. Tim Jackson, *Prosperity without Growth. Foundations for the Economy of Tomorrow*, London, New York 2017. Zur Kreislaufwirtschaft siehe Harry Lehmann u. a. (Hg.), *Impossibilities of the Circular Economy. Separating Aspiration from Reality*, London 2022.

2 Ulrike Herrmann, *Das Ende des Kapitalismus. Warum Wachstum und Klimaschutz nicht vereinbar sind – und wie wir in Zukunft leben werden*, Köln 2022.

3 UN Environment Programme, *Emissions Gap Report 2022: The Closing Window – Climate Crisis Calls for Rapid Transformation of Societies*, United Nations Environment Programme, Nairobi 2022, online unter ⟨https://www.unep.org/resources/emissions-gap-report-2022⟩, letzter Zugriff 21. 03. 2023.

4 Hickel, *Weniger ist mehr.* Siehe dazu auch unten, Kap. 8

5 Siehe hierfür etwa die Arbeiten von Christoph Deutschmann: *Disembedded Markets. Economic Theology and Global Capitalism*, Abingdon 2019, und ders., »The Capitalist Growth Imperative: Can It Be Overcome?«, in: *Foro* 7:4, Juli/August 2023, S. 1-9, ⟨https://www.revistaforo.com/2023/0704-01-EN⟩, letzter Zugriff 24. 07. 2023. Einen interessanten Vorschlag, bezogen auf Eigentumsrechte, hat jüngst Tilo Wesche unterbreitet: *Die Rechte der Natur. Vom nachhaltigen Eigentum*, Berlin 2023.

6 Zu erkennen ist dies etwa bei der Herstellung von Solarpaneelen, die heute zu 95 Prozent in China stattfindet. Der Versuch des (Wieder-)Aufbaus von Produktionskapazitäten in Europa und den USA soll von strategischer Abhängigkeit befreien. Genau darum geht es in dem amerikanischen *Inflation Reduction Act* und dem europäischen *Green Deal.*

7 Per Espen Stoknes, Johan Rockström, »Redefining Green Growth within Planetary Boundaries«, in: *Energy Research & Social Science* 44 (2018), S. 41-49.

8 Diese Erwartung ist allerdings sehr umstritten, da Dienstleistungsaktivitäten häufig auch einen hohen Energieverbrauch haben. Die Digitalisierung führt etwa zu erheblichem Mehrverbrauch an Strom. Außerdem steigt weiterhin global die Verwendung von Industriegütern wie Stahl, Zement und Plastik, die auch für Tourismus, Finanzdienstleistungen oder die Durchführung von Popkonzerten benötigt werden.

9 Robert Boyer, »Expectations, Narratives, and Socio-Economic Regimes«, in: Jens Beckert, Richard Bronk (Hg.), *Uncertain Futures. Imagineries, Narratives, and Calculation in the Economy*, Oxford 2018, S. 39-61.

10 Ebd., S. 53.

11 Michel Aglietta, *Ein neues Akkumulationsregime. Die Regulationstheorie auf dem Prüfstand*, Hamburg 2000.

12 Larry Fink, »Larry Fink's 2022 Letter to CEOs: The Power of Capitalism«, 2022, online unter ⟨https://www.blackrock.com/corporate/investor-relations/larry-fink-ceo-letter⟩, letzter Zugriff 04.04.2023.

13 Benjamin Braun, »Asset Manager Capitalism as a Corporate Governance Regime«, in: Jacob S. Hacker u.a. (Hg.), *The American Political Economy. Politics, Markets, and Power*, New York 2021, S. 270-294.

14 McKinsey Global Institute, »The Net-Zero Transition: What It Would Cost, What It Could Bring«, online unter ⟨https://www.mckinsey.com/capabilities/sustainability/our-insights/the-net-zero-transition-what-it-would-cost-what-it-could-bring⟩, letzter Zugriff 29.03.2023.

15 IEA, »World Energy Outlook 2021«, online unter ⟨https://www.iea.org/reports/world-energy-outlook-2021⟩, letzter Zugriff 16.08.2023.

16 Allgemein: Neil Fligstein, *The Architecture of Markets. An Economic Sociology of Twenty-First-Century Capitalist Societies*, Princeton 2001.

17 Daniela Gabor, »The Wall Street Consensus«, in: *Development and Change* 52:3 (2021), S. 429-459.

18 William D. Nordhaus, *Managing the Global Commons. The Economics of Climate Change*, Cambridge, MA 1994. Ders., *The Spirit of Green. The Economics of Collisions and Contagions in a Crowded World*, Princeton 2021. Eine sehr gute kritische Diskussion der Vermarktlichung von ökologischen Externalitäten bieten: Ève Chiapello, Anita Engels, »The Fabrication of Environmental Intangibles as a Questionable Response to Environmental Problems«, in: *Journal of Cultural Economy* 14:5 (2021), S. 517-532.

19 In ihrer Lenkungswirkung sind CO_2-Zertifikate der direkten Besteuerung von Treibhausgasemissionen ähnlich. Beide nutzen den Preismechanismus zur Steuerung. Zertifikate sind lediglich politisch weniger anspruchsvoll, weil nicht ständig Steuersätze geändert werden müssen.

20 Siehe z.B. Thomas Pellerin-Carlin u.a., *No More Free Lunch. Ending Free Allowances in the EU ETS to the Benefit of Innovation*, Jacques Delors Institute, Policy Brief, 03.02.2022, online unter ⟨https://institutdelors.eu/en/publications/no-more-free-lunch-ending-free-allowances-in-the-eu-ets-to-the-benefit-of-innovation⟩, letzter Zugriff 30.08.2023.

21 Gleiches gilt für *De-Risking*-Strategien im Finanzsektor, die Finanzkapital von klimaschädlicher Produktion abziehen, es aber allein den privaten Investoren überlassen, wie Klimaneutralität erreicht werden soll.

22 Adrienne Buller, »What's Really behind the Failure of Green Capitalism?«, in: *The Guardian*, 26.07.2022, online unter ⟨https://www.theguardian.com/commentisfree/2022/jul/26/failure-green-capitalism⟩, letzter Zugriff 04.04.2023.

23 Jürgen Flauger, Kathrin Witsch, »Milliardengeschäft Kohle: Warum RWE sogar an steigenden CO2-Preisen verdient«, in: *Handelsblatt*, 19. 09. 2021, online unter ⟨https://www.handelsblatt.com/technik/thespark/energiekonzern-milliardengeschaeft-kohle-warum-rwe-sogar-an-steigenden-co2-preisen-verdient/27617624.html⟩, letzter Zugriff 07. 03. 2023. Angeblich verfügt RWE über so viele Zertifikate, dass es diese teilweise gewinnbringend am Spotmarkt verkauft. Die Finanzmärkte sehen in den Zertifikaten sogar eine bedeutende stille Reserve des Konzerns.

24 Umweltbundesamt, »Internationale Marktmechanismen im Klimaschutz«, 22. 06. 2023, ⟨https://www.umweltbundesamt.de/daten/klima/internationale-marktmechanismen⟩, letzter Zugriff 05. 04. 2023.

25 Siehe Jürgen Schaefer, Malte Henk, »Emissionshandel: Die Luftnummer«, in: *Geo*, 16. 12. 2010, online unter ⟨https://www.geo.de/natur/oekologie/4896-rtkl-klimawandel-emissionshandel-die-luftnummer⟩, letzter Zugriff 07. 03. 2023.

26 Stefan Bach u. a., *CO2-Bepreisung im Wärme- und Verkehrssektor. Diskussion von Wirkungen und alternativen Entlastungsoptionen* (= Politikberatung kompakt 140, Deutsches Institut für Wirtschaftsforschung), Berlin 2019.

27 Manuela Andreoni, »A New Tax on Greenhouse Gases«, in: *The New York Times*, 25. 04. 2023, online unter ⟨https://www.nytimes.com/2023/04/25/climate/europe-greenhouse-gas-tax.html⟩, letzter Zugriff 08. 05. 2023.

28 Stefan Bach u. a., *Verkehrs- und Wärmewende: CO_2-Bepreisung stärken, Klimageld einführen, Anpassungskosten verringern* (= DIW Wochenbericht 23, Deutsches Institut für Wirtschaftsforschung), Berlin 2023, S. 274-280.

29 Sighard Neckel, »Zerstörerischer Reichtum. Wie eine globale Verschmutzerelite das Klima ruiniert«, in: *Blätter für deutsche und internationale Politik* 4 (2023), S. 47-56, hier S. 55.

30 Rat der EU, »›Fit für 55‹: Rat verabschiedet wichtige Rechtsakte zur Verwirklichung der Klimaziele für 2030«, Pressemitteilung, 25. 04. 2023, online unter ⟨https://www.consilium.europa.eu/de/press/press-releases/2023/04/25/fit-for-55-council-adopts-key-pieces-of-legislation-delivering-on-2030-climate-targets/⟩, letzter Zugriff 16. 08. 2023.

31 Es ist einfacher, für exportorientierte Wachstumsregime CO_2-Steuern einzuführen, weil die negativen Auswirkungen auf den Konsum weniger ins Gewicht fallen (siehe Jonas Nahm, »Green Growth Models«, in: Lucio Baccaro u. a. [Hg.], *Diminishing Returns. The New Politics of Growth and Stagnation*, Oxford 2022, S. 443-463). Außerdem haben die Länder der EU, abgesehen von der im Verschwinden begriffenen Kohleförderung, keine nennenswerte eigene Förderung fossiler Energieträger. Politisch muss daher auf diese Industrie weniger Rücksicht genommen werden als in den USA, ganz im Gegenteil: Die Reduzierung von Öl- und Gasverbrauch verringert Importausgaben, stärkt damit die Zahlungsbilanz Europas und führt zu geringeren geopolitischen Abhängigkeiten.

32 Energy Institute, »Consumption of Coal in China from 1998 to 2022 (in exajoules)«, 26.06.2023, online unter *Statista*, ⟨https://www.statista.com/statistics/265491/chinese-coal-consumption-in-oil-equivalent/⟩, letzter Zugriff 15.11.2023.

33 Baysa Naran u. a., *Global Landscape of Climate Finance. A Decade of Data: 2011-2020*, Climate Policy Initiative 2022.

34 Gabor, »The Wall Street Consensus«.

35 Daniela Gabor, Benjamin Braun, *Green Macrofinancial Regimes*, unpubl. Ms., UWE Bristol, Max-Planck-Institut für Gesellschaftsforschung 2023.

36 Lucas Chancel, Thomas Piketty, »Dekarbonisierung erfordert Umverteilung«, in: Greta Thunberg (Hg.), *Das Klimabuch*, Frankfurt/M. 2022, S. 445-449, hier S. 448.

37 Jonas Meckling, Nicholas Goedeking, »Coalition Cascades: The Politics of Tipping Points in Clean Energy Transitions«, in: *Policy Studies Journal* 00, 20.07.2023, online unter ⟨https://doi.org/10.1111/psj.12507⟩, letzter Zugriff 04.10.2023. Nicolas Schmid u. a., »Explaining Advocacy Coalition Change with Policy Feedback«, in: *Policy Studies Journal* 48:4 (2020), S. 1109-1134.

38 Anthony Shorrocks u. a., *Global Wealth Report 2023. Leading Perspectives to Navigate the Future*, UBS, 2023, online unter ⟨https://www.ubs.com/global/en/family-office-uhnw/reports/global-wealth-report-2023.html⟩, letzter Zugriff 29.08.2023.

39 Saijel Kishan, »There's $ 35 Trillion Invested in Sustainability, but $ 25 Trillion of That Isn't Doing Much«, in: *Bloomberg*, 18.08.2021, ⟨https://www.bloomberg.com/news/articles/2021-08-18/-35-trillion-in-sustainability-funds-does-it-do-any-good#xj4y7vzkg⟩, letzter Zugriff 20.03.2023.

40 Magdalena Senn u. a., *Die Grenzen von Sustainable Finance. Wie das Finanzsystem zu einem stärkeren Hebel für eine nachhaltige Wirtschaft werden kann*, Finanzwende Recherche, Berlin 2022, hier S. 15.

41 Zur Macht der Indexanbieter siehe auch Johannes Petry u. a., »Steering Capital: The Growing Private Authority of Index Providers in the Age of Passive Asset Management«, in: *Review of International Political Economy* 28:1 (2021), S. 152-176.

42 Siehe insbesondere Adrienne Buller, *The Value of a Whale. On the Illusions of Green Capitalism*, Manchester 2022, Kap. 4. Allerdings scheint die europäische Finanzaufsichtsbehörde (ESMA) das Greenwashing in der Finanzindustrie nun ernster zu nehmen und verschärft die Standards, die für die europäischen ESG-Labels gelten. In der EU besteht seit 2021 eine verbindliche Verordnung (SFDR) darüber, was als nachhaltiges Investment angepriesen werden darf. Diese definiert Standards für die Verwendung bestimmter Labels und verpflichtet Fondsgesellschaften dazu, ihre Nachhaltigkeitskriterien offenzulegen. Zuvor waren die Standards so lax, dass mehr als die Hälfte aller

Fondsprodukte als nachhaltig kategorisiert werden konnten. Nach der Verschärfung wird sich das vermutlich ändern: Eine Studie der ESMA von 3000 derzeit in der EU als nachhaltig gekennzeichneten Fonds kam zu dem Ergebnis, dass mit den neuen Kriterien weniger als ein Prozent dieser Fonds weiterhin das Nachhaltigkeitslabel führen dürfen. Julien Mazzacurati u. a., *TRV Risk Analysis. EU Ecolabel: Calibrating Green Criteria for Retail Fund*, European Securities and Markets Authority, Paris 2022.

43 Senn u. a., *Die Grenzen von Sustainable Finance*, S. 11f.

44 Buller, *The Value of a Whale*. Jan Fichtner u. a., »Mind the ESG Capital Allocation Gap: The Role of Index Providers, Standard-Setting, and ›Green‹ Indices for the Creation of Sustainability Impact«, in: *Regulation & Governance*, 04. 06. 2023, ⟨https://doi.org/10.1111/rego.12530⟩, letzter Zugriff 21. 08. 2023.

45 Tomaso Ferrando u. a., »Indebting the Green Transition: Critical Notes on Green Bonds in the South«, 31. 03. 2022, ⟨https://www.developmentresearch.eu/?p=1167⟩, letzter Zugriff 21. 08. 2023.

46 Larry Fink, »Larry Fink's 2018 Letter to CEOs: A Sense of Purpose«, online unter ⟨https://www.blackrock.com/corporate/investor-relations/2018-larry-fink-ceo-letter⟩, letzter Zugriff 25. 04. 2023.

47 Fink, »Larry Fink's 2022 Letter to CEOs«.

48 Joseph Baines, Sandy Brian Hager, »From Passive Owners to Planet Savers? Asset Managers, Carbon Majors and the Limits of Sustainable Finance«, in: *Competition & Change* 27:3-4 (2022), S. 449-471. Siehe auch Benjamin Braun, »Exit, Control, and Politics: Structural Power and Corporate Governance under Asset Manager Capitalism«, in: *Politics & Society* 50:4 (2022), S. 630-654.

49 David Gelles, »How Environmentally Conscious Investing Became a Target of Conservatives«, in: *The New York Times*, 28. 02. 2023, online unter ⟨https://www.nytimes.com/2023/02/28/climate/esg-climate-backlash.html⟩, letzter Zugriff 08. 03. 2023.

50 Matthew Goldstein, Maureen Farrell, »BlackRock's Pitch for Socially Conscious Investing Antagonizes All Sides«, in: *The New York Times*, 23. 12. 2022, online unter ⟨https://www.nytimes.com/2022/12/23/business/blackrock-esg-investing.html⟩, letzter Zugriff 25. 04. 2023.

51 Dies sind allerdings nur ungefähr 15 Prozent des Primärenergieverbrauchs. Auch in Deutschland kamen 2022 ungefähr 80 Prozent der Energie aus fossilen Energieträgern. Siehe Bundesumweltamt, »Primärenergieverbrauch«, 22. 03. 2023, ⟨https://www.umweltbundesamt.de/daten/energie/primaerenergieverbrauch#definition-und-einflussfaktoren⟩, letzter Zugriff 18. 08. 2023.

52 IWR, »Trendwende: In Deutschland sind 2022 knapp 10 000 MW neue Wind- und Solarleistung in Betrieb gegangen«, 13. 01. 2023, ⟨https://www.iwr.de/news/trendwende-in-deutschland-sind-2022-knapp-10-000-mw-neue-wind-und-solarleistung-in-betrieb-gegangen-news⟩, letzter Zugriff 17. 08. 2023.

53 Diese Zahl bezieht noch nicht den Abbau von 350 Altanlagen ein, die allerdings eine wesentlich geringere Leistung als neue Windräder hatten. Siehe ebd.

54 Agora Energiewende, »Klimaneutrales Stromsystem 2035. Wie der deutsche Stromsektor bis zum Jahr 2035 klimaneutral werden kann«, 23.06.2022, online unter ⟨https://www.agora-energiewende.de/veroeffentlichungen/klimaneutrales-stromsystem-2035/⟩, letzter Zugriff 06.10.2023.

55 McKinsey & Company, »Global Energy Perspective 2021«, Januar 2021, online unter ⟨https://www.mckinsey.com/~/media/McKinsey/Industries/OilandGas/OurInsights/GlobalEnergyPerspective/Global-Energy-Perspective-2021-final.pdf⟩, letzter Zugriff 14.02.2023.

56 IEA, *World Energy Outlook 2022*, IEA, Paris 2022, online unter ⟨https://www.iea.org/reports/world-energy-outlook-2022/key-findings⟩, letzter Zugriff 08.05.2023.

57 IRENA, *World Energy Transitions Outlook 2023: 1.5 °C Pathway*, Bd. 1, International Renewable Energy Agency, Abu Dhabi 2023.

58 Catiana Krapp, Kathrin Witsch, »Die Strategien der Energiekonzerne«, in: *Handelsblatt*, 17.01.2023, S. 6 f.

59 Klaus Stratmann, Kathrin Witsch, »Stromlücke droht: Warum die Ziele aus dem Koalitionsvertrag kaum zu meistern sind«, in: *Handelsblatt*, 06.12.2021, online unter ⟨https://www.handelsblatt.com/politik/deutschland/energie-stromluecke-droht-warum-die-ziele-aus-dem-koalitionsvertrag-kaum-zu-meistern-sind/27861676.html⟩, letzter Zugriff 08.05.2023.

60 Stoknes, Rockström, »Redefining Green Growth within Planetary Boundaries«. Timothée Parrique u.a., *Decoupling Debunked. Evidence and Arguments against Green Growth as a Sole Strategy for Sustainability*, European Environmental Bureau, Brüssel 2019.

61 Martin Müller, »Kein Zurück zur Natur«, in: *Frankfurter Allgemeine Zeitung*, 07.02.2023, online unter ⟨https://www.faz.net/aktuell/karriere-hochschule/kritik-der-klimarettung-kein-zurueck-zur-natur-18641935.html⟩, letzter Zugriff 25.04.2023.

62 Joeri Rogelj u.a., »Mitigation Pathways Compatible with 1.5 °C in the Context of Sustainable Development«, in: Valérie Masson-Delmotte u.a. (Hg.), *Global Warming of 1.5 °C. An IPCC Special Report on the Impacts of Global Warming of 1.5 °C above Pre-Industrial Levels and Related Global Greenhouse Gas Emission Pathways, in the Context of Strengthening the Global Response to the Threat of Climate Change, Sustainable Development, and Efforts to Eradicate Poverty*, Cambridge, New York 2018, S. 93-174.

63 Oliver Gedeni u.a., *The State of Carbon Dioxide Removal – 1st Edition*, The State of Carbon Dioxide Removal, Oxford 2023, doi: 10.17605/OSF.IO/W3B4Z.

64 Rogelj u. a., »Mitigation Pathways Compatible with 1.5 °C in the Context of Sustainable Development«.
65 Marcus Theurer, »›Die CO_2-Speicherung ist einer der größten Hebel‹«, in: *Frankfurter Allgemeine Zeitung*, 18.12.2022, S. 22.
66 IEA, *World Energy Outlook 2022*, S. 172-173.
67 Gedeni u. a., *The State of Carbon Dioxide Removal.*
68 Ganz Ähnliches lässt sich bei der Diskussion um eFuels erkennen. Die Hoffnung auf diesen Treibstoff senkt den Druck auf den Umstieg auf Elektroautos und muss insofern als Verzögerungstaktik gewertet werden.
69 Brad Plumer, »In a U. S. First, a Commercial Plant Starts Pulling Carbon from the Air«, in: *The New York Times*, 09.11.2023, online unter ⟨https://www.nytimes.com/2023/11/09/climate/direct-air-capture-carbon.html⟩, letzter Zugriff 14.11.2023.
70 Thomas Stölzel, »Die Luft bleibt dünn«, in: *Wirtschaftswoche*, 25.08.2023, S. 62-65.
71 Susanne Götze u. a., »Der Bunkerplan«, in: *Der Spiegel*, 13.05.2023, S. 96-101.
72 IEA, *Direct Air Capture. A Key Technology for Net Zero*, Paris 2022, online unter ⟨https://iea.blob.core.windows.net/assets/78633715-15c0-44e1-81df-41123c556d57/DirectAirCapture_Akeytechnologyfornetzero.pdf⟩, letzter Zugriff 08.05.2023. Habib Azarabadi u. a., »Shifting the Direct Air Capture Paradigm«, 05.06.2023, ⟨https://www.bcg.com/publications/2023/solving-direct-air-carbon-capture-challenge⟩, letzter Zugriff 21.08.2023.
73 Thomas Stölzel, Martin Seiwert, »Die fatale Verehrung des E-Autos«, in: *Wirtschaftswoche*, 08.02.2023, online unter ⟨https://www.wiwo.de/my/technologie/mobilitaet/e-fuels-die-fatale-verehrung-des-e-autos/28785172.html⟩, letzter Zugriff 15.03.2023.
74 Klaus Stratmann, Kathrin Witsch, »Die Speicherung von CO2 boomt – aber Deutschland zögert«, in: *Handelsblatt*, 09.02.2023, online unter ⟨https://www.handelsblatt.com/unternehmen/energie/ccs-die-speicherung-von-co2-boomt-aber-deutschland-zoegert/28967478.html⟩, letzter Zugriff 23.03.2023.
75 Arjun Appadurai, Neta Alexander, *Versagen. Scheitern im Neoliberalismus*, Berlin 2023, S. 129.

8 PLANETARE GRENZEN

1 Johan Rockström u. a., »Planetary Boundaries: Exploring the Safe Operating Space for Humanity«, in: *Ecology and Society* 14:2, 32 (2009), ⟨https://ecologyandsociety.org/vol14/iss2/art32/⟩, letzter Zugriff 30.08.2023.
2 Andrew Simms, *Ecological Debt. The Health of the Planet and the Wealth of Nations*, London u. a. 2005.
3 United Nations, »Ensure Sustainable Consumption and Production Patterns«,

online unter ⟨https://unstats.un.org/sdgs/report/2019/goal-12/⟩, letzter Zugriff 05.10.2023.

4 Monika Dittrich u. a., *Green Economies around the World? Implications of Resource Use for Development and the Environment*, Wien 2012.

5 Sven Beckert, Ulbe Bosma, »Ever More Land and Labour«, in: *aeon*, 06.10.2022, online unter ⟨https://aeon.co/essays/the-capitalist-transformations-of-the-countryside⟩, letzter Zugriff 29.08.2023.

6 Walter Rüegg, »Die toxische Seite der Solarpanels«, in: *Neue Zürcher Zeitung*, 31.01.2023, S. 18.

7 Dorian Schiffer, »Lithiumabbau: Unabsehbare Schäden für die Umwelt«, in: *Der Standard*, 13.07.2022, online unter ⟨https://www.derstandard.de/story/2000137382763/lithiumabbau-unabsehbare-schaeden-fuer-die-umwelt⟩, letzter Zugriff 28.03.2023. Amit Katwala, »The Spiralling Environmental Cost of Our Lithium Battery Addiction«, in: *Wired*, 05.08.2018, online unter ⟨https://www.wired.co.uk/article/lithium-batteries-environment-impact⟩, letzter Zugriff 18.08.2023.

8 Sebastián Carrasco, Aldo Madariaga, »The Resource Curse Returns?«, in: *NACLA Report on the Americas* 54:4 (2022), S. 445-452. Sebastián Carrasco u. a., »The Temporalities of Natural Resources Extraction: Imagined Futures and the Spatialization of the Lithium Industry in Chile«, in: *The Extractive Industries and Society* 15, 101310 (2023).

9 Marcus Theurer, »›Der Wechsel zum Elektroauto kommt schneller als erwartet‹«, in: *Frankfurter Allgemeine Zeitung*, 06.04.2023, online unter ⟨https://www.faz.net/aktuell/wirtschaft/auto-verkehr/mercedes-chef-e-auto-wechsel-kommt-schneller-als-erwartet-18803833.html⟩, letzter Zugriff 30.08.2023.

10 Siehe hierfür auch Diana Vela Almeida u. a., »The ›Greening‹ of Empire: The European Green Deal as the *EU first* agenda«, in: *Political Geography* 105, 102925 (2023). Maristella Svampa, *Neo-Extractivism in Latin America. Socio-Environmental Conflicts, the Territorial Turn, and New Political Narratives*, Cambridge 2019.

11 Claus Hecking u. a., »So soll die Nordsee zum größten Kraftwerk der Welt werden«, in: *Der Spiegel*, 25.07.2023, S. 64-69.

12 Carrasco, Madariaga, »The Resource Curse Returns?«.

13 Claus Hecking, »Norwegen will nicht Europas Batterie sein«, in: *Der Spiegel*, 30.04.2023, online unter ⟨https://www.spiegel.de/wirtschaft/energiestreit-in-norwegen-wir-wollen-nicht-die-batterie-europas-sein-a-4afcfe-8bfa-4617-a542-c3e4565881a1⟩, letzter Zugriff 08.05.2023.

14 IEA, *The Role of Critical Minerals in Clean Energy Transitions. World Energy Outlook Special Report*, Paris 2022, online unter ⟨https://iea.blob.core.windows.net/assets/ffd2a83b-8c30-4e9d-980a-52b6d9a86fdc/TheRoleofCriticalMineralsinCleanEnergyTransitions.pdf⟩, letzter Zugriff 04.10.2023.

15 Jason Hickel, *Weniger ist mehr. Warum der Kapitalismus den Planeten zerstört und wir ohne Wachstum glücklicher sind*, München 2022, S. 185.

16 Agora Verkehrswende, »Zusammensetzung der Treibhausgas-Emissionen in der Herstellung von Batterien für Elektroautos nach Bestandteilen/Fertigungsschritten (in kg CO2-Äquivalenten pro kWh der Batterie; Stand: 2019)«, 01.05.2019, online unter *Statista*, ⟨https://de.statista.com/statistik/daten/studie/1074324/umfrage/zusammensetzung-der-co2-emissionen-bei-der-herstellung-von-e-autobatterien/⟩, letzter Zugriff 15.11.2023.

17 Martin Wietschel, *Ein Update zur Klimabilanz von Elektrofahrzeugen*, Working Paper Sustainability and Innovation No. S 01/2020, Fraunhofer-Institut für System- und Innovationsforschung ISI, Karlsruhe 2020, online unter ⟨https://www.isi.fraunhofer.de/content/dam/isi/dokumente/sustainability-innovation/2020/WP-01-2020_Ein%20Update%20zur%20Klimabilanz%20von%20Elektrofahrzeugen.pdf⟩, letzter Zugriff 05.04.2023. Siehe auch Elena Shao, »Just How Good for the Planet Is That Big Electric Pickup Truck?«, in: *The New York Times*, 18.02.2023, online unter ⟨https://www.nytimes.com/interactive/2023/02/17/climate/electric-vehicle-emissions-truck-suv.html⟩, letzter Zugriff 15.03.2023.

18 Elsa Semmling u.a., *Rebound-Effekte. Wie können sie effektiv begrenzt werden?*, Umweltbundesamt, Dessau-Roßlau 2016, online unter ⟨https://www.umweltbundesamt.de/sites/default/files/medien/376/publikationen/rebound-effekte_wie_koennen_sie_effektiv_begrenzt_werden_handbuch.pdf⟩, letzter Zugriff 05.04.2023.

19 Hickel, *Weniger ist mehr*, S. 179f.

20 Aaron Kolleck, »Does Car-Sharing Reduce Car Ownership? Empirical Evidence from Germany«, in: *Sustainability* 13:13, 7384, 01.07.2021, ⟨https://doi.org/10.3390/su13137384⟩, letzter Zugriff 05.04.2023. Hinzu kommt, dass diese Systeme dort am profitabelsten sind, wo es ohnehin bereits ein sehr gutes Verkehrsangebot gibt, also in den dicht besiedelten städtischen Ballungszentren. Die Systeme tragen nicht dazu bei, das Problem der »letzten Meile« zu lösen, aufgrund dessen viele Menschen das private Auto nutzen.

21 Tim Niendorf, »Das gescheiterte Versprechen«, in: *Frankfurter Allgemeine Zeitung*, 15.04.2023, S. 1.

22 Semmling u.a., *Rebound-Effekte*.

9 WIE WEITER?

1 Martin Müller, »Kein Zurück zur Natur«, in: *Frankfurter Allgemeine Zeitung*, 07.02.2023, online unter ⟨https://www.faz.net/aktuell/karriere-hochschule/kritik-der-klimarettung-kein-zurueck-zur-natur-18641935.html⟩, letzter Zugriff 25.04.2023.

2 Jason Hickel, *Weniger ist mehr. Warum der Kapitalismus den Planeten zerstört und wir ohne Wachstum glücklicher sind*, München 2022.

3 Nancy Fraser, *Der Allesfresser. Wie der Kapitalismus seine eigenen Grundlagen verschlingt*, Berlin 2023, S. 145.

4 Zumal es ja nicht mit der Veränderung des vorherrschenden Verhältnisses zur Natur getan wäre, sondern es auch einer neuen Organisation etwa von Eigentumsrechten bedürfte. Siehe hierzu Christoph Deutschmann, »The Capitalist Growth Imperative: Can It Be Overcome?«, in: *Foro* 7:4, Juli/August 2023, S. 1-9, ⟨https://www.revistaforo.com/2023/0704-01-EN⟩, letzter Zugriff 24.07.2023.

5 Wolfgang Streeck, *How Will Capitalism End? Essays on a Failing System*, London 2016.

6 Reiner Grundmann, »Climate Change as Wicked Social Problem«, in: *Nature Geoscience* 9 (2016), S. 562-563. Siehe dazu auch oben, Kap. 1.

7 Denkbar ist natürlich auch das Umgekehrte. Etwa dass ein Zerfall des Multilateralismus, Wirtschaftskrisen, soziale Destabilisierungen aufgrund sich beschleunigender Auswirkungen der Klimakrise und ausbleibender umsetzbarer technologischer Entwicklungen die Chancen einer effektiven Klimaschutzpolitik in der Zukunft geringer werden lassen. Siehe auch Anita Engels, Jochem Marotzke, »Klimaentwicklung und Klimaprognosen«, in: *Politikum* 6:2 (2020), S. 4-13.

8 Timothy M. Lenton u.a., »Quantifying the Human Cost of Global Warming«, in: *Nature Sustainability* 6, 22.05.2023, S. 1237-1247, ⟨https://doi.org/10.1038/s41893-023-01132-6⟩, letzter Zugriff 06.06.2023.

9 Eric Klinenberg u.a., »Sociology and the Climate Crisis«, in: *Annual Review of Sociology* 46:1 (2020), S. 649-669.

10 Rebecca Elliott, *Underwater. Loss, Flood Insurance, and the Moral Economy of Climate Change in the United States*, New York 2021. Andreas Reckwitz, »Auf dem Weg zu einer Soziologie des Verlusts«, in: *Soziopolis*, 06.05.2021, ⟨https://www.soziopolis.de/auf-dem-weg-zu-einer-soziologie-des-verlusts.html⟩, letzter Zugriff 29.08.2023.

11 Mike Davis, »Who Will Build the Ark?«, in: *New Left Review* 61 (2010), S. 29-46.

12 Siehe dazu oben, Kap. 3.

13 Siehe zur Rolle von Barrieren für politische Strategien auch den Übersichtsartikel von Jonas Meckling, Valerie J. Karplus, »Political Strategies for Climate and Environmental Solutions«, in: *Nature Sustainability* 6:7, 04.05.2023, S. 742-751, ⟨https://doi.org/10.1038/s41893-023-01109-5⟩, letzter Zugriff 04.10.2023.

14 Eine wichtige juristische Entwicklung sind Diskussionen um die Frage der Schaffung subjektiver, einklagbarer Rechte für die Natur. Im Rechtssystem

könnte, ähnlich wie bei Unternehmen, die Rechtsfiktion der Natur als juristischer Person geschaffen werden. Die natürliche Umwelt könnte damit eine stärkere juristische Repräsentation erfahren, wenngleich ihre Interessen selbstredend von Menschen definiert und artikuliert werden müssten. Dies ist keine Besonderheit im Rechtssystem, wo auch die Interessen anderer »rechtlich Stummer« – etwa von Ungeborenen, Kindern, Menschen mit geistiger Beeinträchtigung und Komatösen – von Dritten vertreten werden. Doch es stellt sich die Frage, wer die Rechte der Natur überhaupt konkret definiert sowie vertreten kann und wie konträre »Interessen« von unterschiedlichen Lebewesen bewertet werden sollen. Ansätze zur Verankerung von Rechten der Natur gibt es insbesondere im globalen Süden, zumeist verbunden mit der Absicht, indigene Bevölkerungsgruppen zu schützen. Siehe hierzu Frank Adloff, Tanja Busse, *Welche Rechte braucht die Natur? Wege aus dem Artensterben*, Frankfurt/M. 2021.

15 Siehe hierzu auch: Michael M. Bechtel, Massimo Mannino, »Ready When the Big One Comes? Natural Disasters and Mass Support for Preparedness Investment«, in: *Political Behavior* 45 (2023), S. 1045-1070.

16 Michael M. Bechtel u. a., »Improving Public Support for Climate Action through Multilateralism«, in: *Nature Communications* 13, 5441, 28.10.2022, online unter ⟨https://doi.org/10.1038/s41467-022-33830-8⟩, letzter Zugriff 04.10.2023.

17 Sighard Neckel, »Der Streit um die Lebensführung. Nachhaltigkeit als sozialer Konflikt«, in: *Mittelweg 36* 6 (2020), S. 82-100.

18 Nikhar Gaikwad u. a., »Creating Climate Coalitions: Mass Preferences for Compensating Vulnerability in the World's Two Largest Democracies«, in: *American Political Science Review* 116:4 (2022), S. 1165-1183.

19 Joel Millward-Hopkins, »Why the Impacts of Climate Change May Make Us Less Likely to Reduce Emissions«, in: *Global Sustainability* 5, e21, 07.12.2022, ⟨https://doi.org/10.1017/sus.2022.20⟩, letzter Zugriff 19.06.2023.

20 Siehe dazu auch: Sachverständigenrat für Umweltfragen, *Politik in der Pflicht: Umweltfreundliches Verhalten erleichtern*, Berlin 2023.

21 Alice Garvey u. a., »A ›Spatially Just‹ Transition? A Critical Review of Regional Equity in Decarbonisation Pathways«, in: *Energy Research & Social Science* 88, 102630 (2022).

22 Siehe Davis, »Who Will Build the Ark?«. Wolfgang Streeck, »Vorwort zur deutschen Ausgabe«, in: Foundational Economy Collective (Hg.), *Die Ökonomie des Alltagslebens. Für eine neue Infrastrukturpolitik*, Berlin 2019, S. 7-30.

23 Mancur Olson, *Die Logik des kollektiven Handelns. Kollektivgüter und die Theorie der Gruppen*, Tübingen 2004. Garrett Hardin »The Tragedy of the Commons«, in: *Science* 162:3859 (1968), S. 1243-1248.

24 Der Ökonom Albert O. Hirschman hat an verschiedenen Stellen eindrücklich auf die Bedeutung von Vorstellungen eines angestrebten zukünftigen gesellschaftlichen Zustands als Quelle der Motivation für gegenwärtiges aufopferungsvolles Handeln hingewiesen. Dies ist ein wichtiger, auch aus der Theologie bekannter Gedanke, der zu verstehen hilft, weshalb sich Menschen zu Handlungen motivieren können, selbst wenn ihnen die Unwägbarkeiten des Erfolgs bewusst sind oder Trittbrettfahren die naheliegende Alternative wäre. Siehe etwa Albert O. Hirschman, *Shifting Involvements. Private Interest and Public Action*, Princeton 1982.

25 Anne M. van Valkengoed, Linda Steg, »Meta-Analyses of Factors Motivating Climate Change Adaptation Behaviour«, in: *Nature Climate Change* 9:2 (2019), S. 158-163.

26 Siehe hierfür Jürgen Habermas, *Theorie des kommunikativen Handelns*, Frankfurt/M. 1981, Bd. 2. Die Forschungen der Politikwissenschaftlerin Elinor Ostrom zeigen, wie Gemeinschaften ihre Kollektivgüter über lange Zeiträume erfolgreich schützen können. Siehe Elinor Ostrom, »Handeln statt Warten: Ein mehrstufiger Ansatz zur Bewältigung des Klimaproblems«, in: *Leviathan* 39 (2011), S. 267-278; dies., *Governing the Commons. The Evolution of Institutions for Collective Action*, Cambridge 1990.

27 Siehe hierzu Wolfgang Streeck, *Zwischen Globalismus und Demokratie. Politische Ökonomie im ausgehenden Neoliberalismus*, Berlin 2021, S. 480. Siehe auch allgemeiner: Amitai Etzioni, *Die aktive Gesellschaft. Eine Theorie gesellschaftlicher und politischer Prozesse*, Wiesbaden 2009.

28 Sighard Neckel, »Infrastruktursozialismus. Die Bedeutung der Fundamentalökonomie«, in: ders. u. a. (Hg.), *Kapitalismus und Nachhaltigkeit*, Frankfurt/M., New York 2022, S. 161-176, hier S. 170.

29 Émile Durkheim, *Der Selbstmord*, Frankfurt/M. 1983.

30 Frank Adloff, Sighard Neckel, »Futures of Sustainability as Modernization, Transformation, and Control: A Conceptual Framework«, in: *Sustainability Science* 14 (2019), S. 1015-1025.

31 Erik Olin Wright, *Reale Utopien. Wege aus dem Kapitalismus*, Berlin 2017. Anita Engels u. a., *Erlaubt, machbar, utopisch? Aus dem Forschungstagebuch eines Projekts zur klimafreundlichen Stadt*, München 2023.

32 Sighard Neckel, »Die Klimakrise und das Individuum: Über selbstinduziertes Scheitern und die Aufgaben der Politik«, in: *Soziopolis*, 17.06.2021, ⟨https://nbn-resolving.org/urn:nbn:de:0168-ssoar-80379-4⟩, letzter Zugriff 04.04.2023, hier S. 4. Anita Engels, »Über die notwendige Verknüpfung von Institutionen- und Individualethik. Warum Lebensführung und Institutionen nicht gegeneinander ausgespielt werden sollten«, in: *Zeitschrift für Wirtschafts- und Unternehmensethik* 22:2 (2021), S. 196-200.

33 Sara M. Constantino, Elke U. Weber, »Decision-Making under the Deep Un-

certainty of Climate Change: The Psychological and Political Agency of Narratives«, in: *Current Opinion in Psychology* 42 (2021), S. 151-159.

34 Ashlee Cunsolo, »Climate Change as the Work of Mourning«, in: dies., Karen Landman (Hg.), *Mourning Nature. Hope at the Heart of Ecological Loss and Grief*, Montreal, Kingston 2017. Allgemein zur Rolle von Emotionen in der Klimakrise siehe Sighard Neckel, Martina Hasenfratz, »Climate Emotions and Emotional Climates: The Emotional Map of Ecological Crises and the Blind Spots on Our Sociological Landscapes«, in: *Social Science Information* 60:2 (2021), S. 253-271.

DANKSAGUNG

Michael Bollig, Benjamin Braun, Christoph Deutschmann, Mark Ebers, Anita Engels, Timur Ergen, Sighard Neckel, Wolfgang Streeck, Wolfgang Vortkamp und Leon Wansleben haben frühere Fassungen des Manuskripts gelesen und scharfsinnig kommentiert. Ich kann ihnen gar nicht genug dafür danken. Es ist ein enormes Privileg, solche Kollegen und Freunde zu haben. Marion Neuland hat das Manuskript über viele Monate in herausragender Weise redaktionell betreut, Susanne Hilbring, Cora Molloy und ihre Kolleginnen haben mich fabelhaft bei der Literaturbeschaffung unterstützt. Thomas Pott hat das Manuskript bei der Fertigstellung mit schier unglaublicher Akribie noch einmal durchgesehen. Ihnen allen gilt mein großer Dank. Eva Gilmer hat mich zum Schreiben des Buches ermutigt und das Manuskript mit beeindruckendem sprachlichen Fingerspitzengefühl bereichert. Auch ihr und den anderen Mitarbeiterinnen und Mitarbeitern des Suhrkamp Verlags möchte ich meinen großen Dank aussprechen.